W0095666

ro
ro
ro

«Ich straffe die Schultern, schaue stur geradeaus auf den Horizont und schreite in Richtung Brandung. So, als hätte ich gar keine Narben. Wenn ich sie nicht sehe, sehen die anderen sie vielleicht auch nicht.

Kaltes Wasser leckt an meinen Zehen, die nächste Welle umspült schon meine Knie. Der Atlantik hier lädt dich nicht ein, er packt dich und reißt dich mit. Dabei wollte ich nur ein bisschen baden. Die Wellen greifen mich, schleudern mich im Kreis, werfen mich auf den Grund, heben mich hoch, peitschen mich, streicheln mich, spülen durch meinen Kopf. Irgendwann ist das Meer fertig mit mir, und ich werde zurück an den Strand gespuckt. Atemlos. Orientierungslos. Salzrotznasig. Und neugeboren. Geborgen in Rios Armen.»

Jessica Wagener, geboren 1977, lebt in Hamburg und arbeitet als freie Journalistin, u. a. für stern.de. Sie bloggt auf www.jessyfromtheblog.de und twittert unter @Pseudonymphe.

Jessica Wagener

Narbenherz

Wie ich auszog, die Welt zu sehen
und den Krebs zu vergessen

Rowohlt Taschenbuch Verlag

Originalausgabe
Veröffentlicht im Rowohlt Taschenbuch Verlag,
Reinbek bei Hamburg, Dezember 2014
Copyright © 2014 by Rowohlt Verlag GmbH, Reinbek bei Hamburg
Umschlaggestaltung ZERO Werbeagentur, München
Umschlagabbildung FinePic, München
Satz aus der Excelsior PostScript bei hanseatenSatz-bremen, Bremen
Druck und Bindung CPI books GmbH, Leck, Germany
ISBN 978 3 499 62896 2

There's only one God and his name is death.
And there is only one thing we say to death: «Not today.»
George R.R. Martin, A Game of Thrones

$\mathcal{I}$nhalt

Narben – Prolog *9*

Start *11*

New York *20*

New Orleans *50*

Miami *74*

Mexiko *84*

Kuba *95*

Rio *126*

Insel *172*

Buenos Aires *184*

Kapstadt *201*

Roundtrip *221*

Nach Hause *236*

Lernen *245*

Tanzen – Epilog *249*

arben – Prolog

Meine Narbenbeine haben die ganze Welt gesehen. Vor allem aber hat die ganze Welt *sie* gesehen – die vier langen, rosa Schnitte an den Waden, jeder einzelne Querstich auch zweieinhalb Jahre später noch immer sichtbar. Sie sehen genauso aus, wie ein Kind Narben malen oder wie man mit einem Edding Plakate verunstalten würde.

Ich wende meinen Blick vom großen Flurspiegel ab und beuge mich vor. Genau hier, an dieser Stelle, begann alles. Mein Zeigefinger fährt den fast geraden Verlauf meiner Lieblingsnarbe links außen entlang. Die ganzen 22 Zentimeter. Inzwischen nicht mehr wulstig und violett, sondern ebenmäßig und hell. So ähnlich wie die große Narbe quer über meinem Bauch. Ich trage ein knielanges Kleid zu roten Pailletten-Peeptoes und bin im Begriff, tanzen zu gehen. Solange ich Beine habe, solange ich lebe, werde ich tanzen. Heute auf einer Latino-Party. Die gibt es auch in Hamburg. Und dort werde ich ihn vielleicht wiedersehen, den Mann, der damals immer bei mir war. Auch als ich auf meine Reise ging. Bloß ein dünnes Aufflattern in der Brustgegend, ich lächle es weg und zähle mit der Fingerspitze meditativ die Querstiche, obwohl ich die Zahl auswendig kenne: neunzehn.

Meine Beine passen nahtlos zu meinen Glitzerschuhen und zu meinem Herzen. Ich schäme mich meiner Narben nicht mehr, sie sind meine Abzeichen. Durch sie sieht man auch von außen, was innen geschah.

Dass alles so kommen würde – ich hätte es nicht mal ahnen können. Zum Glück.

$\mathcal{S}$tart

Diagnose.

«Es ist bösartig.» Der kalte Stimmensirup der Gynäkologin fließt durchs Telefon in meinen Kopf, weiter in mein Herz und betäubt meine Arme. Mit einem leisen Knall fallen meine gerade anprobierten Pailletten-Pumps aufs Laminat vor dem großen Spiegel im Flur. Das kann nicht sein. Ich bin noch nicht mal 34. Ein Teil von mir registriert, dass meine Ärztin mich für den kommenden Morgen um acht in ihre Praxis bestellt, «um die genauen Ergebnisse der Biopsie und das weitere Vorgehen zu besprechen». Sie verabschiedet sich mit «Machen Sie sich keine Sorgen, alles wird gut», und mir fällt fast nicht auf, wie mitleidsvoll sie klingt. Ich höre sie kaum. In meinem Kopf ist nur Platz für ein Wort: Krebs.

Die Angst erstickt alle Geräusche. Minutenlang bewege ich mich nicht. Gucke in den Spiegel, aber sehe nichts. Automatisch hebt sich meine linke Hand mit dem iPhone in mein Sichtfeld. Ich blicke auf die SMS mit dem Foto der roten Schuhe, die ich Ben schicken wollte. Mechanisch tippt mein Daumen auf «Anrufen» – nicht wissend, dass ich damit unsere unkomplizierte Affäre in etwas anderes verwandle.

«Danke, dass du es mir erzählt hast.» Er holt hörbar Luft und sagt dann unerwartet: «Du musst das nicht allein durchstehen, Hase. Ich bleibe an deiner Seite.» Ich halte mich an seiner Stimme fest, bevor wir auflegen.

Direkt nach seiner wähle ich die Nummer meiner besten Freundin. «Kommt alle her. Bringt Wodka mit. Ich habe Krebs.»

Dann knicken meine Beine ein.

Darum.

«Mein ganzer Bauch ist bis oben hin voll.» Die Frau im Bett neben mir klingt beiläufig. Fast fröhlich. Mit geschlossenen Augen könnte man annehmen, es ginge hier um Brunch. Ich drehe meinen Kopf zu ihr nach links. Sie ist kahl, ihre Haut gelblich-grau und dünn wie Papier. Wie alt sie ist, lässt sich unmöglich sagen. Vielleicht Ende 50? Sie kann nicht mehr aufstehen, nicht mal allein auf Toilette gehen. Deshalb trägt sie eine «Schutzhose». Unter der flachen Bettdecke zeichnen sich ihre mageren Arme und Beine kaum ab, nur ihr praller Bauch wölbt sich obszön hervor. Er ist ja auch bis oben hin voll. Mit Tumoren.

Sie bekommt wie ich eine Chemotherapie – bei mir keine zwei Monate nach der Diagnose vorsorglich, bei ihr minimal lebensverlängernd. Hier, im einzigen Tagesklinikzimmer mit drei Betten, liegen nur die schweren Fälle. Und ich. Weil bei meiner ersten Operation, der fünfstündigen Entfernung meiner krebsbefallenen Gebärmutter, ein sogenanntes Kompartmentsyndrom auftrat. Eine seltene Komplikation, ein Lagerungsschaden, wegen dem die Ärzte mir fast die Beine hätten amputieren müssen. Fast – so ein kleines, so ein wichtiges Wort. Geblieben sind mir vier lange, grotesk gezeichnete Narben an den Waden. Ein tiefes Trauma in meiner Seele. Und die Notwendigkeit, meine Beine ausstrecken zu müssen.

«Ich habe vorhin bei Ihrem Arztgespräch kurz zugehört. Vor vierzehn Jahren wurde bei mir genau das Gleiche diagnostiziert wie bei Ihnen. Ich wurde operiert und bestrahlt, und alles war weg. Aber dann kam es wieder. Und jetzt liege ich hier», erzählt sie unaufgefordert weiter. Erneut dieser beinahe heitere Tonfall. Ich habe keine rettenden Kopfhörer und erstarre in meinem Bett, die Augen auf den beschwingt blaugelben Kunstdruck im Buchenholzrahmen an der Wand hinter meinen Füßen geheftet. Das Gift der Chemotherapie tröpfelt unbeeindruckt weiter in meinen Körper. Mir wird übel – vor Angst.

«Sie werden zu 99 Prozent wieder ganz gesund», haben die Ärzte gesagt. «Es war ja ein recht frühes Stadium.» Doch in meinem Kopf hämmert der Zweifel: «Was, wenn nicht? Was, wenn nicht?»

Ja, was dann? Was, wenn der Krebs wiederkommt und ich mich auch eines Tages kaum noch bewegen kann? Der Tod lehnt in der Ecke und dreht sich eine Zigarette. Es ist alles eine Frage der Zeit, er kann warten. In diesem Moment fasse ich einen Entschluss. Wenn ich diese Tortur überstehe, wenn ich den Krebs aus meinem Körper gejagt habe – dann werde ich nur noch das tun, was mein Herz erfüllt. Jede Sekunde auskosten. Keinen Atemzug vergeuden. Ich werde mein Bewusstsein bis zum Anschlag vollstopfen mit gleißenden Erlebnissen und Glück, mit Leben. Ich werde mich wappnen. Und wenn ich eines Tages wie diese Frau in einem Krankenhausbett vor mich hinvegetieren sollte und meine Haut wundgescheuert sein wird von den kratzigen Laken, dann werde ich meine Augen schließen und alles noch mal erleben. Dann werde ich nichts verpasst haben. Dann wird es okay sein. Der Tod bläst kleine Rauchkringel in die Luft. Er ist nicht wegen mir hier – noch nicht. Wir wissen es beide und nicken einander zu.

Es piept, aber diesmal ist es nicht der Chemo-Apparat. «Ich bin bei dir. Immer.» Ich lese Bens SMS, und mein Herz hüpft inmitten des Horrors.

Wirklichkeit.

«Würden Sie bitte zum Start Ihren Sitz aufrecht stellen?» Die Stewardess holt mich kurz zurück ans Fenster des A380. Wir ruckeln vom Gate zur Startbahn, und ich blicke durch das Bullauge auf die vergangenen eineinhalb Jahre. Der kalte Kunststoff der Wandverkleidung reibt an meiner Schläfe. Siebzehn Monate post Chemo, und ich bin tatsächlich dabei, all die Orte zu bereisen, die ich schon immer sehen wollte. Mein größter Wunsch wird wahr.

«Schon als du klein warst, hast du immer im Auto ‹Ich guck mir die ganze Welt an!› gerufen», sagte meine Oma – die die Wirrungen des Lebens zu meiner Zweitmutter bestimmt hatten – bei unserem Abschied. Dreißig Jahre hat es bis hierhin gedauert. Ich erinnere mich, wie ich diese Städte zum ersten Mal in der Reise-Reihenfolge aufgezählt habe: vor der mehrstündigen Operation im März, dem letzten von insgesamt fünf Eingriffen im Zeitraum von einem Jahr. Ich auf der OP-Liege, die Haare unter einer Haube zusammengeknüllt, nackt bis auf ein grünes Laken. Das Plastik der luftbefüllten Strümpfe um meine nachweislich gefährdeten Narbenbeine automatisch pumpend. Alle Zugänge gelegt, Beruhigungspille im Blut. Ready for surgery. Für mich mittlerweile Routine wie das Fliegen; ich habe mich an beides gewöhnt. Es wird schon gutgehen. Oder eben nicht.

«Sie werden jetzt müde; zählen Sie von 100 an rückwärts.» Aus der Ferne zupft die Stimme der Anästhesistin an meinem Trommelfell. «Ich hab eine bessere Idee», wispere ich. «New

York, New Orleans, Miami, Mexiko, Kuba, Rio de Janeiro, Buenos Aires, Kap-...»

Der Airbus hält, wir stehen am Anfang der Startbahn. Alles vibriert, gedrosselte Kraft um mich herum und in mir drin. Das ist der Moment. Meine Moleküle schwingen vollkommen synchron mit der Oszillation der Flugzeugmotoren. Diesmal ready for Take-off. Keine Ahnung, was mich erwartet und ob ich dem gewachsen bin. Die Angst legt schon wieder ihre vertrauthassten Klauen um mein Herz und raunt mir ins Ohr: «Was machst du eigentlich, wenn du zurück bist? Wovon willst du dann leben? Was, wenn dir unterwegs was passiert? Wenn du wieder krank wirst? Und was, wenn dein Geld nicht reicht?» Ich winde mich in meinem Kunstledersitz und versuche, die Stimme in meinem Kopf zu ignorieren. Natürlich habe ich Schiss. Aber ich verdränge ihn, so gut ich kann.

«Ach, ich beneide dich. Ich würde auch so gern alles hinschmeißen und einfach reisen ...» Standardszene in der Büroküche während meiner letzten Arbeitstage. Meine Gesprächspartner blicken stets verträumt über den Rand ihrer Kaffeebecher an mir vorbei. Ich seufze innerlich und versuche mich zu erinnern, wie oft ich diese Unterhaltung in den vergangenen Wochen geführt habe. Mir wollte einfach niemand glauben. Die Wahrheit lautet: Jeder kann das, zumindest theoretisch. Es ist nur vordergründig eine Finanzfrage. Man muss sich vielmehr trennen, von Mensch und Materie. Von seinem doppelten Boden. Von seinem Plan A. Das ist das Schwere. Es ist eine Frage der Opferbereitschaft, der Konsequenz und des Mutes. «Los, raus aus der Komfortzone!», möchte ich schreien. Und: «Hört auf, euch festzuhalten!»

Es gibt doch gar keine Sicherheit im Leben. Nicht finanziell, nicht gesundheitlich, nicht emotional. Einen Job kann man verlieren, eine Beziehung kann zerbrechen. Sicherheit ist eine

Illusion. Eine, die wir durchaus brauchen, damit wir unser Leben strukturiert führen können. Aber hinter dieser filtertütendünnen Schicht lauert das Schicksal. Und das ist manchmal so unendlich viel bitterer als Bürokaffee.

Dass ich auf meine Reise gehen kann, habe ich diesem Schicksal und meinem Großonkel zu verdanken. Er starb vor sieben Monaten, Ende Februar. An Krebs. An dem Tag, an dem er beerdigt wurde, wurde ich operiert. Seine letzten Worte an mich fallen mir wieder ein, und mein Herz drückt: «Ich bin 70, es ist schon in Ordnung. Aber du, du hast doch dein ganzes Leben noch vor dir.»

Und so fliege ich mit meinem Erbteil – nicht viel, gerade genug, um mich kühn werden zu lassen – wirklich los. Die Konsequenzen meiner Entscheidung kann ich derzeit nicht mal ansatzweise überblicken: Ich schmeiße einen Job als leitende Redakteurin hin, lasse wenige übrige, aber loyale Freunde zurück, ein gemütliches Schuhkartonzuhause mit Kater, kümmere mich für ein halbes Jahr nicht um meine geliebten Großeltern, die mich mehr oder weniger aufgezogen haben. Und ich überspringe sogar eine Nachsorgeuntersuchung. Denn eigentlich muss ich alle drei Monate zur Gynäkologin, aber ich will unbedingt sechs Monate am Stück weg. Sonst ist es keine ordentliche Weltreise, sondern ein längerer Urlaub. Hoffentlich geht es gut. Ich knülle die Angst in die Spucktüte im Vordersitz und schaue wieder aus dem Fenster.

Zum Abschied lasse ich die Erinnerungen vorbeiziehen: die Diagnose, die Untersuchungen, die Operationen, die Behandlungen mit den verschiedenen Geräten und Kanülen, das Klackern der Bestrahlungsapparatur, die Nebenwirkungen, die Infektionen und das Fieber, der Wasserdurchfall und die Krämpfe im Bauch – vor allem im kollateralbestrahlten Darm –, die Komplikationen, die Notoperation, die Hiobsbotschaftenkette, der lange Heilungsprozess. Und wie gut ich das dann doch ausgehalten habe, aushalten musste. Es gibt viele Menschen, die tausendfach schlimmer dran sind, als ich es war. Aber auch ebenso viele, denen es tausendfach besser-geht. Leid ist immer individuell und höchst persönlich. Für mich war meins nun mal das Furchtbarste, das ich bisher erlebt habe.

«Tschüs. Fickt euch hart, ihr Drecks-Erinnerungen», flüstere ich. In der dunkelblauen Fleecedecke auf meinem Schoß dehnt sich ein Fleck aus. Bestimmt Kondenswasser.

Ich denke an die Menschen. Personen, die mich überrascht, und Personen, die mich enttäuscht haben. Herzen, die mich verstanden und gehalten haben. Herzen, die mich nicht verstehen und nicht mehr halten konnten. Freunde, die ich gefunden, und andere, die ich verloren habe. Wunden, die verheilt sind, und Wunden, die nie verheilen werden. Zauberhafte Augenblicke. Lachbauchschmerzen. Tränenflüsse. Tragische Momente. Einsamkeit. Kampf. Angst.

Ich denke an die Freundinnen, die in der akuten Phase aufopferungsvoll für mich da waren und wie wir uns dann in Bitterkeit trennten. Aber Krebs ist leider nicht vorbei, wenn Chemo und Bestrahlung vorbei sind. Im Gegenteil: Dann erst schaltet der fürs tägliche Überleben zuständige Autopilot ab und macht nach und nach Platz für eine Kaskade von Solarplexusschlägen des Traumas. Doch die Psyche kann eben keine blauen Flecken bekommen, die Psyche drückt Verletzungen anders aus. Je tiefer die Wunde, desto wundersamer das Verhalten. Ich seufze. Damals war ich ein um sich selbst flackerndes Irrlicht. Ohne Gleichgewicht, ohne Halt. Doch wahre Freunde hören, wenn die Seele tonlos schreit und selbst nicht mehr zuhören kann, weil Todesangst alles erstickt. Ich habe keine Ahnung, was aus ihnen geworden ist. Beim Schulterzucken stupse ich meinen Sitznachbarn an.

Natürlich denke ich auch an Ben. Der sein Versprechen

wahrmachte und mich durch Krankheit und Therapie begleitete. Bis heute wiegelt er ab: «Ich weiß nicht, was du hast. Das
war doch nichts.» Oh, doch.

Ben, der hinter mir saß und meine Haare kämmte, als ich
Angst hatte, dass die Chemo sie mir nehmen könnte. Der für
mich einkaufen ging, mir Tausende Nachrichten schickte und
mir jeden Tag mindestens ein lautes Lachen schenkte. Der
mich wunderschön und bezaubernd fand, als ich ein abge-
magertes, undichtes, verwundetes und bestrahlungsmarkier-
tes Bündel war und mich selbst nicht im Spiegel sehen konnte.
Der mir Kraft und Kuchen und Liebe gab und viel mehr war
als eine Affäre und ein Freund. Bis meine Radiochemotherapie überstanden war. Und er sich abrupt von mir distanzierte,
weil seine Ex zeitgleich einen neuen Mann an ihrer Seite zu-
ließ und mit ihm genau die Version von heiler Familie lebte,
nach der er sich immer gesehnt hatte. Bens gecrashtes Ego
brach aus unserem Schutzraum aus und ging mit fremden
Frauen schlafen, während ich mich körperlich zerfetzt fühlte –
und damit zerfetzte er mir auch das Herz. Ben, der mir so nah
gewesen war und der plötzlich keine Nähe mehr aushalten
konnte. Der mich bei alldem aber nie als Mensch in Frage gestellt hat und mein Trauma tragen konnte, bis seins über ihm
explodierte. Der nun seinen eigenen Weg finden muss, genau
wie ich. Und den ich darum aus meinem Herzen schaben will
mit dieser Reise. Für immer. Es ist ein Abschied in Dankbarkeit, trotz und wegen allem. «Unterwegs findest du bestimmt
deinen Traummann, pass mal auf», der meistgesagte Satz vor
meinem Abflug. Meine Seele schaltet ihn stumm.

Weil ich mit den eingeschweißten Kopfhörern knistere, hört
mein Sitznachbar mein gelegentliches Schniefen nicht, rede
ich mir ein. Die Turbinen springen an, ihr Dröhnen lässt
das Flugzeug beben. Wir beschleunigen, die Fliehkräfte drücken mich in meinen ordnungsgemäß aufrecht gestellten Sitz.

Kribbelnde Euphorie schießt vom Herzen aus durch meinen Körper, explodiert bis in meine Haar-, Fuß- und Fingerspitzen, brodelt in meinem Blutkreislauf. Ich lächle mit salzigen Mundwinkeln. Und mich durchdringt von oben bis unten ein einziges, einfaches Wort – das Gegenteil von Tod und Trauer, die Affirmation allen Lebens: JA. Dann ziehe ich das Plastikrollo runter und schließe meine Augen.

New York

Ankunft.

«Sie sehen glücklich aus. Warum sind Sie so glücklich, Jessica?» Die Frau hinter dem Schalter fletscht professionell die Zähne, ihre Stimme klirrt zu hell, um ehrlich freundlich zu sein. Dass mir diese Frage so gestellt mikrosekundenlang ein schlechtes Gewissen macht, schafft nur das Department of Homeland Security. Jedes Mal. Im Neuronentempo horche ich in mich hinein: Bin ich vielleicht doch nur deshalb so gelaunt, weil irgendein subversiver Teil im hintersten Winkel meiner Seele insgeheim die amerikanische Bevölkerung pulverisieren will? Nein, da ist nichts.

«Ich habe eine schwere Krankheit überlebt. Und jetzt reise ich. Das macht mich glücklich.»

Schweigen. Zähnefletschen. Augenbrauenhochziehen. «Und wo genau reisen Sie hin?»

Oha. Ausgerechnet Mexiko und Kuba. Ich schnaube leise. Kann ich ja nichts dafür, dass die USA überall so ihre Befindlichkeiten haben.

«Meine nächste Station nach New York ist New Orleans, dann Miami. Von da aus geht's nach Tulum, Havanna, Brasilien. Oh, und natürlich Südafrika.»

Wieder dieses laute Schweigen. Die Dame an Schalter 18

ist alterslos, korpulent, ihre krausen Haare hat sie zu einem strengen Dutt zusammengefasst. Ihr abgeblätterter grauer Nagellack korrespondiert farblich mit den kaltglatten Bodenfliesen. Meine Füße stehen exakt auf der dafür vorgesehenen Markierung, mein Jetlag-Gesicht in Richtung Kamera. Ich rühre mich nicht.

Dann wird aus dem Zähnefletschen ein echtes Lächeln auf runden Wangen: «Das ist aber eine ganz schöne Tour. Stecken Sie mich in Ihre Tasche und nehmen Sie mich mit. Und Willkommen in Amerika.»

Ich lächle zurück, atme aus und unterdrücke dieses unsinnige Davongekommen-Gefühl.

Hier bin ich also. JFK. New York. Meine gesamten Habseligkeiten für die kommenden sechs Monate – kunstfertig in einen fünfzehn Kilo schweren Trolleyrucksack gezwängt – hinter mir her ziehend, gehe ich durch die letzte Tür in die Flughafenhalle. Und finde mich auf einem überbelegten Campingplatz wieder. Feldbetten mit roten Decken, Helfer in gelben Westen, Menschen, Taschen und Koffer und noch mehr Menschen. «Thank you, Sandy» steht auf einem ironischen Post-it, das jemand an einen Snackautomaten geklebt hat. Hurrikan Sandy, von deutschen Boulevardmedien Monstersturm genannt, hat die Ostküste ziemlich auseinandergenommen. Ich ahnte, dass es nicht reibungslos laufen würde, immerhin habe ich absichtlich keinen Pauschalurlaub gebucht, doch dieses Chaos habe ich nicht erwartet. Die Lage sei undramatisch, hatten mich deutsche Medien glauben gemacht, und ich, live in New York, kann das leider so nicht bestätigen. In NYC ginge grad nichts mehr, höre ich die Menschen auf dem überfüllten Flughafen rechts und links neben mir murmeln: Tunnel seien überflutet, Brücken gesperrt, der öffentliche Nahverkehr kollabiert, der Strom in einigen Teilen der Stadt ausgefallen. Wie soll ich denn jetzt nach Manhattan in

mein gebuchtes Airbnb-Zimmer kommen? Wie meinem Gastgeber Bescheid sagen, dass ich da bin? Ein Schwarm Fragen
umschwirrt meinen langstrecketrägen Kopf und formiert sich
zu ausgewachsener Panik. «Wir haben hier eine Situation»,
pocht es hinter meiner Stirn. Ich weiß schlicht nicht, was ich
tun soll, und bleibe paralysiert zwischen Menschen und Feldbetten stehen. Erst als mir ein fetter Cowboyhutträger im Vor-
beischieben seine Reisetasche in die Seite rammt, fasse ich
mich wieder. Doch Übelkeit presst meinen Kehlkopf zusammen. Ich lasse mich neben die Toilettentür auf den Boden sinken und lehne meinen Brummschädel an die glatte Wand. Rei-
sende eilen an mir vorbei, sehen mich nicht, treten mir fast
auf die ausgestreckten Beine. Aber anwinkeln tut halt weh.
Wieder die Stimme der Angst, jetzt gehässig: «Und nun? Was
machst du nun, du obercoole Abenteurerin?» Die Antwort lautet: nichts.

Erst eine Stunde später schaffe ich es, mein iPhone mit ner-
venzerfetzend wenig Restakku und meiner Kreditkarte umständlich ins lokale Wifi einzuloggen und die Mails meines
Gastgebers Mike zu checken. Er schreibt, dass ich den Fahrer
hupen lassen soll, wenn ich da bin. Endlich quetsche ich die
Panik in mein Handgepäck. Ruhig bleiben. Im Notfall finde
ich vielleicht irgendwo ein Feldbett oder eine Decke. Mit meinen vorher eingetauschten Dollars besorge ich mir eine hor-
rend teure Flasche Wasser und ziehe ein Snickers aus dem
Snackautomaten. Challenge accepted. Dann stelle ich mich
draußen für eins der wenigen Taxis an. Die Schlange ist über-
schaubar. Und ich habe Glück: Für 60 Dollar bringt mich
ein Mann mit dem – Klischee, Klischee! – Turban im Yellow
Cab nach Manhattan. Ich würde nicht mal im Traum daran
denken, mit öffentlichen Verkehrsmitteln zum Big Apple zu
fahren. Selbst ohne Hurrikan.

Dunkelheit.

Es ist ungefähr zehn Uhr abends und wenig los auf diesen sonst so strapazierten Straßen, wir fahren durch eine New Yorker Ausnahmenacht. Ich versuche noch immer zu realisieren, wo ich bin und was ich gerade tue. Warum bin ich nicht in meinem Bett? Weltreise – was für eine irrwitzige Idee. Bin ich eigentlich bescheuert? In meinem Kopf setzt Sinatra zu «New York, New York» an, bricht aber nach wenigen Tönen ab. Sandy hat uns das Lied verdorben. Das Autoradio ist ausgeschaltet. Stille.

Und dann schiebt sie sich ins Blickfeld. Schräg vorne, atemberaubend. Die Mutter aller Skylines: New York. Das heißt, die Hälfte davon. Denn Downtown liegt fast vollständig im Dunkeln. Das Chrysler Building funkelt auf fremdvertraute Weise; daneben lässt eine schwarze Silhouette die Skyscraper-Umrisse nur erahnen. Licht und Schatten. So freimütig symbolhaft mit ihren Kontrasten kokettierend zeigt sich die Stadt nie. «Schau genau hin. Du wirst das nicht so schnell wiedersehen», sagt der Taxifahrer, als hätte er meine Gedanken erraten. Aber das ist auch nicht schwer.

Downtown Manhattan. Wir rollen im Schritttempo durch finstere Straßen. Keine Ampeln, keine Laternen. Einzige Lichtquelle sind die Scheinwerfer der wenigen Autos. Die Stadt, die niemals schläft, schlummert tief. Zumindest der halbe Big Apple, zwangsweise. In einzelnen Fenstern flackern kleine Kerzen.

«Unheimlich, hm? Aber heute ist ja auch Halloween!» Taximan kichert schrill.

Ein Gänsehautmoment. Vereinzelt mäandern Grüppchen von Fußgängern mit Taschenlampen umher, leuchten den wenigen entgegenkommenden Personen misstrauisch ins Gesicht, halten inne, tauchen wieder ins Dunkel ein. So ähnlich stelle ich mir die Zombieapokalypse vor.

Wir erreichen die Adresse in Nolita. «Lass den Taxifahrer hupen», hatte mein Host geschrieben. «Mein Telefon geht nicht, die Klingel nicht und der Türöffner auch nicht.» Dass er für diese Mail auf der Suche nach Mobilempfang eine Stunde gelaufen ist, erfahre ich erst später. Wir hupen, minutenlang. Und gerade, als die Panik wieder aus meinem Handgepäck krabbeln will, kommt ein Typ mit Wollmütze auf das Taxi zu.

«Hi, ich bin Mike. Willkommen in New York.» Er nimmt meinen Rucksack, und wir stolpern durch den stockfinsteren Hausflur die Treppen hoch in den ersten Stock. Er mit meinem Gepäck vorweg, ich an seinem Ellenbogen.

Der langgezogene Raum in dem Zweieinhalb-Zimmer-Apartment ist karg. Ein Schreibtisch, ein halbleeres Billy-Regal, eine Matratze auf dem matten Eichenholzboden, eine Kerze auf dem Tisch. Und für New Yorker Verhältnisse ist er geradezu geräumig. Ich renne von der Tür drei Schritte zum Fenster und quietsche vor Freude, weil ich hinter dem taubenblauen Vorhang zum ersten Mal im Leben eine echte Feuerleiter sehe. Mike lacht, wird aber gleich wieder ernst.

«Es tut mir so leid, hier drin ist es echt kalt. Wir haben seit Tagen keinen Strom. Aber ich könnte dir noch eine Decke geben, wenn du magst. Oh, und unglücklicherweise haben wir auch kein warmes Wasser.»

Ich versichere ihm, dass alles «great» und «awesome» und sowieso «no problem» sei. Er will wissen, ob ich Hunger habe, und schlägt vor, in ein nahe gelegenes Restaurant zu gehen. Ein Italiener mit Notstromaggregat, Kerzenlicht und «phantastischer Pasta». Denn Nolita steht – so erklärt er mir – für Northern Little Italy. Ich werfe einen bangen Seitenblick aus dem Fenster. Finsternis. Taschenlampen. Zombies.

«Nein, das ist sehr nett, aber nein danke.»

Mike geht ohne mich. Denn wenn ich ehrlich bin, habe ich Angst. Und einen Schokoriegel.

Fast Mitternacht an Halloween in New York. Ich liege in meiner Fleecefunktionsjacke auf der Matratze und fummle mit frostigen Fingern mein Snickers aus der Verpackung. Sind weniger Erdnüsse drin als bei uns, dafür mehr Zucker. Wenn das überhaupt geht. Vor meinem Fenster brummt ein Generator so laut wie mein Magen. Schlafen wird also schwierig, trotz Erschöpfung. Dass Mike Myers, Jon Bon Jovi und David Bowie in wenigen Metern Luftlinie möglicherweise ähnliche Probleme haben, tröstet mich marginal. Wahrscheinlich sind die ohnehin auf und davon in ihren Dritt- oder Viertwohnsitz. Irgendwo jammert eine einzelne Sirene. Die habe ich schon hundertmal gehört, nur eben noch nie live. Ich komme mir vor, als wäre ich in einen Film geklettert. Das Abenteuer hat begonnen.

Kälte.

Der erste Morgen meiner Reise ist novemberkalt. Als ich mein iPhone einschalte und es sich in das Netz eines lokalen Betreibers einwählt, sehe ich einen direkt vor Abflug verpassten Anruf und eine SMS von Ben. «Alles! Wird!! Toll!!!» Er hat an mich gedacht. Aber was ändert das? Mein Akku ist leer, und mit einem gequälten «Dedümm» geht mein iPhone aus. Ich brauche Strom, sofort. Für mein Handy, für eine Internetverbindung, um meinen Freunden und meiner Familie zu sagen, dass ich halbwegs gut angekommen bin. Damit ist klar, womit mein erster Tag in New York beginnen wird: mit der Jagd nach der wichtigsten Ressource unserer Gesellschaft. Strom.

Während mir im telefonzellenkleinen Bad das Wasser in die Wangen beißt, ersinne ich einen raffinierten, ausgeklügelten Plan. Er lautet: irgendwie nach oben. Denn Midtown und Uptown haben Strom. Da mir Haare waschen mit Eiswasser so erstrebenswert erscheint wie ein rostiger Nagel im Fuß, versuche ich, mir einen Zopf zu flechten. Vergebens. Schon damals mit meinen Barbies hatte ich keinerlei Frisurengeschick. Ben, der konnte das gut. Egal. Ich gebe das Flechten auf und improvisiere einen Dutt. Ich habe keine Zeit für Styling, ich habe eine Mission. Obwohl ich mir vorgenommen hatte, in New York als Allererstes in den Central Park zu gehen, suche ich jetzt erst mal Elektrizität.

Verbunden.

Mit Stadtplan und leerem iPhone in der Tasche wandere ich den Broadway hoch. Ich dachte immer, man müsste sich hier durch Menschenmassen zwängen oder würde permanent umgerannt. Aber so ist es nicht, die Straßen sind noch immer ruhig. «Thank you, Sandy», denke ich und werfe einen Blick auf meinen Stadtplan aus Papier. New York ist ob des rechtwinkligen Layouts leicht navigierbar, sogar für einen Orientierungs-Honk wie mich. Besonders zu Fuß, aber Züge fahren hier unten momentan ohnehin nicht. An jeder größeren Kreuzung regeln Cops den verlangsamten Verkehr. Ein paar Yellow Cabs, wenige Autos, einige Fußgänger. Das sind sie also, die legendären Straßen von New York. «If I can make it there, I'll make it anywhere …» Sinatra singt wieder, ein gutes Zeichen. Am liebsten würde ich die Jungs vom NYPD, die mir vorkommen wie alte Bekannte, zu einem Tänzchen animieren, gehe aber angesichts der vielgerühmten Humorlosigkeit amerikanischer Polizisten lieber unauffällig weiter. Auf Bürgersteigen mit schiefen Platten, vorbei an geschlossenen Geschäften (no power – no shopping!), abgerockten und schwindelerregend teuer zu mietenden Backsteinhäusern mit Feuerleitern und schrillbunten Schildern, die von Kartenlegen über Nacken-massage bis 99-Cent-Pizza alles Mögliche anpreisen. Wäre New York ein Typ, mir würden Hakennase und Glatze nicht auffallen, so verknallt bin ich.

Die Sonne macht den Marsch durch die kalte Luft erträglich, die Faszination des Big Apple lenkt mich von meinen Eis-Ohren ab. Nach einer Dreiviertelstunde stehe ich am Union Square vor der ersten leuchtenden Ampel. Strom! Zivilisation! Jetzt fehlt mir nur noch eine Steckdose. Und hier kommt Starbucks ins Spiel. «Wenn Starbucks offen hat, ist alles in Ordnung», scherzen die New Yorker. Der hier am Union Square ist geöffnet – die erste moderne Postkutschenstation in der Elektrizitätswüste. Deshalb ist der Laden angefüllt mit Menschen, die nur eins im Sinn haben: aufladen, um jeden Preis, sogar für eine überteuerte Pumpkin Spice Latte. Oder zwei. Dann wird man länger geduldet und kann länger ans und ins Netz. Behutsam stakse ich durch das bodendecker-ähnlich wuchernde Geflecht aus Verlängerungs- und Mehr-fachsteckern, entdecke eine letzte freie Steckdose, wühle in meiner Handtasche – und finde meinen Adapter nicht. Nervös kippe ich den Tascheninhalt auf das Linoleum, zwischen die Füße dreier Männer, die an ihren ladenden iPhones hängen wie an lebenserhaltenden Maschinen. Nichts. Der Adapter liegt im Zimmer in Nolita.

«Das glaub ich jetzt nicht. Fuck!», motze ich halblaut.

«Alles okay?», fragt eine geschäftsmäßig gekleidete Frau über den Rand ihres MacBook-Monitors hinweg.

Ich erkläre ihr die Situation. «Ich muss meiner Familie und meinen Freunden Bescheid sagen, dass es mir gutgeht und ich gut angekommen bin.»

Das ist die Wahrheit. Und zieht. Sie lässt mich mein iPhone an ihrem Kabel laden. Für zwanzig Minuten, dann muss sie gehen. Mein Netbook hat noch ein Fitzelchen Akku, also logge ich mich ins Starbucks-Wifi ein und melde mich bei Facebook an. Mich umhüllt ein wohliges Gefühl. Endlich wieder verbunden, angedockt, Teil des großen Ganzen, kommunikationsfähig. Ein bisschen wie ein Borg aus *Star Trek*. Da ist eine rote Eins auf dem Nachrichtensymbol – Message von Ben. «Bist du gut angekommen?»

Meine Hand liegt zögernd auf dem weißen Plastik der Netbooktastatur. Sieht so Abstand halten aus? Aber er macht sich sicher Sorgen um mich. «Ja!» tippe ich ins Chatfenster.

Vor dem echten Fenster formiert sich derweil eine Streetdance-Gruppe, der Bass aus ihrem batteriebetriebenen Ghettoblaster wummert in meinem Bauch. Die Show muss gut sein, einige Stromjunkies lassen ihre Endgeräte sinken und gucken, andere gehen sogar vor die Tür und investieren kostbare Akkukapazität in Videoaufnahmen. Ich hingegen blicke nicht mal auf.

Die Frau gegenüber unterbricht den Nachrichtenaustausch und verwickelt mich in eine Plauderei. Ich kann sie nicht abwimmeln, immerhin darf ich ihr Ladekabel benutzen. Sie macht das mit Starbucks nicht zum ersten Mal. «Das tun hier alle, weil sie grad nicht zur Arbeit können. Sie gehen zu Fuß hier hoch, laden ihre Telefone und Computer auf und gehen vor der Dämmerung wieder nach Hause», sagt sie und grinst nonchalant, bevor sie ihren Rechner zusammenklappt.

Der New Yorker ist ziemlich zäh und anpassungsfähig. Der gehört auch so, das weiß man auf der ganzen Welt. Ich schaue auf ein Meer leuchtender Apfelsymbole und Menschencluster um die begehrten Steckdosen. Sie scrollen, tippen, telefonieren. Gierig, eilig. Ohne Strom ist in unserer Zivilisation alles nichts. Die Maslow'sche Bedürfnishierarchie müsste dringend mal erweitert werden, befinde ich. Erst 28 Prozent Akku auf dem Smartphone, und auch mein Netbook ist fast leer. Als ich mich von Ben verabschieden will, ist er offline. Trotzig packe ich meine Sachen zusammen. Entschuldigung, da draußen wartet eine ganze Stadt auf mich.

Marsch.

Der Kunststoffgriff meines Trolleyrucksacks reibt schrittrhythmisch schabend meine Handfläche wund. Wahrscheinlich bekomme ich Hornhaut. Es brennt, aber das fällt insgesamt kaum ins Gewicht – diverse Schmerzrezeptoren laufen körperweit auf Hochtouren. «Geh unbedingt zu Fuß über die Brooklyn Bridge», haben sie gesagt, «das ist voll schön und romantisch.» Von Romantik bin ich nur leider momentan so weit entfernt wie Paris von Ulan Bator. Ich befinde mich jetzt seit drei Tagen in New York und mache nichts als gehen. Meilenweit. In meinem ganzen Leben bin ich noch nie so viel in so kurzer Zeit gelaufen, spaziert, marschiert. Und das mit meinen beeinträchtigten Beinen. Meine Waden sehen sportlich aus, aber das ist nur inneres Narbengewebe an den Stellen, wo die gespaltenen Muskeln wieder zusammengewachsen sind. Ich muss immer wieder pausieren. Und diese Stadt wirft mir täglich den – zugegeben funkelnden – Fehdehandschuh hin. Das hier ist, unmittelbar nach Hurrikan Sandy, kein Wellness-Trip. Das ist urbanes Überlebenstraining. New York verlangt dem Neuankömmling schon im Normalbetrieb viel ab. Ohne Strom und Internet, ohne Heizung und heißes Wasser, ohne U-Bahn, ohne Informationsfluss und mit schadhaften Waden ist es jedoch der raue Kern des Großstadtdschungels.

Und ich mittendrin, auf dem Weg von Downtown Manhattan nach Brooklyn, wo ich als Couchsurferin in einer WG unterkommen werde. Dort drüben auf der anderen Seite des breiten Flusses fahren Züge, ich muss es also nur über die Brücke bis zur nächsten Bahnstation schaffen.

Schon wieder ein Tritt in die Hacken. Der Fußgängerweg über die Brooklyn Bridge ist nicht sehr breit und ohnehin stark frequentiert, jetzt jedoch schieben sich Menschen Ellenbogen an Ellenbogen über den Eastriver, zwischen bekritzelten Wellblechzäunen hindurch. Ich halte mich rempelenergiesparend im Windschatten dreier beleibter Frauen, von denen eine an Krücken geht und die sich deshalb praktischerweise in meinem Tempo bewegen.

Die Steigung zieht sich, ich gehe schnaufend einfach immer weiter, irgendwann bin ich oben. Vielleicht hätte ich mehr Sinn für Ort und Augenblick, würden meine Füße nicht bei jedem Schritt empört nach der *Geh*werkschaft schreien und müsste ich nicht einen fünfzehn Kilo schweren Rucksack hinter mir her zerren. Am meisten ärgert mich aber das prätranspirative Kribbeln in meinen Achseln. Vor nicht mal einer Stunde stand ich in der Wohnung einer Freundin meines Gastgebers – sie wohnt in der Nähe des Financial Districts, deshalb hat sie Strom – das erste Mal seit über 65 Stunden unter einer heißen Dusche und fühlte mich grad endlich wieder sauber. Während ich mich über die Brücke schleppe, holt mich die Erinnerung ein.

Es ist Donnerstag, und ich habe seit Montagmorgen nicht mehr geduscht. Damals, am Montag war ich noch jemand anders. Von innen unfühlbar verseucht, von außen sichtbar heil. Jetzt stecken in meiner Bauchdecke zwei Schläuche, in meinem Arm einer. Weil durch das Kompartmentsyndrom Giftstoffe ins Blut gelangen, bekomme ich täglich dreieinhalb Liter Wasser intravenös und darf mich nicht rühren, nur liegen. Und zwar auf einer Anti-Dekubitus-Matratze, auf Herzhöhe. Nicht mal zum Essen darf ich mich aufsetzen. Meine Beine sind bis oben halb eingegipst und unten an vier Stellen offen, damit der Druck, den die Wadenmuskeln verursachen, entweichen kann. Ich bin aufgequollen und angeschwollen, und alles, was ich sehe, ist entweder der dreieckige Haltegriff über mir, der Strauß Osterglocken auf dem zonengrauen Beistelltischchen oder meine jodroten Tandoorifüße ohne Gefühl.

«So ein Kompartmentsyndrom ist äußerst selten und kommt, wenn überhaupt, am ehesten bei sportlichen Frauen vor, die eine ausgeprägte Muskulatur haben. Wenn die Beine beim Eingriff hoch gelagert und nicht oft genug bewegt werden – wobei wir uns natürlich absolut an die Vorgaben halten –, entsteht durch das Eigengewicht Druck im Muskel, und da der nicht nach außen, sondern nach innen anschwellen kann, werden Nerven- und Blutgefäße abgeschnürt, und das Gewebe stirbt ab. Da haben Sie wirklich außerordentliches Pech gehabt», doziert der Arzt bei der Visite, und ich will ihm wirklich außerordentlich druckvoll und farbenfroh das Krankenhaus-Graubrot mit Analogkäse auf seinen weißen Kittel speien. Stattdessen brumme ich «Was will man machen?» und drehe den Kopf weg.

Die Tür geht auf, Schwester Sabine und Schwester Anna rauschen ins von mir allein bewohnte Zweibettzimmer. Man hat hier Mitleid mit mir, deshalb bekomme ich keine Bettnachbarin und dafür manchmal sogar was vom Schwestern-Schokokuchen. «Na? Wie wäre es heute mal mit waschen, Frau Wagener?» Ich schlucke trocken. Ein Albtraum wird wahr. «Riechen Sie das nicht bis nach draußen – wird wohl langsam mal Zeit, oder?»

Mein schlechter Scherz stürzt sich unbeachtet von der Bettkante, und die beiden Damen machen sich routiniert ans Werk. Drehen mich mit durchchoreographierten Handgriffen einmal nach rechts und einmal nach links, reiben mich mit einem lauwarmen Waschlappen ab. Rücken, Arme, ein Teil der eingegipsten Beine. Po. Geschwollenes Genital. Das Wasser verdunstet auf meiner Haut, und mir wird kühl. Durch mein willenloses Bewusstsein rollen lediglich zwei triviale Gedanken: Was man alles so mitmacht. Und: Dass die sich nicht in den ganzen Schläuchen verfangen.

«Das klappt doch prima!» Schwester Sabine legt ihr professionalisiertes Patientenlächeln auf.

«Sie machen das ganz toll!», stimmt Anna betont sonnig mit ein. Doch ihre Stimme wärmt mich nicht. Ich lasse mich in die Situation fallen. Ich muss da durch, ich habe keine Wahl.

Ganz ähnlich wie jetzt, obschon Kindergeburtstag im Vergleich. Ein kleiner Verschnaufmoment zwischen fotografierenden Touristen. Ich blicke mich um und empfinde – das soll mir in New York noch öfter passieren – eine gewisse Entzauberung: Die Brooklyn Bridge mag für ihre Zeit ein Meisterwerk der Ingenieurskunst gewesen sein, ein hinlänglich beeindruckendes Fotomotiv abgeben und als Filmkulisse für Romcom-Showdowns dienen; ich sehe aus der Nähe liebloses Graffiti, Blechabsperrungen und angegrauten Sandstein. Überbewertet. Doch als ich mich umdrehe, breitet sich die berühmteste Skyline der Welt vor mir aus und bezirzt mich aufs Neue. Trotz dieser homöopathischen Dosis Desillusionierung überkommt mich ein neues Gefühl, ein sanfter Guss aus Euphorie, Dankbarkeit und Stolz: Ich bin wahrhaftig in New York – möge es hier vereinzelt auch so unspektakulär anmuten wie Castrop-Rauxel. Ich bin in der Über-Stadt. Metropolis. Unmittelbar nach einer Katastrophe. Mit kraftlosen Beinen. Und hey, ich komme irgendwie klar.

Die dicken Krückenfrauen sind längst weiter vorn; ich schlurfe in meiner Geschwindigkeit weiter. Immer Schritt für Schritt, wie ein Duracellhase auf Tranquilizern. Manchmal muss ich die Hand beim Rucksackziehen wechseln. Irgendwann geht es langsam bergab, Schritt für Schritt. Und dann, endlich, stehe ich auf der anderen Seite. In your face, New York! Mit dem iPhone in der geröteten Hand – ich hatte vorher Screenshots der Ausschnitte von Google Maps gemacht – halte ich in einem Getümmel inne, das mit dem nach Sandy langsam wiedererwachenden in Manhattan mithalten kann. Alles wuselt, nur ich stehe still. Sie strömen um mich herum wie um einen Fremdkörper. Nichts anderes bin ich. Schon wieder, immer noch. Und jetzt? «Nimm einfach den A-Train bis Nostrand», stand in der Mail. Der gespeicherte Plan verrät mir die nächste Challenge: Jay-Station finden.

Die ist dann, ich frohlocke, eine der wenigen in New York mit Rolltreppe. Nach nicht mal fünfzehn Minuten Zugfahrt ploppe ich irgendwo in Brooklyn aus dem Boden und stehe schon wieder an einer unbekannten, stereotypen Kreuzung. Flache Häuser, hysterische Leuchtreklamen an und über unzähligen Lädchen, Hydranten, Ampeln, Menschen. Natürlich stapfe ich zunächst in die falsche Richtung, traue mich aber, vor einem Kebab-Imbiss einen Cop zu fragen und drehe wieder um. Inzwischen sind Rücken, Waden, Füße und Hände nahezu taub. In Kopf und Muskeln summt die Erschöpfung, alles ist Watte. Die wollbemützten Gestalten vor dem Liquor Store dringen mit ihren schnoddrigen Sprüchen nicht zu mir durch. Trolleyrucksack und ich rattern die Tompkins hoch, wir müssen von der Fulton bis zur Putnam. Es dauert gefühlte Äonen, bis ich vor einem Mehrfamilienhaus aus dunkelrotem Backstein stehe, im Erdgeschoss ein «Dominican Beauty Salon», der 25. auf dem Weg hierher. Schneller Blick aufs iPhone: Nummer 352, Ziel erreicht.

Es ist zwanzig Uhr, es ist dunkel, ich bin fertig. Die Klingel verrät mir hämisch quäkend, dass ich nach ganz oben muss. Mit letzter Kraft wuchte ich die fünfzehn Kilo schmale, rutschige Steinstufen hoch. Ein rothaariger Typ mit Bart, vielleicht so Mitte Zwanzig, reißt die Wohnungstür auf und drückt zur Begrüßung meine wunde Hand. Tut gar nicht weh. Hornhaut. Ich habe es ja gesagt.

Enthüllung.

«Hi, ich bin Lucy! Hast du Hunger?»

Sie steht vor dem Gasherd und rührt in einem großen Topf. Als sie sich zu mir umdreht, fällt mir gleich nach ihrem britischen Akzent ihr abgebrochener linker Schneidezahn auf. Lucy sieht mit Stupsnase und Zöpfen aus wie Pippi Langstrumpf nach einer Kneipenschlägerei. Ich bin sofort verliebt. Der Ire, der mich reingelassen hat, ist schon wieder von seinem Zimmer verschluckt worden.

«Vielleicht später. Danke, Lucy. Ich bin übrigens Jessica. Äh, wo kann ich hier wohl meine Sachen abstellen?»

«Leg dein Zeug einfach irgendwohin, Jessica. Wo immer du willst.»

Es ist allerdings weniger eine Frage des Willens als vielmehr eine des Platzes. Ich stehe noch in der Tür, schräg links vor mir ein kleiner, willkürlich möblierter Wohnraum, rechts die halboffene Küche. Alles hier schreit: Wir sind Studenten, wir sind neulich von zu Hause ausgezogen, und wir räumen unser Zimmer auf, wann wir wollen. Nämlich nie! Zwischen einem braunen Kunstledersessel und einem wackligen Beistelltisch, auf dem einsam der Router thront, finde ich eine Nische für meinen Rucksack. Ich juchze innerlich. Internet! Strom! Heizung! Alles andere ist erst mal egal.

In der Ecke hockt ein Persönchen. Sandra, blasse Politikwissenschaftsstudentin aus Berlin, derzeit forschend in Colorado und in New York wegen eines Seminars. Und obwohl ich es hasse, immer und überall wegen meines Akzents als Deutsche identifiziert zu werden, freue ich mich diesmal über eine muttersprachliche Gesprächspartnerin. Allerdings nur kurz. Da sie schon eine Nacht länger da ist, beansprucht Sandra die größere Couch. Und das, obwohl sie eineinhalb Köpfe kleiner ist als ich. Auf der zweiten Couch kann ich aber unmöglich surfen, da passt maximal mein Torso drauf. Lucy, die unsere Worte zwar nicht versteht, wohl aber das Thema erfasst, schleift eine Matratze ins Zimmer.

Eine Stunde später sitzen wir dicht gedrängt auf den zwei Sitzkuhlen-Sofas und der Matratze: Sheamus, bodybuildender Ire; Tanmaya, Inder mit Filmfetisch; Lucy, Mathelehrerin aus Liverpool; Betty, getrennt lebende Baptistin aus Texas; Aida, türkischstämmige New Yorker Grundschullehrerin; Sandra, Besserwisserin aus Berlin – und ich, über zehn Jahre älter als alle anderen. Wir schlingen geschmacksneutrales Tofu-Curry runter, schlürfen Rum mit zuckersüßem Tropical Punch aus Kaffeebechern und diskutieren hitzig über die Definition von Gewalt, ihre Darstellung in den Medien und ihre Legitimation für politische Zwecke. Als ich sage, dass ich Gewalt generell ablehne, fühle ich mich nahezu reaktionär. Lucy erzählt Anekdoten aus ihrer Hausbesetzerzeit und übt flammende Kritik am New Yorker Bürgermeister. Er hat auf einer Pressekonferenz zu Hurrikan Sandy die Frage nach Evakuierungsplänen für die Insassen auf der Knast-Insel Rikers in etwa mit «Keine Sorge, die Gefangenen können nicht fliehen» beantwortet. Dass er nicht im Geringsten an Rettung der Häftlinge gedacht hat, macht Lucy so wütend, dass ihre Wangen rot und ihre Nasenflügel weiß werden. Sandra brüstet sich wortreich mit ihrem Engagement im Vorstand eines Vereins, der sich für Flüchtlinge einsetzt, und ihrer Sympathie für den schwarzen Block. Aida erzählt von ihren Schülern und davon, dass Halloween für viele Gangs eine Initiationsnacht ist.

Dann spricht Betty über die schwierige Trennung von ihrem Mann, einem Pastor. Sie kommen aus derselben texanischen Kleinstadt, Highschool-Sweethearts, Hochzeit mit neunzehn. Doch in den letzten fünf Jahren schwand die Passion. Der Sex. Die echte Nähe. Stattdessen gab es fruchtlose Gespräche, verhärtete Fronten, hilfloses Schweigen. Bis die Frau des Pastors nach New York flog, um sich zu finden und auch die Leidenschaft in ihrem Leben. Und eine verständnislose Gemeinde inklusive verstörter Eltern und einen ratlosen Mann zurückließ. Seit vier Monaten versucht Betty, die mal was mit Kunstgeschichte studiert hat und nie Hausfrau sein wollte, sich nun als Fotografin in New York. Und seit ein paar Wochen auch zu daten, gelegentlich.

«Aber die Typen hier sind alle so komisch. So unverbindlich», sagt das Kleinstadtmädchen, und rechts und links neben ihr auf der Matratze flackern deutlich sichtbar die Schatten von zwei, drei zynischen Großstadt-Erfahrungen. Sie liebe ihren Mann schon noch, auf eine Art und Weise. Er sei wenigstens verlässlich und treu.

«Ich weiß nicht, ob ich die Scheidung will.»

«Du erinnerst mich an mich», sage ich nach einem Schluck Tropical Punch aus dem Porzellanbecher mit der abgesplitterten Kante, und mir fällt wieder ein, warum jemanden auf eine Art und Weise zu lieben für mich nicht mehr in Frage kommt.

«Ich bin nämlich geschieden, aus ähnlichen Gründen.»

«Echt?»

«Ja. Ich war knapp zehn Jahre mit meinem Mann zusammen. Wir verknallten uns, als wir zwanzig waren, und zogen ziemlich schnell zusammen. Irgendwann hockten wir nur noch auf dem Sofa und guckten Serien.»

Ich rolle den Becher an meiner Handfläche hin und her.

«Geheiratet haben wir, als wir fast acht Jahre zusammen

waren. Wir hatten ein Haus gekauft, es war der nächste logische Schritt. Eine rationale Entscheidung. Und wir mochten uns sehr. Außerdem hatte meine Oma grad einen Herzinfarkt überlebt, und ich wollte nicht ohne sie heiraten müssen. Verheiratet waren wir dann nicht mal eineinhalb Jahre. Bis … ich eines Tages merkte, dass ich mich eingesperrt fühlte. Etwas Wichtiges fehlte. Leidenschaft, nicht nur füreinander, für das Leben. Die Trennung wollten wir beide, aber hart war sie trotzdem. Wir waren so aneinander gewöhnt.»

«Warum hast du ihn denn überhaupt erst geheiratet?», will Lucy wissen. Zu Recht.

Die Erinnerung an meine Hochzeit fühlt sich an wie eine zärtliche Ohrfeige. Ich auf dem Weg zum Altar, bei jedem Schritt der Gedanke: Wenn der Preis für einen guten Mann ein kaum vorhandenes Sexleben ist, dann zahle ich ihn. Es schläft sich halt so schlecht mit seinem besten Freund. «Er war ein guter Mensch, loyal und verlässlich, aufrichtig, lustig. Ich dachte, so einen finde ich nicht wieder. Aber aus dem Bedürfnis nach Sicherheit heraus habe ich Jahre meines Lebens vergeudet. Ohne es zu merken, haben wir uns auseinanderentwickelt. Das spürte ich schon länger, wollte es aber nicht wahrhaben. Und mit ihm darüber reden ging nicht. Er wollte es noch weniger wahrhaben als ich.»

Wenn ich an ihn denke, nach all den Jahren, dann noch immer mit einem Körnchen Wärme im Herzen.

«Ach, das einzig Schlechte an ihm war eigentlich nur seine Mutter.»

Mein Kichern verscheucht die Restmelancholie.

Betty hat ihren Ehering abgenommen und schiebt ihn mit einem Finger in ihrer Handfläche herum.

«Vielleicht bin ich nur nicht mutig genug.»

«Das wirst du schon herausfinden. Es ist dein Leben, du hast nur eins. Und es könnte morgen vorbei sein.»

Betty stopft den Ring umständlich in ihre Hosentasche, räuspert sich und hebt ihren henkellosen Becher:

«Auf den Mut!»

«Auf das Leben!»

Wir nehmen diesen Schluck schweigend. Bis Sheamus, der Ire, die kurze Stille unerwartet bricht. Er hat den ganzen Abend nichts gesagt und grummelt nur einen einzigen Satz: «Wer in einer Vernunftbeziehung lebt, den wird halt immer die Sehnsucht quälen. Ist doch menschlich.»

Dann reden wir wieder über Politik. Zum Glück. Und Kino. Den filmverrückten Inder verstehe ich dank seines Akzents fast gar nicht. Ich halte jetzt lieber die Klappe und mich zudem an meine Faustregel: Nicht mehr als drei Drinks. Die durchspülen einen sensiblen Ex-Bestrahlungsdarm und plattmarschierten Körper und geben mir den Rest. Auf die anderen jedoch hat der Alkohol die exakt entgegengesetzte Wirkung. Aufgekratzt überlegt das Grüppchen, wohin es denn noch tanzen gehen könnte. Es ist Freitag, und wir sind immerhin in New York.

«Williamsburg ist sooo hipster geworden», mault Lucy. Sie entwerfen und verwerfen Pläne, die Mädchen malen sich beduselt Lidstriche, dann einigen sie sich auf irgendwas mit Hip-Hop. Ich lümmele auf der Matratze und gluckse in mich hinein, weil ihre Worte in meinen müden Ohren wie Musik ohne Text klingen. Der lebenshungrige Teil in mir, der so gern mitgegangen wäre, ist offenbar schon eingeschlummert. Und mein unterer Bauch gleicht nach all dem Marschieren wieder einer mit Lymphe gefüllten Wassermelone. Ich muss mich schonen. Lästige Scheißkrankheit.

Sobald ihr Lachen im Treppenhaus leiser wird, pelle ich mich aus meinen angeschwitzten Klamotten und schaffe mich unter die heiße Dusche. Ich habe meine eigenen Reisehandtücher dabei, pflegeleicht, schnelltrocknend, superhygienisch.

Und leider etwas kurz, sie reichen nur bis an die Oberschenkel; knöchellang wäre mir und meinen entstellten Beinen lieber. Aber was soll's, es ist keiner hier, und ich muss ja nicht hinschauen. Mit dem seligen Lächeln der halbeingeschlafenen Frischgeduschten trete ich aus der Badezimmertür. Und stoße fast mit Tanmaya zusammen, dem Inder. Reflexartig reiße ich das Handtuch runter, um meine Narben zu verdecken – ich stehe oben ohne vor ihm. Er glotzt so entsetzt, wie ich mich fühle, und dreht sich dann augenblicklich um. Unser «Oh, I'm so sorry» kommt im Kanon, während ich, mit einer Hand das Handtuch zusammenhaltend, die andere vor meinen Brüsten, in die Wohnküche stolpere.

Eine Viertelstunde später ist unser Zusammenstoß Geschichte. Ich bin viel zu müde, um mich ernstlich aufzuregen, und Tanmaya hat sich in seinem Zimmer verschanzt. Es ist nicht das erste Mal in meinem Leben, dass ein Mann meine Brüste sieht, und er wohnt immerhin in einer WG mit zwei Frauen. Also bitte. Ich lege mich auf meine dünne Matratze neben die Wand zur halboffenen Küche und schlafe so übergangslos und tief ein, dass es an Ohnmacht grenzt. «New York Narkose» nenne ich diesen Zustand der allabendlichen Totalerschöpfung.

In der Nacht werde ich aus dem Schlaf gerissen. Ein Blick aufs geladene iPhone sagt: vier Uhr. Schlafmaske und Ohropax helfen nicht gegen einen Schwarm lärmender, beschwipster Nachteulen, die sich in der Küche Würstchen und Eier braten. Der Geruch von Fett kriecht unter meine Decke, in meine Nase und setzt sich in meinem gewaschenen Haar fest. Ich bleibe im Halbschlafmodus und spüre, dass ich friere. Dann wird es wieder ruhig, der alkoholinduzierte Nachthunger ist anscheinend gestillt. Vor dem Wiedereinschlafen merke ich, wie jemand vorsichtig eine weitere Decke über mich breitet.

Eine gehäkelte, das fühle ich an meiner Wange. Geborgenheit bei fremden Menschen. Ich kuschle mich in Dankbarkeit und schlafe ein.

Park.

Es ist Frühling im Herbst. Die Sonne wärmt die Luft auf sechzehn Grad. Doch statt maigrün sind die Blätter der Bäume im Central Park rot, braun oder gelb und taumeln eines nach dem anderen dem müden Gras entgegen. Der Winter kommt, man kann ihn ahnen. Aber noch nicht jetzt. Auf einem Felsen sitzt ein junger Mann im T-Shirt, seinen Kopf gesenkt und den Blick auf ein Buch auf seinen Knien gerichtet. Er nimmt keine Notiz von den zwei graubraunen Eichhörnchen, die über seine hingeworfene Jacke hinweg einer kullernden Nuss hinterherjagen.

Es ist Sonntagnachmittag, und der Central Park ist nicht nur mit Eichhörnchen, sondern auch mit Menschen bevölkert. Mein Herz jauchzt, als ich mich unter Jogger und Flaneure mische. Endlich bin ich hier, im großen Garten des Big Apples – dem Ort, an dem im Schatten der alten Bäume alles passiert: schüchterne Dates und exzessive Orgien, Rollerskaten und Rollenspiele, Schach und Football, Heiratsanträge und ja – das weiß ich aus dem Fernsehen – auch Morde. Stadt ist das Konzentrat menschlicher Gemeinschaft, mit allen schönen und scheußlichen Seiten; New York ist das Konzentrat von Stadt; der Central Park ist das Konzentrat New Yorks. Hier, zwischen Ulmen und Eichen, vibriert seit 150 Jahren die Essenz des Lebens und seiner Endlichkeit.

Beinahe renne ich in einen Typen mit Pappschild. «1-Dollar-Witze – Lachen garantiert» steht handschriftlich auf einem Stück Karton am Besenstil. Er ist jung, trägt einen marineblauen Blouson, beige Chinos und sieht in seinem ernsthaft vorgetragenen Verkaufsanliegen unfreiwillig komisch aus. Ein echter Businesskasper. «Sorry», sage ich flüchtig und finde eine Sekunde später mein Gleichgewicht wieder. Rohe Beats ziehen mich zu einem großen Kreis johlender Menschen. In der Mitte performen junge Breakdancer eine vollakrobatische Show mit Comedy-Elementen: Derzeit stellen sie vier Zuschauer gebückt nebeneinander auf, um Salti über sie zu machen. Es klappt, sogar mehrmals, die Menge tobt, ich schlendere weiter über diesen Jahrmarkt voller Wunder und Gaukler.

Mein Blick bleibt an dem Hintergrundwald aus Häusern hängen. In den Glasfassaden der Wolkenkratzer um den Central Park herum spiegeln sich Sonnenstrahlen und braunbuntes Laub, Metallic-Konfetti. Ich gelange an eine steinerne Bühne, die Naumburg Bandshell. In dem halbrunden Sandsteinpavillon redete schon Martin Luther King, hier finden seit über hundert Jahren Freiluftkonzerte statt. Jetzt allerdings ein privates Hochzeitsfotoshooting im gnädigen Nachmittagslicht. Sie trägt ein Kleid wie aus marzipanfarbenem Tortenguss, ihr Gesicht ganz nah an seinem. Beide küssen sich für den Fotografen. Nahezu ohne Groll kann ich an meine eigene Hochzeit denken und freue mich mit. Es war damals so ein prachtvolles Fest, nur leider der falsche Mann. Dann sehe ich ihre Brautschuhe – Plüschpantoffeln von Hello Kitty – und breche in so herzhaftes Lachen aus, dass sie sich zu mir umdrehen. Grinsend setze ich meinen Weg fort.

Unweit der Bühne sitzt ein bemützter älterer Herr auf einer Parkbank. Sein Saxophon blitzt scharfgolden in der Herbstsonne. Er rückt sich zurecht, mit geschlossenen Augen führt er sein Instrument zu den Lippen und setzt an. Schon die ersten Klänge von «Can't Help Falling in Love» überwältigen mich. Jeder Ton bedächtig erschaffen. Von jemandem, der um die Dimension der Liebe weiß. Ich bleibe vor dem Musiker stehen, halte den Atem an, will keine Note verpassen. Menschen umschiffen mich, aber ich stecke in der Musik. Erst als ein Tropfen von meinem Kinn rollt, bemerke ich, dass ich weine. So soll sich das also anfühlen, dieses «geliebt werden».

Als das Saxophon den letzten satten Ton freilässt, tropfe ich noch immer.

«Entschuldige. Ich wollte dich nicht traurig machen. Hier, nimm das», sagt der Saxophonist und reicht mir ein Papiertaschentuch.

«Oh, nein. Ist schon gut. Das war genau richtig. Das war wunderschön. Vielen, vielen Dank.»

«Gern geschehen, junge Lady.»

Ich lege ihm einen Fünf-Dollar-Schein in den Hut und lasse ihm dazu ein tränennasses Lächeln da.

Mit zerknülltem Taschentuch in meiner Hand flaniere ich weiter und grüble. Ich sollte aufhören, Zeit an tote Liebe zu verschwenden. Aber wann soll man aufgeben und wann weiterkämpfen?

Auf dem Rasen rechts von mir wetzt ein silbergrauer Jagdhund einem Eichhörnchen hinterher, Ohren und Kochschinkenzunge fliegen nach hinten, unter seiner schimmernden Haut arbeiten die Muskeln kraftvoll und präzise. Das Eichhörnchen ist ein fliegender Flauschball. Jäger und Gejagter schlagen Haken zwischen einer footballspielenden Familie und zwei kiffenden Hipstern, rennen über die burberrykarierte Picknickdecke eines Pärchens, werfen die Bauchladenverkäuferin mit dem hageren Gesicht fast um. Das Eichhörnchen, den Atem des Verfolgers spürend, mobilisiert seine letzten Kräfte und springt in einer kühnen Volte fast in die entgegengesetzte Richtung. Im selben Moment versucht der Jagdhund, seinen Biss anzubringen. Nur um Millimeter verfehlen seine Reißzähne das Eichhörnchen, das schräg hinter ihm im Unterholz verschwindet. Davongekommen. Pures

Glück. Ich beschleunige meine Schritte. Mir bleibt nicht mehr viel Zeit. Die Sonne steht schon schräg, und das Guggenheim schließt bald.

Affäre.

Es war von Anfang an klar, dass das mit uns keine Zukunft haben würde, trotzdem oder vielleicht gerade deswegen bin ich traurig. Für die verbleibenden sieben Tage in New York bin ich plangemäß ins New York Loft Hostel gezogen. Ich hocke auf meinem Feldbett und drücke meinen Rücken an die warme Backsteinmauer. Meine letzte Nacht mit New York. Filzdecke statt Satin. Wir hatten eine atemlose Affäre, die Stadt und ich. Erschöpfend. Fordernd. «Alle wirklich guten Dinge sind manchmal anstrengend, weil sie leidenschaftlich sind», hat Ben mal zu mir gesagt. Genauso ist New York.

Anfangs gab es kleine Kommunikationsprobleme zwischen uns. Natürlich ist es sinnlos, eine Wochenkarte für 29 Dollar zu kaufen, wenn die Fahrt mit den wenigen post-hurrikanisch funktionierenden U-Bahnen gratis ist. Aber das hätte mir New York mal früher sagen können. «Heute ist es kostenlos, Miss», hörte ich die Polizistin, die noch automatenwarme Metrocard in meiner Hand. Mein «It's like rain on your wedding day … It's a free ride, when you already paid …» versank im Kreischen des einfahrenden Zuges. Der übrigens genauso aussah, als würde gleich Gary Sinise auf Verbrecherjagd herausspringen. Von diesen Déjà-vu-Momenten habe ich in New York viele erlebt; aber Filmkulisse ist ja auch offizieller Nebenjob, gleich nach Projektionsfläche für jede Art von Traum.

Die U-Bahnfahrt über die Williamsburg Bridge gewährte mir einen Blick auf die Skyline Manhattans, und ich biss mir auf die Unterlippe. Regungslose Gesichter der anderen Menschen, man wird wohl immun gegen diese Art von Zauber. Delancey Street. Ein Typ stieg ein, vielleicht fünfzehn, sechzehn. Er trug Baggypants und eine Pappschachtel voller Snickers. Kids in New York verticken keine Drogen, sondern Schokolade. Darauf fußt auch ihr Marketingkonzept: «… um nicht auf der Straße zu landen, um auf anständige Art Geld zu verdienen», deklamierte er mit brüchiger Stimme. Es klappte. Eine ältere Dame mit Hispanisch-Hintergrund kramte aus ihrer abgewetzten Fake-Vuittontasche einen Dollar, ein Jungdynamiker zog mit glatter Geste seine Geldklammer aus der Hemdtasche. New York ist nicht die abgestumpfte Kaltschnauze, die ich vermutet hatte. Aber unverfroren charmant. Wie der maximal Zwölfjährige mit dem schrägsitzenden Käppi, der verbotenerweise zwischen den Waggons durchging, mich anzwinkerte und mir dann eine Kusshand zuwarf. Ich war erst perplex und musste dann schon wieder so laut lachen, dass mich die Mitfahrenden anschauten. Aber nur kurz. Das ist New York, man hat schon alles gesehen. Im Zweifel hier, in der U-Bahn.

Denn wie verschieden die New Yorker auch sein mögen – dies ist der Ort, an dem sie sich zwangsläufig begegnen. Adipositaspatienten in fleckigen XXL-Pullis, die mit glänzenden Lippen Chickenwings ablutschen, neben hauchdünnen Models mit Pudelmützen und teuren Taschen; grimmige LL-Cool-J-Lookalikes in Kapuzenhoodies neben schnauzbärtigen Hipstern in Skinnyjeans; abgearbeitete alte Ladys mit sorgsam onduliertem Haar neben kaugummischmatzenden Latinas in fuchsiafarbenen Nicki-Jogginganzügen; nervös ihre Tablets befingernde Businessboys in braunen Anzügen neben orthodoxen Juden mit Schläfenlocken, Hut und Taschenuhr – jede Nuance des menschlichen Seins, sämtliche Klischees und alle vorstellbaren Schnittmengen. Und weil eben fast jeder irgendwann mal hier angekommen ist und auf Unterstützung angewiesen war, sind die New Yorker eben doch zuvorkommend und solidarisch. Wie mein Airbnb-Gastgeber Mike, der mich nach Tagen ohne Strom und Heizung in der Wohnung einer Freundin heiß duschen ließ.

Oder wie Eugene mit dem fleecedeckensanften Blick.

An meinem vierten Tag las er mich in Manhattan auf, irgendwo in der Nähe des Union Square. Ich war auf der Suche nach dem Shuttlebus, der mich nach Brooklyn bringen sollte. Und ich war lange nicht die Einzige. New Yorker, Touristen, Polizisten, sogar Busfahrer hatten keine Ahnung, wie, wo und wann er fahren würde. Am Straßenrand hatte sich eine Menschentraube gebildet und schwoll auf reiner Vermutungsbasis weiter an. Doch die überfüllten Busse hielten hier nicht, sie fuhren einer nach dem anderen vorbei.

«Weißt du, wo ich den Shuttle finde?», fragte mich ein Dreitagebart, und seine dunkelbraunen Locken drängten so planlos unterm Yankees-Cap hervor, dass ich ihn sofort sympathisch fand. Genau mein Beuteschema.

«Ich habe keine verdammte Ahnung, ich bin nur eine doofe Touristin. Dieser Scheiß-Hurrikan!» Wenn mir kalt ist, werde ich ungnädig, Beuteschema hin oder her.

Er lachte. «Ich bin Eugene. Willkommen in New York.»

Und so kamen wir ins Gespräch. Er hatte Humor und meine Größe. Ich erzählte ihm, wo ich hin musste – auf die andere Seite – und dass ich keine Ahnung hätte, wie ich das bewerkstelligen sollte. Keinesfalls würde ich mir wieder den Gewaltmarsch über die Brooklyn Bridge antun. Auch nicht ohne Rucksack. Ausgeschlossen.

«Ich muss auch nach Brooklyn, ich bringe dich hin.»

Und das tat er dann, fand irgendwie heraus, welcher Zug rüberfuhr, und begleitete mich bis zum Umsteigebahnhof auf der Brooklynseite. Unsere Unterhaltung drehte sich nicht nur um Sandy. Er macht was mit Werbung, glaube ich, und fand meine Weltreise «amazing». Wir redeten über Baseball, und bevor wir uns verabschiedeten, tauschten wir Mail-Adressen aus. Als ich mich im richtigen Waggon in Bewegung setzte, stand Eugene noch am Bahnsteig und winkte. So reizend sind die New Yorker. Und so hilfsbereit.

Genau wie die Frau bei Starbucks; wie Betty, die mir in der zweiten Couchsurfing-Nacht ihr dauniges Bett anbot und zu Lucy auswich, weil ich so erschöpft war und nicht mehr auf der dünnen Matratze in der Küche schlafen mochte. Wie die alte Inderin, die ihre Metrocard zückte, als ich kein passendes Kleingeld für den Bus dabeihatte; der Quarterback-Typ, der seine Metrocard einfach so für mich durch den Kartenleser zog, weil es am Bahnhof Morgan Avenue keinen Fahrkartenautomaten gibt, und überhaupt wie all die Menschen, die mich freundlich ansprachen, wenn ich länger als zwei Minuten über meiner Karte rätselnd rumstand. So herzenswarm kann diese Stadt sein. Das ist die eine Seite.

Ich ziehe meine Hosteldecke fester um mich, als ich an die Wallstreet denke. Dort ist es gefühlt ein Grad kälter als im Rest New Yorks, und das liegt nur zum Teil an den sonnenlichtschluckenden Wolkenkratzern. Das Zentrum der Finanzmacht ist öde, unbelebt. Kein Glamour, kein Kitzel. Ein bisschen wie Hamburgs City Nord, nur kleiner. «Es ist alles viel unspektakulärer, als ich gedacht habe», konstatierte eine charmante Österreicherin beim Hostelfrühstück.

«Ja, so als käme man in Erwartung eines riesigen Fegefeuers in die Hölle, und dann steht da Satan am Kugelgrill und dreht Würstchen um.»

In Echt stand Satan vor dem Eingang der New Yorker Börse und telefonierte, eine Mischung aus Robert Downey Jr. und Hugh Grant und kein Stück Al Pacino. Er hatte den Kragen seines dunkelblauen Anzugs hochgeklappt – ein erbärmlicher Versuch, die schneidenden Böen abzuschirmen. Als Zugeständnis an den Casual Friday trug der moderne Mephisto schwarze Sneakers. SO sehen also diese Typen aus, die mit ihrer Gier das weltweite Wirtschaftssystem zerfressen. Ich legte alle Vorwurfskraft in meinen Blick. Als er merkte, dass ich ihn beobachtete, zwinkerte er mir zu. «Du kannst nicht alles kaufen», rotzte ich ihm entgegen und wandte mich angewidert ab.

Mitten im noblen Chelsea kam ich an den Fulton Houses vorbei. Sozialer Wohnungsbau. Vor baufälligen Hochhäusern mit Softdrinkbecherhaufen auf den welken Grasflächen standen Gestalten unter Mützen in einer Schlange für Essenspakete an; im Schaufenster eines Kiosks hieß es in krakeliger Schrift auf gelber Pappe «Wir akzeptieren Lebensmittelmarken». Und keine 200 Meter Luftlinie weiter, im The Lobster Place im Chelsea Market, häuften Grüppchen feister Geschäftsleute bedrohlich hohe Hummerschalenberge auf Silberplatten an. So läuft das. New York küsst dich sachte auf den Mund und boxt dich dann in den Bauch. Ambivalenz an der Grenze zum Bipolaren.

Doch egal ob arm oder reich – eine Kleinigkeit ist allen New Yorkern gemein: ihre Kühnheit im Straßenverkehr. Rot gilt für Fußgänger höchstens als unaufdringliche Empfehlung. Der New Yorker ignoriert Ampeln, sie halten nur auf. Das geht sogar so weit, dass Passanten im Pulk selbst bei Rot die Straße überqueren und Autos zum Anhalten zwingen. Es ist aber nicht so, dass New Yorker rote Ampeln vor den Augen von Kindern überqueren. Oh, nein. Sie überqueren sie MIT den Kindern. Wer bei Rot stehen bleibt, outet sich als Fremder – eins der wenigen unmittelbaren Erkennungskriterien für Nicht-New-Yorker. Optisch nämlich lässt sich niemand diesem Schmelztiegel zuordnen. Schon gar nicht der Hipster, auch, wenn er das gern hätte. Die uniformierten Individualisten pilgern aus aller Welt nach New York, wie Katholiken nach Lourdes. Genauer gesagt nach Williamsburg, dem Kreißsaal des Hipstertums. Hier ist auch mein Hostel.

Beim Einkaufen im Lebensmittelmarkt nebenan zerbrachen sich Mädchen in senffarbenen Oma-Strickjacken mit Steve-Urkel-Brillen und samtenen Leopardenleggins die bezopfkranzten Köpfe darüber, welche der 27 veganen Eissorten sie in ihren Jutebeutel legen wollten. Ich griff mit meinem Funktionsjackenarm an ihnen vorbei zur Bierflasche und schmunzelte wehmütig. Noch ist es lässig hier an der Grenze zu Bushwick, aber nicht mehr lange. Der Gentrifizierungsprozess läuft längst. Und wird abgeschlossen sein, wenn die Leute das Gefühl hätten, der Stadtteil sei sicher genug zum Nestbau. Das Böse kommt mit den Biomärkten und triumphiert mit den Spielzeugläden. Wenn dann Starbucks auftaucht, ist der Ort längst verbrannt, und von den Hipstern mit den kunstvoll auf Bandshirts arrangierten Flecken und akkurat gesetzten Laufmaschen zeugt nur noch das vegane Café. So lief es im East Village, in Dumbo, im Schanzenviertel und im Prenzlauer Berg. Überall.

Ich gähne mit brennenden Augen, ich kenne diese Müdigkeit inzwischen. New York ist ein inspirierender Krafträuber, ein unersättlicher, manischer Liebhaber mit ADHS und Neurosentattoo. Absolut mitreißend für ein paar Tage, aber kein Typ für immer. Unser Abschied ist so cool wie das Loft, in dem ich seit einer Woche schlafe. Durch meine Ohropax schrammt von rechts der Klang experimenteller E-Gitarrenmusik, von links piercen Piepsstimmen asiatischer Teenager mein Trommelfell, jemand schnarcht die Baseline. Gute Nacht, New York, es war schön mit dir. Morgen geht es zu deinem verrückten Vetter New Orleans. Bevor ich schlafen kann, muss ich den Kopf noch ein paar Mal neu positionieren. Ich kann es nicht ertragen, im Liegen meinen Puls im Ohr zu fühlen. Mit jedem Herzschlag einer weniger bis zum Ende. Darum kann ich auch keine Uhr ticken hören, ich hasse das. Als wir endlich einschlafen, löffeln New York und ich nicht.

New Orleans

Gefahr.

Es ist schon dunkel, als ich vor seinem weißen Holzhaus aus dem Taxi steige. Natürlich hätte ich auch den Bus nehmen können, aber das erschien mir viel zu gefährlich. Also Taxi, wie immer. Er kommt mir entgegen, drückt mich zu Begrüßung so fest, dass mir kurz die Luft wegbleibt, und hievt dann mit einer Hand meinen Rucksack die fünf Stufen zur Eingangstür hoch. Ein großer Mann, locker über 1,90 Meter und weit über 40, mit rötlichbraunem Bürstenhaarschnitt, Brille, Khakishorts, langen Gliedmaßen und einer unproportional fülligen Körpermitte. Aus seinen wulstigen Lippen strömen unablässig Worte, seine Witze flankiert er mit dröhnendem Gelächter.

Er teilt sein «Abendessen» mit mir – kalte Pasta mit Dosenlachs, Tütenparmesanpulver und Fertigsalatdressing auf schwarzen, fünfeckigen Tellern. Ich finde es nett von ihm, aber vielleicht hat mich auch nur das lange Warten am Flughafen in New York milde gemacht. Während wir essen, erzählt er von seinen letzten Couchsurfern – «ein paar Leute aus Belgien» – und führt mich dann in seinem langgezogenen Shotgun-Haus herum; so nennt man die hier in den Südstaaten entstandene, schmale Form alter Häuser. Er will mir alles erklären, damit ich mich auch in seiner Abwesenheit frei bewegen kann. Und nicht versehentlich alles in die Luft jage, während er seinem Job an der nahe gelegenen Universität nachgeht.

Er streut eine Kette kleiner Witze ein, zeigt mir die Küche, das Gästezimmer, das Wohnzimmer. Wir lachen vereinzelt. Er jovial, ich höflich. Und dann passiert es.

Er steht vor mir, erklärt mir die Gasheizung. «Die Heizung befindet sich im Grunde genommen IM Boden.»

Ich frage müdigkeitstumb: «Wo?»

Mit einer flinken Bewegung packt er meinen Zopf und reißt meinen Kopf Richtung Boden. So schnell wie ein Muskelzucken. «Da, IM Boden. Wie ich gesagt habe.»

Seine Stimme ist sanft, die Geste brutal. Er hat meine Haare längst losgelassen, plaudert schon wieder von alten Gasthermen. Ich höre ihn kaum. Mein Herz klopft so heftig, dass ich es im ganzen Rumpf spüre. Ist das da gerade wirklich passiert? Was ist da eigentlich passiert? War das ein Spaß, den ich bloß nicht verstanden habe? Bin ich humorlos und hysterisch?

Auf einmal stehen wir im Bad – ich weiß nicht, wie wir hier hingekommen sind –, er spricht immer noch über die Heizung. Oder die Hausform. Verwirrt fixiere ich den Spiegel, richte meinen Zopf. Dann greift er von hinten in mein Haar.

«Mach dir keine Sorgen, du bist hübsch genug.»

Diesmal reagiere ich: «Stopp! Nicht in meine Haare!» Verwundert stelle ich fest, dass ich in meine Muttersprache fliehe.

«Was auch immer du da grad gesagt hast», säuselt er und schlendert ins Wohnzimmer.

«Ich sagte: Lass das. Das gefällt mir nicht», nuschele ich ihm auf Englisch hinterher.

Er lacht gedämpft, lässt sich in eine Kuhle auf seiner tannengrünen Ledercouch plumpsen und positioniert ein iPad auf seinen blassen Knien. Mit seiner Pranke patscht er auf den freien Platz zu seiner Linken.

«Setz dich doch mal neben mich, kleines Mädchen. Ich werde dich schon nicht belästigen. Obwohl ... Keine Versprechen.» Seine Stimme klingt sonor.

Ich gefriere innerlich, dann bewege ich mich in Zeitlupe in seine Richtung. Ich fühle mich beklommen, aber ich will kein unhöflicher Gast sein. Vielleicht verstehe ich auch nur seinen Humor nicht. Also setze ich mich. Mit zusammengepresstem Körper und so weit von ihm weg, dass ich gerade noch einen Blick auf die Umgebungskarte werfen kann. Er plappert von Parks und Bussen und Straßenbahnen, und hinter meiner Stirn pulsiert nur ein Gedanke: Falsch. Das hier ist falsch.

«Tut mir leid, ich bin echt müde», gähne ich.

Bloß weg von ihm. Er wünscht mir eine gute Nacht, und ich verschwinde ins Gästezimmer, direkt ins Bett, ohne Zähne zu putzen. Es ist noch nicht mal 21 Uhr. Der Holzrahmen der Tür hat sich verzogen und lässt sich nicht richtig schließen. Ich drücke und schiebe möglichst leise. Nichts zu machen. Scheiße. Ich bekomme die ganze Nacht kein Auge zu. Und das liegt nicht nur an den Mardi-Gras-Kostümen, Perücken und Masken, deren Schemen im Halbdunkel des Zimmers nach mir zu greifen zu scheinen.

Am nächsten Morgen um acht summt sein Rasierer im Badezimmer. Küchenschranktüren klappern, Schritte poltern über den knarrenden Holzboden. Ich liege im Bett und halte mich an meinem iPhone fest. Seit wann habe ich Schwierigkeiten damit, einen Idioten in seine Schranken zu weisen?

Es ist die Abhängigkeit des Gastes vom Gastgeber. Und die doppelte Ebene. Ist jemand ein offenkundiges Arschloch, kann man ihm entsprechend begegnen. Aber ist jemand vordergründig freundlich und zuvorkommend und plötzlich einen Fingerschnips lang übergriffig, zweifelt man an seiner Wahrnehmung. Wie das Bild einer Abscheulichkeit, das für einen

Sekundenbruchteil in eine Komödie geschnitten wurde und das man meint, nicht gesehen haben zu können. Perfide.

Die Haustür rummst ins Schloss, er ist weg. Sicherheitshalber warte ich noch eine halbe Stunde, bevor ich mich raustraue. Im Badezimmer bleibt mein Blick beim Zähneputzen am Duschvorhang hängen. Was zur Hölle ...? Das untere Drittel ist mit rotbraunen Spritzern übersät. Meine Phantasie explodiert: Entweder ist der Typ ein Serienkiller und hat nur deshalb so viele gute Couchsurfing-Bewertungen, weil jeder, der etwas anderes behaupten würde, in seinem Garten verscharrt liegt. Oder das Zeug ist Farbe, Schminke, was auch immer, und er ist bloß extrem dreckig. In beiden Fällen will ich hier weg. Umgehend. Ich habe doch keinen Krebs überlebt, um mich in New Orleans von einem Irren abschlachten zu lassen. Aber wohin?

Den Vormittag verbringe ich in dem Zimmer zwischen den muffigen Kostümen damit, fieberhaft nach einer Unterkunft zu googeln. Nirgendwo Vakanzen. Die Hostels sind entweder ausgebucht oder haben diversen Bewertungen zufolge Bettwanzen oder Flöhe oder beides. Ich möchte weinen, aber meine Augen machen nicht mit. Ich muss auf der Stelle hier raus, der Rest wird sich finden. Ich stopfe das Netbook in meine Tasche und haue ab. Den Fußweg runter, ein paar Blocks, bis ich an der nächsten großen Straße eine Haltestelle finde.

Wenig später tuckere ich mit der historischen Straßenbahn ungeduldig ins Stadtzentrum, vorbei an fürstlichen Mini-Villen mit Palmen in den fußballfeldgroßen Vorgärten. Ein Hauch von Tara weht durch die Straßen, und ich finde mich grad selbst lächerlich kitschig. Nachdem ich die Canal Street überquert habe und schließlich im French Quarter angekommen bin, stolpere ich auf der verzweifelten Suche nach Wifi ins Royal Blend Café. Wenn ich nicht bald eine andere Unterkunft finde, bin ich geliefert.

Messer.

«Hier, nimm das. Dann wirst du dich sicherer fühlen.» Die Bedienung drückt mir etwas Schweres, Glattes in die Hand und hält meinen Blick fest. Als ich die Finger öffne, ruht da ein Taschenmesser mit Perlmuttgriff. Wir kennen uns keine fünfzehn Minuten, das runde Mädchen mit der Affenstrickmütze und ich, aber in ihren Augen liegt echte Sorge. Mein Magen zieht sich zusammen. Ich spüre, dass sie recht hat.

«Du kannst auch bei mir übernachten, wenn du magst. Du solltest definitiv nicht dahin zurückgehen. Der Typ ist verdammt noch mal *creepy*!»

Ich bin froh, dass sie das sagt. Ich hatte schon begonnen, mich für verrückt zu halten. Sie nennt ihn konsequent «Creepy Guy» – den Couchsurfer, bei dem ich für ein paar Tage und Nächte in New Orleans bleiben wollte. Nachdenklich nippe ich im Royal Blend Café an meinem lauwarmen Cappuccino. Das Messer wiegt schwer in meiner Handfläche. Ich lasse es in meine Tasche gleiten. Das ist New Orleans, und hier weiß man nie – so viel habe ich in den letzten Stunden schon verstanden von dieser Stadt.

«Ja, ich glaube, das werde ich tun. Ich danke dir so sehr.»

Ich stürze mich auf Cates Angebot, klammere mich an jeden Buchstaben, den sie mit einem Kuli auf den Papierfetzen aus meinem Block kritzelt. Sieh an: Sie wohnt nur zehn Fußminuten vom Creepy Guy entfernt. Wir verabreden uns für später am Abend, ich soll mit meinen Sachen einfach zu ihr kommen.

Das Wissen, dass ich heute Nacht nicht in einer Badewanne in mundgerechte Stückchen zerteilt oder gar am Kopf oder sonst wo angefasst werde, lässt mich erleichtert durchs French Quarter bummeln. Und jetzt nehme ich zum ersten Mal wahr, wie zauberhaft es ist mit den gusseisernen Balkongittern, zierlichen Säulen und historischen Schildern. Die Stadt am Mississippi wurde von Franzosen, Spaniern, Engländern geprägt. Davon zeugen die zwei- bis dreistöckigen Puppenhäuschen im Kolonialstil, die ihre blättrigen Fassaden in den engen Straßen aneinanderschmiegen und sich gegenseitig Halt geben. Sie schimmern in den unterschiedlichen Farbvorlieben ihrer einstigen Bauherren – von Französisch-Rosé über Britisch-Beige bis Spanisch-Ochsenblutrot. Und immer wieder Grün: Von fast jeder Balustrade stürzen sich Pflanzenranken gen Bürgersteig.

Mir wird warm in meiner Fleecefunktionsjacke, die wenigen schlanken Palmen spenden kaum Schatten. Zum Glück ist es schon November und darum weit entfernt von der Elendshitze, die den Menschen in New Orleans zur Sommerzeit das letzte bisschen Verstand weichkocht. Schwül und heiß – nichts für mich und meine langen Hosen. Die Sonne steht schräg und wirft die geschmiedeten Balkonverzierungen als grazile Schnörkelmuster auf verblassenden Putz, wie den Stoff feiner Dessous. Von irgendwoher säuselt mir ein Saxophon ins Ohr. Und über allem liegt ein antikes Spitzendeckchen aus Verfall.

Das schwummrige Gefühl in meinem Magen verwandelt sich in nagenden Hunger. Kein Wunder, meine letzte Mahlzeit war die Tütenparmesandosenlachspasta gestern Abend. Ich steuere einigermaßen schnurstracks den Ex-Geheimtipp Coop's Place an und bestelle an einem Holztischlein meine erste Jambalaya. Richtig scharf essen kann ich nicht, dann rächt sich mein bestrahlter Darm. Aber die Würze auf dem Teller vor mir ist akzeptabel, und mit der milden Schärfe verteilt sich ganz allmählich auch wieder die Zuversicht in mir.

Dieser Laden ist eine Art Bar mit offenbar beliebter Küche; ich sitze unter dem schwachen Licht einer Budweiser-Leuchtreklame auf einem Hocker, an die halbgetäfelte Wand gelehnt, und beobachte die vielen Menschen, die sich hier zum Abendessen einfinden. Sie tragen typische Touristen-Insignien: Funktionsjacke, peinliches «Keep New Orleans Dirty»-Mottoshirt oder glasige Augen von zu viel Wine-Smoothies und Lightbeer. Die meisten Gäste haben ihre Köpfe zum Flachbildfernseher gedreht, es läuft eine beliebige Sportveranstaltung von mittelgroßem Interesse. Gibt es Zombies in New Orleans? Sieht so aus. Sie verzehren ihre eigenen Gehirne. Ihnen ist es angenehmer, auf einen Bildschirm zu blicken als ihrem Gegenüber ins Gesicht.

Bei dem Mann, der sich jetzt vor mich hinstellt, ist das allerdings anders.

«Hi. Du siehst zufrieden aus. Das gefällt mir.» Unter einer Wolke ellenbogenlanger Dreadlocks gucken mich zwei fältchenumkränzte graue Augen an. Zunächst bin ich skeptisch; ich habe keine Lust, angebaggert zu werden, und noch einen Irren vertrage ich grad nicht. Aber irgendwas an ihm wirkt aufrichtig freundlich. Vielleicht ist es die Adidas-Jacke über seinen zierlichen Schultern, die mich an meine Freundin Vicky erinnert, vielleicht sind es seine putzigen Mausezähnchen. Ich ignoriere jedenfalls meine Bedenken und schenke ihm ein Schmunzeln.

«Du hast Glück. Ich habe gerade gegessen, dann bin ich für gewöhnlich immer sehr zufrieden.»

Er heißt Andy, ist Anfang 50, Brite, Regisseur und lebt seit Jahrzehnten in Los Angeles. Momentan allerdings ist er, natürlich nur vorübergehend, Truckfahrer von Musikern auf Tour und allem, was sonst so anfällt. Heute am Steuer eines Promotiontrucks für Papst Blue Ribbon – einer Plörre, neben der Bud Light wie Starkbier wirkt. Anders gesagt: Das Zeug ist schlimmer als Kölsch. Und darum bestellen wir Beck's. Über die Hälse unserer Flaschen hinweg unterhalten wir uns über Bier, Lieblingsfilme, Amis und Europäer und das Leben. Ich gebe die reisekonforme Kurzbio zum Besten: Hamburgerin, aus komplizierten familiären Gründen hauptsächlich bei den Großeltern aufgewachsen, Journalistin, 35 – ja, ich sehe jünger aus und benehme mich wie sechzehn –, für sechs Monate auf Weltreise, geschieden, keine Kinder, wird auch nichts mehr. Ich hatte nämlich Krebs, ist aber alles wieder gut. Das ist der Moment, in dem es sich für gewöhnlich entscheidet. Seine Pupillen weiten sich, sein Lächeln verpufft. Ich lese erst Entsetzen in seinen Augen, dann Verwirrung und Ungläubigkeit. Die typische Reaktion, da ist Andy genau wie jeder andere. Genau wie ich am Abend der Diagnose. Ich betrachte die Kondenswassertropfen, die langsam einer nach dem anderen an meiner kalten Bierflasche hinunterrinnen. In seinem Schweigen höre ich wieder die roten Schuhe fallen.

«Du hattest Krebs? Oh Gott. Wie furchtbar. Das tut mir sehr leid. Das hätte ich jetzt nicht gedacht, man sieht dir gar nichts davon an. Du wirkst so ... glücklich und strahlend.»

«Okay, es war furchtbar und alles. Aber jetzt auch nicht sooo schlimm. Andere Leute sind schlimmer dran», wiegle ich ab und proste ihm aufmunternd zu.

Andy wirkt zunehmend verstört. Ich verstehe das ja. Aber nichts davon erzählen kann ich nicht. Der Krebs ist ein Teil meiner Geschichte. Der, der mich überhaupt erst auf diese Reise geschickt hat. Und es geht mir wieder gut. Soll ich mir ein Märchen ausdenken? Weil er mir in seiner Verwirrung trotzdem leidtut, rattere ich auf meinem Barhocker kippelnd meine Krankheitsgeschichte runter: Diagnose Gebärmutterhalskrebs nach der jährlichen Routineuntersuchung, Operation, Komplikation, deswegen beinahe Amputation, Bestrahlung und Chemotherapie – nein, man verliert nicht zwangsläufig seine Haare, sie werden manchmal auch nur dünner, aber mit blonden Strähnchen geht's – Infektionen, Fieber, Notoperation und dann im Februar der letzte Eingriff, um alles wieder ganz heil zu machen. Der schmerzvolle Verlust bester Freundinnen, die mit den psychischen Spätausläufern der Krankheit überfordert waren, und ganz nebenbei ein mehrfach gebrochenes Herz.

«Ich hab's überstanden, okay? Ich blicke jetzt einfach nach vorn. Ich will leben, verstehst du? Einfach nur leben.»

Andy leert den Rest seines alkoholfreien Bieres in einem Zug. Es nervt so, wenn mein Leben andere fertigmacht. In meinem Herzen formt sich eine Frage: Wenn ich damit klarkomme und dabei lebensfroh bin – wieso könnt ihr das nicht?

«Du bist sehr mutig und stark», ringt Andy sich nach einer Atempause ab.

«Nee. Ich hatte nur ganz einfach keine Wahl. Was hätte ich denn machen sollen – die ganze Zeit heulen? Glaube mir, das habe ich. So lange, bis ich ganz leergeweint war. Aber jetzt ... Den Typen will ich endlich vergessen, den Kack-Krebs auch. Das Leben geht weiter. Ich habe eben keine Zeit zu vergeuden. Ich reise dem Sommer hinterher, solange ich kann. Noch ein Kaltgetränk?»

Andy grinst wieder. Entscheidung gefallen. Prost.

Als ich ihm vom Creepy Guy erzähle, werden seine Lach- zu Zornesfältchen: «Du gehst so was von NICHT dahin zurück – wenn, dann nur, um deine Sachen abzuholen und zu verschwinden.»

Keine zehn Minuten später quetschen wir uns in seinem fetten leuchtenden PBR-Truck durch die schmalen Straßen eines Wohngebiets in New Orleans, unauffällig wie ein Ufo über der Alster, bis wir vor dem Haus des Creepy Guys ankommen. Drinnen brennt Licht, ich fummle mit zappelnden Fingern den Schlüssel aus meinem Portemonnaie.

«Soll ich mitkommen?», fragt Andy.

«Nein, ich schaffe das allein.»

«Sicher?» Er runzelt die Stirn. «Wenn irgendwas ist, ruf mich. Ich bleibe hier vor der Haustür, in Hörweite.»

Erst beim dritten Anlauf bekomme ich den Schlüssel ins Schloss.

«Hallo?» Meine Stimme prallt an der Stille ab. Ich stehe im Wohnzimmer. Das Licht brennt, aber es ist leer. «Hallo?» Keine Antwort. Möglicherweise ist er im Garten und hebt schon mal das Loch für mich aus. Und da ich nun mal über 1,50 Meter groß bin, dauert das sicher. Oh Gott. Ich schleiche in die Küche – die Hintertür ist zu. Ich spähe durch die offene Tür in sein Schlafzimmer. Leer. Auch das Bad ist offen und unbemannt. Creepy Guy ist anscheinend nicht da. Ich stoße den Atem aus. Trotzdem tapse ich auf Zehenspitzen über den knarzenden Boden in das Gästezimmer, wo meine Sachen sind. Mit der flachen Hand taste ich die Wand neben dem Türrahmen ab, finde den Lichtschalter aber nicht. Ich knipse nur die rotbeschirmte Nachttischlampe an, deren Zwielicht nicht bis in die Ecken reicht. Mein Rucksack liegt offen vor der langen Kleiderstange mit den Kostümen.

«Ich liebe Mardi Gras, das ist mein großes Hobby», tönt der Creepy Guy wieder in meinem Kopf.

Genau wie Leute zu zersägen, denke ich schaudernd und bücke mich, um die auf dem Teppich verteilten Kleidungsstücke in den übervollen Rucksack zu quetschen.

Dann legt sich was auf meine Schulter.

Kreischend schrecke ich auf, drehe mich fuchtelnd um, bereit zum Kampf. Ein langer Arm aus Schaumstoff landet auf dem Teppich. Es dauert zwei Sekunden, bis ich den Gegenstand einordnen kann. Verkleidungszubehör. Unterdessen peitscht das Adrenalin durch meine Adern. «Meine Fresse, reiß dich doch mal zusammen», ermahnt mich meine innere Vernunft lautstark, während ich das gruselige Requisit zurück auf die Kleiderstange stopfe. Ich beruhige mich selbst: Die Dielen hier knarren – solange er kein Hoverboard hat, kann er sich nicht gänzlich unbemerkt an mich heranschleichen. Ob es so was wohl schon gibt? Meine Mikrofaserhandtücher sind noch nicht trocken, ich rolle sie hastig ein. Nur raus hier. Mit fliegenden Armen raffe ich mein Zeug zusammen, presse es in den Rucksack. Doch durch das übereilte Packen bekomme ich ihn nicht mehr zu. «Verdammter Mist …»

Mein Fluch wird von einem Geräusch unterbrochen. Der Boden knarrt. Ich erstarre und sperre meine Ohren auf. Nichts. War bestimmt nur Einbildung. Blühende Phantasie ist nicht zwingend ein Segen, denke ich und will weitermachen. Eine Clownsmakse stiert mich an. Ich hasse Clowns. Es knarrt wieder, jetzt wirklich. Einmal. Dann noch mal. Und noch mal. Die Schritte von heute Morgen. Langsam zwar, aber lauter werdend.

Hysterisch wühle ich in meiner Handtasche nach dem Messer und umkralle es mit meiner Hand. Das Knarzen kommt näher. Was mache ich, wenn er mit einer Axt vor mir steht? So eine Axt ist doch viel größer als das Ding in meiner Hand. Ob ich es werfen soll? Meine Knie wackeln. Die Tür geht auf. Brüllend schleudere ich mein Messer. Es knallt in die Lampe neben der Tür und löscht den rötlichen Schein aus. Ich muss blinzeln, im Gegenlicht erkenne ich eine Silhouette. Sie hat Dreadlocks bis zu den Ellenbogen.

«Alles okay, Jess? Ich habe mir Sorgen gemacht, weil du so lange hier drin warst. Soll ich dir tragen helfen?»

Ich keuche. «Andy! Du verdammter Freak! Warum schleichst du hier so rein? Ich dachte, du wärest der Creepy Guy. Scheiße.» Er hält lachend eine Art Spazierstock hoch.

«Verstehe. Ich habe mich auch bewaffnet. Mit einem Ceremony Stick. Den hat Snoop Dogg neulich in meinem Truck liegenlassen.»

Mit Andys Hilfe bekomme ich meinen Rucksack doch noch zu. Er schleift ihn zum Truck, während ich hastig eine Notiz auf einen alten Kassenbon krickele: «Danke für alles, aber ich habe in einem Café ein Mädchen kennengelernt und komme bei ihr unter. J. (Und sorry wegen der Glühbirne).» Den Schlüssel lege ich daneben auf den Couchtisch. Diesmal bin ich es, die die Tür ins Schloss rumsen lässt. Dann eile ich hinter Andy her zum Truck.

Cate linst durch den Türspalt und wirkt nicht im Mindesten überrascht.

«Oh, du kommst in einem Biertruck hier an! Wie … *stilvoll*.» Sie lüpft einen Mundwinkel und die dazugehörige Augenbraue. Ironie steht ihr noch besser als die Affenmütze. Hinter ihr erstreckt sich pures Chaos. Kisten, Klamotten, Gläser, Zeitschriften, Pizzakartons. Macht mir nichts, das kenne ich schon aus Brooklyn. Cate teilt sich das Haus mit drei Mitbewohnern und Kater Rufus. Als ich sie auf dessen Ähnlichkeit mit Hitler aufmerksam mache, lacht sie.

«Du machst Hitlerwitze. Das gefällt mir.»

Wir lassen uns auf das Tagesbett mit der Putin-und-Bush-Wolldecke plumpsen. Es steht im Übergang zwischen Wohnzimmer und Küche. Mein Blick fällt auf ein Regal, das mit Blumen, Rumfläschchen, Kerzen und Fotos überladen ist. «Ich praktiziere haitianischen Voodoo.» Ihre Stirn zieht sich zusammen. «Ich hoffe, du bist nicht religiös.»

Ich pruste los. Könnte kaum jemand Unreligiöseres geben. «Ich glaube nicht an Gott, ich glaube auch nicht an eine höhere Macht. Niemand hat einen Plan für jeden von uns. Alles, was passiert, ist reiner Zufall. So, wie die eine Ameise eben zerquetscht wird und die andere nicht. Habe ich einen Plan, wenn ich sie versehentlich zertrampele? Natürlich nicht. Siehst du? Genau so ist das mit Gott. Oder wem auch immer.» Mir ist die Bitterkeit meiner Worte bewusst, aber so sehe ich es.

Cates Mitbewohnerin Heather kommt von ihrem Job in einem Süßigkeitenladen für Touristen nach Hause. Sie hat

Wodka dabei, den wir umgehend in große, fleckige Gläser kippen. Wir plaudern, wenn man das so nennen kann.

«Ich kann Geister sehen», erzählt Heather. «Einige der Dinge, die ich gesehen habe, sind so unbeschreiblich entsetzlich, das kann sich kein Horror-Regisseur ausdenken. Aber ich habe mich daran gewöhnt.»

Ob wir wirklich wiederkommen, wenn wir tot sind? Ob wir spuken können? Ich weiß nicht, ob ich diese Vorstellung tröstlich oder unheimlich finden soll. Heather dreht ihr Glas zwischen den schlanken Fingern. Es hat einen winzigen Sprung.

«Die ganze Stadt ist voll mit Geistern. Vor allem mit wütenden Iren. Damals, als die Sklaverei abgeschafft wurde, musste ja trotzdem die Arbeit gemacht werden, zum Beispiel im Straßenbau. Und da hat man halt die Iren genommen. Zu Tausenden sind sie krepiert, und ihre Leichen wurden einfach einplaniert in die Straßen von New Orleans.»

«Hör auf mit den alten Geschichten. Du machst Jess noch Angst», sagt Cate. «Komm, ich mache uns mal ein bisschen Musik an. Sie wird dir gefallen.» Sie zwinkert verschwörerisch.

Und so kommt es, dass wir eine halbe Stunde später zu dritt «Moskau, Moskau» grölen – zwei Mädchen Mitte zwanzig, wie viele hier ursprünglich aus Detroit, und ich. Auf einem klapprigen Metallbett im Flur vor der Küche, in einem Messie-Häuschen in New Orleans. Cate und Heather singen in fehlerfreiem Deutsch, ich nuschle ein wenig wegen des Wodkas. Die zwei sind zu meinem Erstaunen echte, überzeugte Eurovision-Song-Contest-Fans. Und ich glaube, DAS ist von allem hier bisher das Unheimlichste.

Grusel.

Wieder hinterlasse ich einen Zettel – «Danke für alles, ihr seid awesome! Wir sehen uns im Café. J.» – und drapiere ihn am Altar. Ich vermute, dass das der einzige Ort ist, an dem Cate überhaupt etwas wiederfindet. Als ich heute Morgen ziemlich zerstört aufgewacht bin, waren alle schon bei der Arbeit. Und das, obwohl wir noch bis um vier Uhr unterwegs waren. Respekt. Im Internet suchen mein Kater und ich uns für die verbleibenden Nächte ein Hotel. Ich will Cates Gastfreundschaft keinesfalls überstrapazieren, denke ich und fege eine verwelkte Rosenblüte vom Bett in einen Haufen aus Geschirr, Twinkies-Verpackungen, zerfledderten Zeitschriften und Büchern. Was wäre ich ohne mein hauchdünnes, hygienegewährleistendes Schlafsack-Inlett! Nach der Katzenwäsche in der fleckigen Dusche fühle ich mich schmutziger als zuvor.

Als ich gehen will, ist die Tür abgeschlossen. Dicht. Ich drehe am Messingknauf. Nichts. Ich rüttle. Nada. Großartig. Gefangen in der Messie-Bude – klingt wie eine Reality-Soap. Warum passieren mir eigentlich immer solche Sachen? Ich fixiere mutlos den Türgriff. Dann fällt mir was ein. Haben amerikanische Häuser nicht immer noch einen Hinterausgang? In der Tat: Nachdem ich den wieder ordnungsgemäß gepackten Trolleyrucksack durch die müllige Küche bugsiert habe, können wir gemeinsam durch die Hintertür verschwinden. Total klug, die vordere Tür abzuschließen und die hintere nicht – das weiß man doch, so als amerikanischer Einbrecher. Nicht mein Problem. Ich ziehe meine Habseligkeiten langsam Richtung Straßenbahnstation. Zurück ins French Quarter.

Dass das Hotelzimmer im Prince Conti bloß zwei Spiegel mit Holzrahmen und Vorhängen hat, wo andere Zimmer richtige Fenster haben, stört mich nicht. Endlich allein! Sauberkeit! Platz! Ich werfe meine Tasche und Jacke auf das eine und mich selbst auf das andere Queensize-Doppelbett und kann nicht aufhören zu kichern. Es ist schon fast einen Monat her, dass ich für mich sein konnte. Das Zimmer ist blitzblank – aber ist es mir auch für fünf Nächte knapp fünfhundert Euro wert? Ich nicke mir selbst im Spiegelfenster heftig zu. Yolo! Nach einem Schaumbad starte ich einen abendlichen Spaziergang durch das Vieux Carré.

Ich lande beim Café Beignet in der Royal Street. Beignets sind eine der vielen Spezialitäten New Orleans. Im Grunde überdimensioniertes Schmalzgebäck, stellt die DOM-erprobte Hamburgerin in mir mit unbeeindrucktem Puderzuckergesicht fest. Ein Pärchen nähert sich dem Eingang, hält kurz an und dreht dann auf der Stelle um. Sie fliehen vor der Musik. Der weißhaarige Klarinettist, ein Cousin Gandalfs in Lederjacke, guckt den Davoneilenden hinterher: «Einwohner. Sie haben manchmal einfach die Schnauze voll von der ganzen Musik und rennen weg.»

Kann mir nicht passieren. Wegen Jazz und Swing und Blues und so bin ich doch überhaupt nur in New Orleans. Die Töne seiner Klarinette schieben mich an den Antiquitätengeschäften und Juwelierläden der Royal Street vorbei, bis mich der nächste Sound einfängt: Bluegrass, das volle Programm inklusive Banjo, Waschbrett und Latzhosen. Den Zuschauern auf den abendsonnenwarmen Steinstufen des Louisiana Supreme Courts scheint das frenetische Quäken der vollbärtigen «Drunken Catfish Ramblers» zuzusagen – der Holzzuber ist voll mit Dollarscheinen.

Die Musik, jetzt eine zart schluchzende Geige, lockt mich weiter durch das Vieux Carré – das alte Viertel mit den alten Geschichten. Wie die des deutschen Schlachters Hans Müller, der vor langer Zeit seine Frau im Suff erschlagen, durch den Fleischwolf gedreht und zu Wurstwaren verarbeitet haben soll. Oder die des Ehepaars Lalaurie, das in seinem Anwesen jahrelang Sklaven mit medizinischen Experimenten grausam gefoltert und getötet hat. Eine zwölfjährige Sklavin sprang lieber vom Dach in den Tod, als weiter den Lalauries ausgeliefert zu sein, heißt es. 1834 offenbarte während eines rauschenden Festes ein Feuer die Gräueltaten des Ehepaares. Eine am Herd angekettete Sklavin soll es gelegt haben, um dem Grauen ein Ende zu bereiten – den eigenen Tod in Kauf nehmend. Die Festgesellschaft verwandelte sich angesichts der Verstümmelungen befreiter Sklaven in einen wütenden Mob. Doch die Lalauries konnten nach Paris fliehen. Der Wahrheitsgehalt der Geschichte bedeutet nichts; das Ausmaß des Schreckens zählt, die Intensität der Gänsehaut. Das verfluchte Lalaurie-Haus schweigt noch heute düster an der Ecke der Royal Street. Kein Käufer hatte jemals Glück mit dem Gebäude. Auch nicht Nicolas Cage.

Morbidität vibriert in der milden Abendluft von New Orleans. Weniger ausagiert und elegant als in Venedig, dennoch stets präsent. Und eine Ahnung von Gefahr. Nicht nur wegen der hohen Kriminalitätsrate, eine der höchsten in den USA. Da ist noch etwas anderes, Ungreifbares. Die Stimmung umfängt mich, macht mich zugleich alarmiert und benommen. Das Flackern der Gaslaternen glimmt in der einsetzenden Dämmerung auf, andere Straßenbeleuchtung gibt es nicht. Ich habe die Orientierung verloren und biege willkürlich in eine Seitenstraße, außer mir ist niemand hier. Die Geige ist verstummt, es ist ungewohnt ruhig. Nur entfernte Hufschläge werden langsam hörbar, bis auf dem alten Pflaster ein weißer Einspänner an mir vorbeirollt. Leises Klirren. Ich schaue zu einem der schmiedeeisernen Balkone hoch und erwarte fast, Lestat und Louis mir über die wuchernden Farne hinweg mit einem Glas rubinroter Flüssigkeit zuzuprosten zu sehen. Wie albern ich bin! Ich lache mich aus.

Und dann begegnet mir wirklich ein Vampir.

Ich habe ihn nicht kommen sehen, aber das liegt sicher daran, dass ich nach oben geguckt habe. Er sieht ganz anders aus als alle Vampir-Variationen, die mir Film und Fernsehen je geboten haben. Kein Brad Pitt, kein Gary Oldman, kein Wesley Snipes, kein Robert Pattinson. Kein Ledermantel, kein Zylinder, kein Glitzersixpack. Au contraire: Der untersetzte Typ, der mir da entgegenkommt, trägt ein bis oben hin zugeknöpftes schwarzes Hemd mit langen Ärmeln, das um den Bauch spannt, und einen Zopf. Den Bart im Henriquatre-Stil in seinem teigigen Gesicht sorgfältig getrimmt. Unter der Krempe seines Cowboyhutes blicken mich zwei kajalbemalte Augen an. So hellblau, dass sie fast weiß sind. Er lächelt kalt – und bleckt dabei spitz gefeilte Eckzähne. Keine Frage: ein Vampir. Er geht bisslos an mir vorbei, und ich fühle mich überraschenderweise erleichtert.

«Was ist der Zauber von New Orleans?», habe ich Cate gefragt.

«Nun, wir akzeptieren einfach jeden und alles.»

Sogar moppelige Cowboy-Vampire. Aber ich bin nun mal nicht New Orleans, ich muss gar nicht jeden akzeptieren, und darum biege ich sicherheitshalber wieder ab. Auf eine belebtere Straße.

Prophezeiung.

Aus einem vorbeicruisenden weißen Mercedes Cabrio pumpen die Boxen harte Hip-Hop-Bässe. Ich bin wieder in Nola Ende 2012. Und am Jackson Square. Wie auch immer ich hierhergekommen bin. Vor der Saint Louis Cathedral, unter den Augen des Herrn, bieten tagsüber Künstler ihre Werke und abends allerhand Kartenleger ihre unchristlichen Dienste an:

Psychic Readings. Das ganze Viertel ist gesprenkelt mit nahezu seriösen bis vollkommen albernen Voodoo-Shops, bis an die Decke vollgestopft mit Voodoo-Puppen, Kerzen, Kräuterbüscheln. Aber Voodoo gehört zu New Orleans wie Jazz, Frittiertes und Alligatorenfleisch am Stiel. «Wir sind eben sehr spirituell», hatte mir Cate erklärt. Sklaven aus Westafrika und Haiti brachten im 18. Jahrhundert ihren Glauben mit nach New Orleans. Heute ist er nicht nur an den Katholizismus angepasst, sondern auch hochgradig kommerzialisiert.

Es ist fast ganz dunkel. Am Zaun, hinter einem Klapptisch mit violetter Samtdecke, sitzt eine winzige Frau mit imponierendem Afro, zierlich wie ein Püppchen. Wir kommen irgendwie ins Gespräch, ich lasse mich zu einer Sitzung hinreißen. Why not?

Sie sagt viel in diesen fünfzehn Minuten, ich sage wenig.

«Du bist ziemlich zäh», beginnt sie.

Ich muss grinsen. Sieht man mir das so deutlich an? Wahrscheinlich kann man das über viele Menschen in meinem Alter behaupten.

«Du hast eine sehr unabhängige Energie, aber du hast trotzdem keine Angst, dich zu binden und hinzugeben.»

Stimmt, aber auch das kann man wohl über so einige Frauen in meinem Alter sagen – besonders, wenn sie abends in einem fremden Land allein unterwegs sind. Ihre leuchtend schwarzen Augen starren an mir vorbei ins Dunkle, sie senkt ihre Stimme.

«Du musst lernen, loszulassen. Du kannst nicht alles kontrollieren oder beeinflussen. Manches liegt nicht in deiner Macht.» Beiderseitiges Schweigen.

«Da gibt es einen Mann.»

Oh, nein. Bitte nicht.

«Ihr liebt euch sehr und habt viel miteinander durchgemacht, auch eine schwere Krankheit. Er liebt dich mit ganzer

Seele, aber er ist sehr sensibel und fürchtet, verlassen und verletzt zu werden. Darum zieht er dich zu sich und schubst dich dann wieder weg.» Sie runzelt die Stirn.

«Er unterdrückt die Liebe zu dir, so stark ist seine Angst. Seine Seele ist noch unreif. Du hältst trotzdem zu ihm, weil du an ihn glaubst.» Sie atmet laut. Ich auch.

«Du liebst das Potenzial dieses Mannes. Er muss aber noch wachsen, um mit dir auf Augenhöhe zu sein. Du erkennst, wie glücklich ihr sein könntet, und bist sehr traurig. Aber nicht mehr lange. Es wird einen Knall geben, im kommenden Frühjahr. Du wirst das Gefühl haben, gegen eine Wand gerast zu sein. Danach ist eure On-and-Off-Geschichte vorbei, denn du machst das nicht mehr mit.» Ohne zu blinzeln schaut sie ins Nirgendwo.

«Dabei brauchen manche Dinge einfach ihre Zeit.»

Dann reißt sie den Kopf herum, verhakt sich in meinem Blick und guckt mir so tief in die Augen, dass ich mich nackt fühle. Ihre Stimme ist rasierklingenscharf.

«Du glaubst, du hättest nicht genug Zeit. Du hast Angst. Angst vor dem Tod.»

Die letzte Silbe schneidet durch die Dunkelheit. Meine Kehle wird eng. Ich bedanke mich flüchtig, zahle und eile davon. Während meine Füße zügig ins Irgendwo gehen, schlägt mein Herz im Untakt. Was für eine Freakshow.

Musik.

Decatur Street. Licht. Leben. Musik. Der Schatten gleitet von meinen Schultern. Ich bin wieder in der Realität von Komasaufen und Kommerz. Mein Atem normalisiert sich, die Schweißtröpfchen trocknen. In den zahlreichen Souvenirshops kann der bezechte Tourist zu überlauten David-Guetta-

Beats alles kaufen, was ihn an New Orleans erinnert – knappe «Who dat?»-Shorts, Suff-Slogan-Shirts. Konsequent kommerzieller ist im French Quarter nur noch die Bourbon Street, die kreolische kleine Schwester der Reeperbahn. Unter dem Schein der Leuchtreklame für Hurricane-Cocktails aus saxophonförmigen Plastikbechern, Wine-Smoothies, Daiquiris und Pizza räkeln sich hier pummelige Prostituierte in neonfarbenen Badeanzügen unmotiviert zu Charthits. Koberer locken Betrunkene in Gentleman's Clubs. Immer wieder halbnackte «Tits for Tips»-Girls. Und das Rat Hole ist nicht nur in puncto Öffnungszeiten das Pendant zum Goldenen Handschuh – auf der Bourbon Street fühle ich mich auf herbe Weise sehr daheim. Als ich meinen Freunden in New Orleans sentimental die Reeperbahn beschreibe, ächzen sie entgeistert: «O Gott, so etwas Unangenehmes wie die Bourbon Street existiert woanders, *und auch noch größer?*»

Ich quetsche mich an den letzten freien Platz an der Theke des Spotted-Cat-Jazzclubs. Hier in der Frenchmen Street reihen sich authentische, gemäßigtere Etablissements wie d. b. a. oder Blue Nile aneinander. Während ich auf die Aufmerksamkeit des Barkeepers warte, wirbeln die Worte der Wahrsagerin durch meinen Kopf. Natürlich habe ich Angst vor dem Tod. Sie ist mein ständiger Begleiter, der Antreiber, der mich verfolgt. Aber wird Ben wirklich mit einem Knall aus meinem Leben verschwinden? Hat er echt Angst, dass ich ihn verletze? Als würde ich ihm je weh tun. Ich erwische mich beim Knurren. Die heimliche Hoffnung erfreut sich offenbar noch immer größter Lebendigkeit. Ich will das alles nicht. Mit ihm geht nicht, ohne ihn anscheinend auch noch nicht. Ach, halt doch jetzt einfach mal die Fresse, Herz. Du nervst.

Die Band betritt die Bühne im Spotted Cat, die Sängerin mit dunkelroter Stoffrose in ihren aschblonden Wasserwellen. Ich komme mir vor wie in einem Dreißiger-Jahre-Film, bin dafür jedoch ganz falsch angezogen. Damals war noch nicht mal der Opa des bartlosen Jünglings am Kontrabass geboren, aber ich habe nie jemanden so ekstatisch den Bass beackern sehen. Wobei die Gelegenheiten, in denen ich Menschen Kontrabass spielen sah, auch eher an einer Hand abzuzählen sind. Die Band spielt treibenden Swing, und die Gäste, zeitgemäß gestylt, fangen an, passend dazu zu tanzen und zu johlen. Ernsthaft – sie *johlen*.

Ich bestelle an der Bar für fünf Dollar ein Miller und einen Shot Jameson. Das trinkt man hier so. Und dann johle ich mit. Aus dem verzweifeltsten Loch meiner Seele heraus. Den Schnaps gebe ich dem älteren Herren neben mir, den letzten Schluck Bier lasse ich später stehen, ich bin um zehn mit meinen einheimischen Freunden Kelly, Heather und Cate und zwei Freundinnen von ihr im Checkpoint Charlie verabredet. Da ist montags immer Karaoke Night. Die beste Zuflucht vor zu viel guter Musik. Und schlechten Gedanken.

Friedhof.

Gequält registriere ich die leeren Rumfläschchen vor dem Grab der Voodoo-Königin Marie Laveau. Sie stehen aufgereiht am Fuße des Mini-Mausoleums zwischen frischen und verwelkten Sträußchen und verursachen mir Magenflattern. Meine Drei-Drinks-Faustregel ist längst aufgeweicht. Ich wäre ja im Bett geblieben – aber bald geht es weiter nach Miami, und ich möchte noch was sehen, das mehr bietet als Creepy Guys, French-Quarter-Cafés, Karaokebars und chaotische Häuser. Der St. Louis Cemetery ist so eine Sehenswürdigkeit. Seit der Diagnose meide ich Friedhöfe zwar – ich mag IHN einfach nicht zu Hause besuchen –, aber dieser hier wirkt auf den ersten Blick wie ein Museum. Die Gräber sind überirdische Kunstwerke, die Toten werden in Mausoleen und Gruften bestattet. Das hat was mit dem Klima und dem sumpfigen Boden zu tun, sagte jedenfalls das Internet bei meiner Recherche.

Jetzt stehe ich also hier an dem Ort, wo die große, umstrittene, kapriziöse Voodoo-Königin von New Orleans ihre letzte Ruhe gefunden haben soll. Wenn ich ihr Geist wäre, denke ich, würde ich hier nur zum Arbeiten herkommen und mir woanders ein stilles Plätzchen besorgen. Denn von Ruhe kann hier keine Rede sein. Das ganze Grab ist voll mit Kritzeleien, umgeben von Opfergaben und Menschentrauben, die im Touri-Tour-Rhythmus an ihrem Grab vorbeigeschleust werden. Wahrscheinlich kann sich die gute Marie vor lauter Anliegen gar nicht retten. Angeblich erfüllt sich nämlich ein Wunsch, wenn man dreimal an ihr Grab klopft. Als die aktuelle Touristentraube im seitlichen Gang verschwindet, trete ich aus dem Schatten einer Gruft hervor, zögere, schiebe dann das Gefühl der Lächerlichkeit beiseite und tue es: Klopf. Klopf. Klopf. Den Wunsch behalte ich für mich. Wie kindisch ich mal wieder bin. Ich fasse mir an den pochenden Kopf und mache mich auf, den Friedhof zu erkunden. Aus vielerlei Gründen setze ich dabei einen Fuß sehr behutsam vor den anderen.

Es herrscht Gedränge im Wald aus grauweißen Kreuzen und Skulpturen von Engeln, die ihre Flügel hängen lassen: Grab an Grab über Grab. Besonders berührt mich eine Figur, die für ein Baby gemacht ist. Unvermittelt, während ich um sein kurzes Leben trauere, zieht sich mein Brustkorb vor Verlustschmerz zusammen. Für mich standen Kinder und Familie nie so weit oben auf der Lebenswunschliste wie vielleicht für andere Menschen. Ich dachte immer, ich lasse es auf mich zukommen, es würde sich ergeben oder eben nicht. Schon damals, als ich noch verheiratet war, haben wir auch über Adoption nachgedacht. Kindern ein Zuhause geben, die nichts dafür können, dass jemand sie in diese Welt gebracht hat und sie nicht wollte. Dann haben wir uns getrennt. Mal sehen, dachte ich, was da kommt.

Es kam der Krebs. Und erst, als die Krankheit mir die Entscheidung abnahm, wurde mir klar, dass ich doch gern ein eigenes Kind gehabt hätte. Oder – wie meine Mutter immer schimpfte – fünf, und alle so wie ich. Ich hätte sie sehr geliebt und ihnen alles gegeben. Aber ich werde nie spüren, wie so ein Alien in mir heranwächst, meinen Bauch zur Medizinballkugel macht und nach und nach meine Organe beiseite schiebt. Wie es sich anfühlt, Mutter zu werden und zu sein und in Notfällen einen Truck mit einer Hand hochheben zu können. Wie es ist, von jemandem mit den eigenen Gesichts- und Charakterzügen an den Rand der Weißglut getrieben zu werden. Einen neuen, hoffentlich guten Menschen großzuziehen und ihm die Welt zu Füßen zu legen. Ich habe schon ordentlich darum getrauert, und es ist okay – aber in Momenten wie diesem hier schnellt der Verlust wie ein Springteufel aus irgendeiner Ecke und reißt mir einen Zipfel Herz ab, um dann gleich wieder zu verschwinden. Wenigstens hätte ich es gern selbst entschieden. Ich pule eine Rotzfahne aus meiner Handtasche, trockne damit dreieinhalb Tränen, fotografiere die Skulptur und gehe weiter. Die Sonne scheint.

Der St. Louis Cemetery eignet sich hervorragend zum Fotografieren. Palmen, uralter Stein, durch das gleißende Licht scharfer Kontrast. Ich mache ein paar Fotos, und mein Puls normalisiert sich. Im Grunde ist dieser Friedhof nichts weiter als ein Denkmal. Menschen, die anderer Menschen gedenken. Oder gedacht haben. Bevor sie selbst gestorben sind, vor Hunderten von Jahren. Alles hier atmet Vergänglichkeit. Es nimmt mir aufreizend langsam die Luft. Mir fällt wieder ein, welcher skurrile, irrational-rationale Seitengedanke mich in der Woche nach meiner Diagnose am meisten beschäftigt hat: «Ich habe überhaupt kein Geld. Wenn ich sterbe, müssen sie mich im Wald verscharren.» Ich wusste doch, ich hätte IHN nicht zu Hause besuchen sollen.

Wenige Meter weiter lauert ein Touristengrüppchen in Shorts und Shirts und lauscht den Ausführungen der Führerin. Ich positioniere mich unauffällig in Hörweite. Vielleicht kann ich so ein paar Informationen abstauben. «... aber der Boden hier ist sumpfig und die Gräber darum teuer. Die Luftfeuchtigkeit tut ihr Übriges. Deshalb gibt es Leute, die ganz besondere Jobs haben.» Kunstpause. «Sie öffnen die Gruften und stopfen die Gebeine so weit nach hinten, dass für einen neuen Leichnam Platz ist. Einfach so, mit einer Stange, werden die Knochen – oder was sonst noch übrig ist – nach hinten gequetscht.» Sie kichert. «So richtig nach hinten rein. Immer weiter. Das stinkt natürlich bestialisch – Sie wissen schon, die Luftfeuchtigkeit, die Hitze – und dann ...»

Brechreiz zieht hinten an meiner Zunge, während das Knäuel in meinem Magen kneift. Ich muss hier weg. Sofort. Hinter dem Friedhofstor kotze ich mir fast auf die Sneakers. Schnaufend halte ich mich mit einer Hand an der Außenmauer fest und wische mir mit der anderen den Mund ab. Ich denke, ich habe genug von Morbidität, Freaks und dem allgegenwärtigen Wahnsinn von New Orleans.

Miami

Warten.

Schon wieder eine Situation. Das obligatorische Taxi hat mich an der korrekten Hausnummer am Ocean Drive abgesetzt, jetzt stehe ich vor einem bonbonfarbenen Wohnkasten in Miamis South Beach und rüttle an der Gittertür. Nichts. Sie ist zu. Eine Klingel gibt es nicht. Zeitgleich mit dem Angstschweiß bricht die Wut aus. «Warum können die Leute nicht anständig sagen, was Sache ist? Mist.»

Ich will erneut bei einem Couchsurfer übernachten, fünf Tage. Das ist der Plan – vorausgesetzt, er ist nicht so ein Psychopath wie der letzte. Meine Waden brennen, und ich möchte mich hinsetzen. Aber hier ist keine Sitzgelegenheit. Mit Ausnahme des Kantsteins, da kann ich allerdings meine Beine nicht ausstrecken. Ein wackliges Gefühl rinnt von meinem Magen bis in meine Knie. In der letzten Mail des Couchsurfers stand: «Ich kann nicht genau sagen, wann ich Feierabend habe. Aber ich gebe mir Mühe, schnell da zu sein. Bis sieben sollte ich das hinkriegen. Sonst warte einfach im Treppenhaus.»

Vorzügliche Idee – käme man hinein. Aber ohne Klingel und ohne funktionsfähiges Mobiltelefon ist das leider nicht machbar.

Okay. Atmen. Das wird schon. Mit beiden Händen stütze ich mich auf den ausgefahrenen Griff meines Rucksacks. Schritt für Schritt: Was wäre das Worst-Case-Szenario? Der Typ taucht nicht auf, oder ich kann ihn nicht erreichen. Und dann? Ich bin in Miami und nicht im Kongo, es ist früher Abend und noch hell. Ich habe eine Kreditkarte und ein paar Dollars in bar – im Notfall fahre ich halt woandershin. Irgendwie. Ich habe es in New York und in New Orleans auch geschafft. Der Angstschweiß lässt sich überzeugen und schaltet von Sturzbach auf Rinnsal. Sehr gut.

Ich mache einen Schritt in den Palmschatten und nehme das Gebäude in Augenschein. Der untere Vorhof ist ein überdachter Parkplatz. Vielleicht gibt es einen anderen Eingang? Ich gehe beide Seiten des pastellfarbenen Plattenbaus ab. Ohne Erfolg. Alles dicht. Also wieder zurück auf Los. Warten an der Straße ohne Passanten. Wie so ein Opfer aus *CSI: Miami*.

Nach zehn Minuten des Ausharrens mit pochenden Beinen, der Angstschweiß will grad wieder den Hahn aufdrehen, kommt ein Typ zügigen Schrittes auf das Gebäude zu. Er telefoniert. Und er sieht nicht aus wie das Foto auf dem Couchsurfing-Profil. Aber ich habe eine Idee: Wenn er hier reingeht, gehe ich einfach mit. Merkt der doch gar nicht. Ich schenke ihm mein herzlichstes Lächeln. Er hält mir im Gegenzug die Gittertür und die Glastür und auch noch die Fahrstuhltür auf, während er unaufhörlich auf Russisch in sein Handy murmelt. Also, ich nehme an, dass es Russisch ist. Genau sagen kann ich es nicht, dazu müsste ich Russisch verstehen. Obwohl es mich freut, dass mein Plan funktioniert, wundere ich mich. Immerhin könnte ich theoretisch auch eine wahnsinnige Exfreundin sein, die einen Rucksack voll TNT hinter sich her schleift, um ihren Verflossenen mitsamt Haus in die Luft zu jagen. Aber dafür sehe ich dann wohl doch noch nicht abgefuckt genug aus. Oder es ist dem vermeintlichen Russen egal.

Der Screenshot auf meinem iPhone verrät mir mein Ziel: vierter Stock. Ich steige aus. Mich empfängt ein end- und tageslichtloser Tunnelflur. Symmetrisch verteilte Kunstlichtkegel zirkeln aus Kristall-Wandlampen – die Art Leuchte, die man in Berlins Hipstercafés wieder schick zu finden beginnt – auf glatte Granitfliesen, in denen sich meine Silhouette spiegelt. Eine Symphonie in Gold und Beige. Die Apartmentnummer des Couchsurfers habe ich im Kopf: 403. Alle Türen sehen gleich aus, haben die gleichen Abstände zueinander. Exakt abgemessen. Eintönig. Eine einstmals schicke Wohnkaserne. Der Flur wird immer länger, die Stille immer lauter. Selbst mein Rucksack scheint seine Rollen zu dämpfen. Als ich an die Tür mit der 403 aus Messing klopfe, geschieht nichts. Noch mal. Wieder nichts. Na, wunderbar. «Einfach warten im Treppenhaus» ist also angesagt. Ich lasse mich auf den kalten Fliesen nieder, lehne meinen Rücken an die Wand, mache die Beine lang und blicke den Gang hinunter. Und dann sitze ich auf einmal wieder in einem anderen Gang, an diesem Montag im Februar 2011.

Es ist sieben Uhr morgens. Ich kauere auf der Stuhlkante im Wartebereich der gynäkologischen Station des UKE, meine schwarze Sporttasche auf der einen, meine Freundin auf der anderen Seite. Ich warte auf den Arzt. Und ich bete. Ich bin nicht religiös, ich glaube nicht an Gott, Götter oder Dogmen im Allgemeinen. Nur daran, dass man ein guter Mensch mit einem mutigen Herzen sein sollte. Dachte ich. Bis heute. Denn ich hocke hier mit gesenktem Kopf und schreie in mein schockgefrorenes Inneres: «Lieber Gott oder wer auch immer mich grad hört: Wenn du machst, dass ich doch keinen Krebs habe, dann werde ich ein besserer Mensch! Ich verspreche dir, ich werde mein Leben dem Gut-Sein widmen und alles tun, was du willst. Bitte. Bitte mach, dass ich keinen Krebs habe. Okay?»

Dann höre ich seine Schritte. Zunächst leise und weit entfernt. Da hinten kommt er – mein Operateur. Sein Blick ist auf den Linoleumboden geheftet, sein Kittel weht im Wind seiner Schritte. Glücks- und Todesengel in Personalunion.

Gestern, am Sonntagnachmittag, rief er mich persönlich an und sagte: «Wir haben ja, wie Sie wissen, eine eigene Gewebeprobe entnommen, und das Ergebnis liegt in der Datenbank noch nicht vor. Solange wir aber kein eigenes Ergebnis haben, können wir rein technisch auch nicht hundertprozentig bestätigen, dass es Krebs ist. Aber kommen Sie morgen früh trotzdem. Bis dahin kriegen wir das hin, sollte kein Problem sein.» Mein Kehlkopf quetschte ein paar «Mhms» hervor. Dann zerrissen meine Nerven, und ich fiel wimmernd rücklings auf die Couch.

Und da sitze ich also im UKE und presse so glühende, so erbärmliche, stumm gestammelte Gebete in mich hinein, dass mein Hals und meine Handgelenke weh tun. Mein Herz sowieso. Der Gang ist ungezählte Oh-bitte-Bittes lang. Seine Schritte sind der Countdown. Noch einer. Noch einer. Noch einer. Bis er vor mir stehen bleibt. Ich atme. Ich blicke auf seine weißen Birkenstocks. Die Außenkante ist von feinen Rissen übersät, die Form der Spitze seiner großen Zehen hat sich in das Leder geprägt. Er hat ziemlich breite Füße. Sie bewegen sich nicht. Gleich. Mein Herz sprengt meinen Brustkorb von innen. Noch eineinhalb Sekunden Hoffnung. Er holt Luft. Seine Stimme setzt an.

«Guten Morgen, Frau Wagener.»

Eine Sekunde noch hoffen. Eine. Oh, bitte.

«Gut, dass Sie da sind.»

Eine halbe Sekunde noch. Geh nicht vorbei. Bleib. Gleich

wird alles gut. Oder alles zerstört. Bitte. Bitte, bitte. Ich atme nicht mehr. Die Welt hält an.

«Ziehen Sie sich um. Es ist ein Karzinom. Wie gedacht. Wir operieren. Machen Sie schnell, wir wollen gleich anfangen.» Er lächelt aufmunternd, dreht sich um und geht.

Meine Hände fallen auseinander. Mein Mund erschlafft. Meine Hoffnung ist nur noch ein Häufchen Staub auf dem Krankenhausboden. Jetzt kann ich nichts mehr tun. Nicht mal mehr beten.

Ich höre Schritte, zunächst leise und weit entfernt. Als ich aufblicke, sehe ich einen feingliedrigen Mann auf mich zukommen. Er hat einen federnden Gang, trägt Nerdbrille, Flipflops, Shorts und Ramones-Shirt. Und strahlt heller als jede Kristallleuchte in diesem viel zu langen Flur. Das ist kein Arzt. Das ist auch kein Creepy Guy. Das ist mein neuer Couchsurfing-Host.

Ich spüre, wie Erleichterung meinen Körper einen Millimeter entspannen lässt.

«Hi, ich bin José Luis, aber nenn mich einfach Luis. Sorry, dass es etwas später geworden ist.»

Er reicht mir seine zarte Hand, und ich ziehe mich daran hoch. Ich bin noch ein bisschen benommen und schüttle die Erinnerung beim Aufstehen ab. Immer diese Flashbacks, ich werde mich nie daran gewöhnen. Als ich vor ihm stehe, bin ich knapp eineinhalb Köpfe größer als er.

«Oh. Ich hab immer gedacht, ihr hättet Zipfelmützen auf», sage ich. Witze machen hilft. Wenn ich die krassesten Witze mache, sind Angst und Unsicherheit am größten. Das war schon immer so.

«Normalerweise ja», kontert er. «Aber meine ist grad in der Wäsche. Komm rein, Schneewittchen – du bist doch hier, um in meinem Bettchen zu schlafen und von meinem Tellerchen zu essen, oder?»

Wir lachen, und mein obenrum viel zu dicker Rucksack fällt um.

Luis öffnet die Tür zu seinem Apartment. Vielleicht ist es auch mehr eine gebäudegewordene Tupperdose. Aber eine schöne. Halboffene Küche, Wohnzimmer, Schlafzimmer, Wandschrank, Bad. Viel Licht, viele Streetart-Poster, Flachbildschirmfernseher, Gitarre.

«Hm. So richtig riesig ist es hier nicht. Aber das passt ja zu dir.»

Er zwinkert.

«Ohne die anderen sechs ist es manchmal richtig leer hier drin.»

Meine Schlafcouch steht vor dem Balkon. Und der offenbart einen Blick aufs Meer. Mein Herz macht einen kleinen Looping, und Luis fragt: «Was ist, Schneewittchen – hast du Hunger?»

Ich lasse mich seufzend rücklings aufs Sofa fallen. Der Himmel ist blau. Jetzt muss ich erst mal nichts mehr tun. Außer leben. So in etwa hatte ich mir das mit dieser Weltreise vorgestellt.

Aufwachen.

Noch bevor ich die Augen aufmache, höre ich seine Gitarre. Luis' Mädchenfinger kratzen sachte über die Saiten. Er sitzt auf dem Balkon, hinter ihm leuchtet der Atlantik. Auf dem runden Tischchen steht Frühstück: frischer Kaffee, frische Mango. Ich lächle verschlafen, sein Bart lächelt zurück. *Welcome to Miami.*

Seit vier Tagen leben mein Couchsurfinghost und ich in einer eheähnlichen Gemeinschaft, seit meiner Ankunft waren wir kaum eine Minute getrennt. Außer, wenn wir schliefen –

er nebenan in seinem Doppelbett, ich auf der Couch mit der pieksigen Federkernmatratze. Ehe eben.

Über den Rand meiner Decke hinweg mustere ich ihn. Keine Frage, er ist attraktiv – mit seinen Bambi-Wimpern, dem Fünftagebart, seinen Zauselhaaren und der bronzefarbenen Haut. Aber er ist rein physisch gesehen die Hälfte von mir. «Bei so zarten Männern habe ich immer Angst, sie zu zerbrechen», sagte mal eine Freundin zu mir. Allerdings. Und ich finde ihn insgesamt so süß wie Furby. Da geht nichts. Keine Chance.

«Guten Morgen, Bella.» Behutsam stellt er seine Gitarre beiseite und reicht mir den blassblauen Kaffeebecher. Gibt's hier eigentlich auch irgendwas in Nicht-Pastell? «Nenn mich nicht Bella – es sei denn, du stehst drauf, wenn ich dich Edward nenne.»

Wir kichern in unseren Kaffee. Er ist recht stark, aber Luis hat viel Milch und Zucker reingetan. So wie ich es mag. Erstaunlich, wie schnell wir uns aneinander gewöhnt haben. Wir sind beide ein bisschen verkatert, das haben wir der angebrochenen Flasche Stolichnaya Elit auf dem Wohnzimmertisch zu verdanken. Was für ein Abend!

Wir tranken den Wodka pur auf Eis und diskutierten hitzig über Bildungssysteme, Eliten, Weltwirtschaft und auch über die Liebe. Wir fabulierten über 9/11-Verschwörungstherorien, die Illuminaten, ungerechte Eigentumsverteilung und fanden promilleschlau berückend plausible Wege zum Weltfrieden, an die sich später leider keiner mehr erinnern können würde. Sein grün schillernder Kampffisch Racumin in der Aquariumkugel zwischen uns, schlummernd an eine Alge gelehnt. Und dann gingen wir exzessiv Salsa tanzen. Zur Livemusik einer kubanischen Altherren-Band, irgendwo in einem Saal in Downtown Miami. Ich zunächst mit einem Glatzkopf im schwarz transparenten Hemd mit Pailletten-Applikationen, unter dem seine Muskeln plastisch mitwogten; Luis unterdessen mit einem Longdrink an der Bar. Ich habe den einzigen Latino erwischt, der nicht tanzen kann. Sagt er über sich. Aber Komplimente, die kann er. «Dein Lächeln ist wunderschön, so strahlend. Es fühlt sich an wie eine warme Dusche.»

Was für ein großer, kleiner Mann. Ich beugte mich zu ihm hinunter, küsste ihn auf die haarige Wange, stellte meine leere Wasserflasche auf die Holztheke und hüftschwang mich wieder Richtung Tanzfläche. Ich bildete mir ein, meine roten Blutkörperchen flirren zu spüren. *Party in the city where the heat is on.*

Nun sitzen wir uns am selben runden Tisch einträchtig schweigend gegenüber, der zwei Jahre jüngere Videoproducer und Screenwriter und ich, und schreiben. Meine roten Blutkörperchen schlafen ihren Rausch aus. Racumin schwimmt agil zwischen uns im Kreis.

«Das Zusammenleben mit dir ist angenehm. Sehr entspannt.» Luis blickt mich über den Rand seines Notebooks an, ein breites Grinsen spaltet seinen Bart.

Ich grinse zurück.

«Vielleicht, weil wir uns so ähnlich sind?»

«Kann sein. Aber du sagst zum Beispiel auch immer, was du willst und bist offen. Ich mag deine Kommunikation. Damit kann man echt was anfangen. Also, ich jedenfalls. Ich habe nicht oft so easy Gäste.»

Da ich am ersten Abend, bevor auch nur irgendein Funke sich in die Richtung hätte verspringen können, klargemacht habe, dass zwischen Schneewittchen und dem siebten Zwerg nichts gehen würde, stufe ich das nicht als koitusförderndes Geplänkel ein. Sondern als echte Nettigkeit.

«Du bist aber auch ein herausragender Gastgeber.»

Er deutet eine Verbeugung an. Und ich widme mich weiter meinem Text.

Eine Stunde später fragt Luis: «Was würdest du heute gern unternehmen? Hast du Lust zu …»

Von Miami Beach, dieser fettfreien Packung Joghurtgums mit Karibikgeschmack, habe ich nach den paar Tagen genug gesehen. Deshalb falle ich ihm ins Wort und rufe: «Streetart!» Ich klappe mein Netbook zu, greife meine Kamera und schlüpfe in meine Sneakers. Es ist mein letzter Tag hier, und ich will was anderes als eiscremefarbenes Art déco, prollgelbe Mietferraris, Oben-ohne-Jogger und Strand. Wir leihen uns Hollandräder und fahren Richtung Wynwood District, dem Hipster- und Künstlerviertel Miamis. Wie überall vormals ein Gewerbe- und Industriegebiet mit Fabrik- und Lagerhallen, jetzt ein Kreativzentrum mit durchaus renommierten Galerien. Aber mich interessiert nicht das, was IN den Hallen ist, sondern das Außen – Leinwände für Graffiti-Künstler.

Nach einer Dreiviertelstunde kommen wir an, der Geruch von Barbecue schlingt sich um den frischer Farbe. Ein Mann, etwas älter als wir, hockt vor einem halbfertigen Bild Salvador Dalís und sprüht dessen gezwirbelte Bartspitze. Ich stehe dahinter und staune. Meine Kamera lasse ich einfach an, ausschalten lohnt nicht.

«Ich glaube, wir sind soeben Teil eines Rap-Videos geworden.» Luis zwinkert mir über seine Schulter hinweg zu und deutet auf einen Kerl, der im weißen Honda Cabrio mit orangefarbenem Interieur an uns vorbeirollt. Er trägt Tattoos und Wifebeater, auf dem Beifahrersitz thront sein grauer Pitbull und guckt mürrisch. Daneben steht ein fetter, schwarzer Teenie mit einer ziemlich großen, lebendigen Echse am Bauchlappen. Hinter dem Honda hält ein anderer Typ eine Kamera auf die Szene. Und wir ruinieren mit unseren gemieteten Hollandrädern einfach so die ganze Streetcredibility.

«Das ist im Grunde eine ziemlich miese Gegend, weißt du. Vor einer Woche sind ein paar Gangster aus der Ecke hier in eine der Galerien rein, mit Waffen, und haben alle Besucher ausgeraubt. Erschossen aber glaub ich niemanden.»

Luis erzählt das leichthin, aber ich bin ein bisschen froh, als wir dann nach Hause radeln. Ich beeile mich dabei, nicht allzu weit hinter ihm zurückzubleiben. Doch ich bin leider nicht mehr so fit wie früher. Ich Weichpupe. Wie soll denn das bloß erst später in Rio werden?

Zum Abschied koche ich für Luis Königsberger Klopse nach Omas Originalrezept. Das ist Teil seines Couchsurfing-Deals – ein Kühlschrankmagnet und ein Essen aus dem jeweiligen Heimatland. Wir versprechen uns hoch und heilig, unbedingt «in touch» zu bleiben. Ich war ja schon mal verheiratet, ich glaube nicht mehr so sehr an Versprechen. Aber ich habe hier auch keinen Ehemann gefunden. Sondern einen Freund. Und als solcher macht er sich Sorgen um mich: «Pass bloß gut auf dich auf.»

Luis nimmt meine Hand, und ich weiß erst gar nicht, was er meint. Dann schaut er mir in die Augen. «Mexiko ist arschgefährlich.»

Mexiko

Station.

Es hätte auch schiefgehen können. Ich schwinge in meiner Strandhängematte von links nach rechts, der gerade aufgegangene Mond lässt die Haut meiner Narben schimmern. Ich schnaube. Fehlt nur noch, dass die Dinger auch im Dunkeln leuchten. Aber das Schaukeln entspannt mich. Vor nicht mal einer Stunde bin ich hier in Tulum angekommen. Und das war reine Glückssache.

Weil der ungeplante Hotelaufenthalt in New Orleans ungeplant teuer war, wollte ich diesmal keine 100 Dollar für ein Taxi vom Flughafen in Cancun nach Tulum ausgeben. Immerhin habe ich noch rund fünf Reisemonate vor mir. Stattdessen nahm ich den ADO-Reisebus, an der Riviera Maya entlang, vorbei an ungezählten, abgeriegelten Fünf-Sterne-Resorts. Das mache man hier so, hatte im Reiseführer gestanden, alles kein Problem. Am Busbahnhof von Playa del Carmen wartete ich am Schalter darauf, ein Ticket für meinen Anschluss-Bus kaufen zu können. Es gab in der mittelgroßen Halle anscheinend keine Klimaanlage, vielleicht war sie aber auch ausgefallen. Für einen Lufthauch sorgten augenscheinlich nur ein paar Ventilatoren, vor denen sich die Reisenden auf den Reihen metallener Sitzschalen gruppierten. Es waren hauptsächlich Mexikaner – so nahm ich an, weil sie in lautem Spanisch durcheinanderredeten – und eine Handvoll Individualtouristen, die ihre Rucksäcke tatsächlich auf dem Rücken trugen. Wäre mir viel zu anstrengend, vor allem bei der Hitze. Ich schwitzte in mein Top und vor allem stur in meine lange Hose. Dezent angewidert kaute ich auf dem übersüßten Industrietörtchen herum, das ich grad als Wegzehrung im Kiosk gekauft hatte. Da, wo Sombreros, Zeitungen, Telefonkarten und krachbunt verpackte Zuckerbomben in den Regalen lagen. Was Touristen eben wollen und Mexikaner so brauchen. Nahe dem Eingang spielte eine ebenso künstliche, dreiköpfige Mariachi-Band und nervte kolossal.

Plötzlich ging die Schiebetür auf, und vier Halbstarke betraten lautstark die Halle, angeführt von … ja, offenbar ihrem Anführer. Er blieb stehen, die Arme auf Rasierklingenabstand zum Oberkörper, das Kinn vorgereckt, und scannte mit halbgeschlossenen Lidern die Umgebung. Die anderen dahinter taten es ihm nach. Sie alle wirkten jung und gar nicht gut gelaunt. Die Gespräche verstummten. Die Mariachi-Band stellte das Spielen ein. Der Anführer nickte seinen Jungs zu, gemeinsam schritten sie in ihren Sneakers zum Fahrkartenschalter, er vorneweg. Einer der Ventilatoren pustete einen zusammengeknüllten Prospekt vorbei.

Der Anführer postierte sich vor dem Schalter, seine Crew dahinter. Also neben mir. Mit der linken Hand schob er sein offenes Hawaiihemd beiseite und offenbarte beiläufig eine Ausbuchtung seitlich in seiner Hose, während er ein Gespräch mit dem Fahrkartenverkäufer begann. Mein Spanisch ist recht rudimentär, und ich war nicht nah genug dran, darum verstand ich nicht genau, worum es ging. Offenbar wollten sie so was wie ein Gruppenticket oder einen Studentenrabatt oder so. Schätzte ich.

Was er dann sagte, klang nach «Siehst du den Fetten da? El

Gordito, der zählt doppelt.» Das Gelächter der Halbstarken brandete auf wie eine Sitcom-Lachkonserve. Die Jungs waren alle etwas kräftig – immerhin sind 70 Prozent der Mexikaner übergewichtig –, aber der Typ im Ed-Hardy-Shirt war auffällig adipös. Der Fahrkartenverkäufer guckte auf die Beule und gleich wieder weg. Und wieder hin. Und wieder weg. El Gordito nahm unterdessen Notiz von meinem musternden Blick, verengte die Augen zu Schlitzen, zog die Mundwinkel nach unten und kratzte sich neben seiner eigenen Wölbung. Ich verspürte den heftigen Impuls, die Nährwertangaben auf meiner Törtchenverpackung zu studieren. Ein kleiner Junge wollte quengeln, aber die Mutter steckte ihm hurtig einen kanariengelben Muffin in den Mund.

«Und? Was ist nun?», fragte der Anführer und lehnte sich langsam vor. Der Fahrkartenverkäufer tupfte sich mit einem viel gebrauchten Taschentuchknäuel einen Schweißtropfen von der Nase. Er öffnete einen Hemdknopf und kramte vor sich herum. Dann schob er so was wie Papier über den Tisch.

«Gute Entscheidung.» Der Anführer bezahlte in bar.

Ich hatte wegen des Schauspiels gar nicht bemerkt, dass ich an der Reihe war. Jetzt stotterte ich am Nebenschalter: «Äh. Tulum, por favor.»

Die Mariachi-Band fing wieder an zu spielen; ihr Trompeter war vom Klo zurück.

Eine halbe Stunde später war Bus-Boarding, ich reihte mich brav in die Schlange der Passagiere ein und stellte mich auf Gedanken-Standby. Irgendwas trat gegen meinen balancesensiblen Rucksack. Er fiel krachend um.

«Was zur Hölle!»

Ich wirbelte herum und wollte gerade so richtig losmotzen, doch da standen die Halbstarken von vorhin. Mein Zorn schrumpfte auf Schlumpfgröße. Der Anführer langte an die Beule in seiner Hose – und zog blitzschnell eine 0,5-Liter-Flasche Wasser hervor. Nachdem er einen Schluck genommen hatte, sagte er auf Englisch: «Hey, tut mir leid.» Ich nickte ebenso erstaunt wie eifrig und wollte mich wieder umdrehen, aber er redete weiter: «Warte, wollten Sie nicht nach Tulum? Dann stehen Sie hier falsch. Dieser Bus fährt nach Cancun.»

Da fing ich so heftig an zu lachen, dass er nicht anders konnte als einzustimmen. «Wir fahren normalerweise auch nicht mit dem Bus. Aber Gorditos Auto ist kaputt. Sein Fettarsch hat die Achse zerbrochen.»

Jetzt lachten alle. Außer El Gordito. Ich sagte artig danke und wechselte in die gegenüberliegende Schlange. Das hätte in der Tat schiefgehen können.

Gedankenversunken schaue ich auf das stille Nachtmeer. Ich bin ja heil angekommen. Die nächsten fünf Tage verbringe ich in einer winzigen Cabaña am Strand. Aus einer dieser Hütten kommt ein Pärchen, sie sagen überfreundlich guten Abend und legen sich händchenhaltend in die Hängematten neben mich. Wispernd. Ich drapiere umgehend mein Handtuch über meine Beine. Doch nach ein paar halbherzigen Schwingrunden gehe ich lieber zurück in mein strohüberdachtes Zimmerchen. Die Reise heute war echt anstrengend.

Fühlen.

Ich überquere die Straße barfuß, die Schuhe in meiner Hand, Marianos Stimme in meinem Ohr. Als ich ihm nach dem Essen mein Schreibfeder-Tattoo am Arm zeigte, sagte er verschwörerisch: «Ach, du bist eine von uns!»

Er ist Mexikaner, Kellner und Autor, und er hat mich erkannt; es ist, als gehörte ich schon ewig einem Geheimbund an und hätte es eben erst entdeckt. Schräg gegenüber vom El

Tabano liegt das Resort Hemingway, und unmittelbar an der Asphaltkante fängt der Sand an. Ich schlängle mich an den strohgedeckten Hütten vorbei, deren Luxus in der Schlichtheit liegt und in der Nähe zum karibischen Meer. Dezent positionierte Fackeln bekleckern die unsichtbaren Pfade mit orangefarbenem Licht. Nach nicht mal dreißig Metern gelange ich an den leeren Strand. Es ist sicherer, die zehn Minuten in der Dunkelheit hier auf der Rückseite der vielen kleinen Resorts zurück zu meiner Cabaña zu laufen, weil die einzige Straße – ein kilometerlanger hingerotzter Streifen Teer – nicht beleuchtet ist und zudem keinen Fußweg hat. Ich spüre den lauwarmen Sand zwischen meinen Zehen. Er ist so fein, dass er fast flüssig ist. Wie Milchpulver. Plötzlich höre ich in meinem Kopf wieder Schwester Sabine.

«Und das? Spüren Sie das?»

Ich schüttle den Kopf. Sie steht am Fußende meines Krankenbettes im Universitätsklinikum Eppendorf und streicht mit dem Daumen unaufhörlich über meinen großen Zeh. Das sehe ich. Aber an meinen jodroten Füßen spüre ich nichts. Als hätte ich meterdicke Hornhaut unter der Fußsohle und fette Wattebäusche auf den Zehen. Abgestorbene Nerven, unterversorgtes Gewebe. Ich liege mit auf beiden Seiten offenen Unterschenkeln und bis nach oben hin in Halbschalengips einbetonierten Beinen rücklings auf einer Anti-Dekubitus-Matratze und darf mich quasi nicht bewegen.

Kompartmentsyndrom, persönliches Pech. Eine unangenehme Komplikation während der Operation, ein Lagerungsschaden, der bei mir dazu führte, dass mir fast die Beine hätten amputiert werden müssen.

«Das ist ausgesprochen selten.» Ja, Dr. Meyer – in ausgesprochen selten bin ich leider ausgesprochen gut. Schwester Sabines Daumen stoppt.

«Kommt das Gefühl denn irgendwann wieder?», will ich wissen. Sie nickt eifrig mit geschlossenen Augen.

«Bestimmt. Ganz bestimmt.»

Und ich merke: Sie hat keine Ahnung. In mir wallen Verzweiflung und Trotz auf. Ich will das alles nicht! Ich habe mir doch erst neue High Heels gekauft. Rote Pailletten-Peeptoes. Und nun liege ich hier, flach «auf Herzhöhe» und weiß nicht, ob ich die Glitzerpumps je wieder an meinen Füßen fühlen werde, ob ich überhaupt noch reinpasse. Meine Beine haben die Unfallchirurgen gerettet, die vier offenen Wunden zeugen davon. Die angekündigte Chemotherapie werde ich schon irgendwie überstehen. Aber werde ich wieder ganz normal laufen können? Werde ich wieder stundenlang tanzen? Werde ich Gras und Schnee und Steine und Sand unter meinen Füßen fühlen?

Keine zwei Jahre später stapfe ich in Mexiko ohne Schuhe am Strand entlang und spüre jedes einzelne feingemahlene Sandkorn. Überall. Vom großen bis zum kleinen Knubbelzeh, am Ballen und an der Hacke und dazwischen auch. Über mir breitet sich das Sternennetz aus, neben mir ragen Palmen in den Nachthimmel, vor mir raunt die Brandung. Ich bin ganz allein. Und ich fühle mich angesichts so viel zeitloser Erhabenheit nicht klein, sondern groß und immer größer, mein Herz wird weit. Meine Schritte verlangsamen sich unwillkürlich, bis ich auf die Knie sinke. Tränen rollen rechts und links an meinen Wagen hinunter, an meinem Hals entlang und verschwinden nasskalt in meinem Dekolleté. «Danke. Dankedankedanke», flüstere ich und kann nicht aufhören, lächelnd zu weinen. Der Wind lässt den Sand leise rascheln. Es klingt wie «Gern geschehen».

Haare.

Ich habe mir selbst eine Falle gestellt. Naiv und ahnungslos. Ich habe die fünf Tage Mexiko aus zwei Gründen gebucht: weil man aus den USA nicht direkt nach Kuba einreisen kann. Und weil mein Hamburger Lieblingsmann Jorge aus Mexiko gesagt hat: «Du musst unbedingt nach Tulum. Da ist der schönste Strand der Welt.»

Damit hat er wahrscheinlich recht. Von meiner Bettkante bis zur ersten Wellenberührung sind es exakt 25 Schritte vorbei an ein paar Grünpflänzchen, einer Reihe Hängematten, hier und da ein paar Eingangslöchern zu klitzekleinen Krabbenhöhlen. Der Sand ist weiß und weich, der Himmel weit und wolkenarm und die Wellen nicht zu wild. Und es ist ruhig, nur wenige Menschen teilen sich dieses Eckchen Paradies. Von denen allerdings, und das raubt mir schon nach einem Tag den letzten Nerv, sind 99 Prozent Pärchen. Schlimmer noch: Honeymooner.

Wenn ich um neun aufwache und direkt aus dem Bett in den Bikini und dann ins Meer will, liegen sie bereits da. Immer. Küssend, löffelnd, sich ihre Kehrseiten eincremend. Ich versuche dann, den weitest möglichen Bogen um sie zu machen. Ich will sie nicht sehen, nicht ihr zur Schau getragenes Glück, das in meine seelische Wunde ätzt. Vor allem aber sollen sie mich nicht sehen. Jedenfalls nicht aus der Nähe. Komme ich dann aus dem Wasser, liegen mindestens zwei weitere symbiotische Kuscheleinheiten in unmittelbarer Nähe meines Handtuchs und verursachen mir Beklemmungen. Gerade so schnell, dass es noch nicht hysterisch wirkt, renne ich zum Abtrocknen zurück in meine Cabaña. Der feine Sand quietscht unter meinen Schritten.

Heute allerdings ist ein guter Tag. Gestern ist ein Großteil der Gäste abgereist, und ich bin extra um halb acht aufgestanden. Der Strand gehört mir. Ein Kormoran ruht sich auf der Balustrade über den Hängematten aus und blickt auf die Gischt. Ich räkle mich auf meinem Handtuch und halte all meine Narben in die Morgensonne: die an den Beinen und auch die große, die quer über meinen Bauch geht und wie ein Anker aussieht. Ich blicke über sie hinweg auf meine Zehen. Sie sehen lustig aus, wenn ich mit ihnen vor der Brandung wackle. Wie zwei Familien dicker, kleiner Surfer. Alle da. Alle noch dran. Keiner mehr jodrot. Eine Welle warmer Zufriedenheit durchrollt mich von unten bis ins Herz, und in meinem Lächeln schließt sich der Kreis.

Ich bin eingeschlafen, verwischte Stimmen schleichen in mein Ohr und wecken mich. Ein Pärchen hat sich wenige Meter vor mir niedergelassen. Er sitzt hinter ihr, sie zwischen seinen Beinen. Er cremt ihr den Rücken ein. Dann greift er in die geblümte PVC-Strandtasche, holt eine Bürste heraus und beginnt, ihr Haar zu kämmen. Mein Trigger für den nächsten Flashback.

«Sie werden Ihre Haare nicht verlieren.» Die blonde Ärztin rollt auf dem Untersuchungshocker auf mein Bett zu.

«Ich arbeite da unten in der Tagesklinik, wo die Chemotherapien verabreicht werden. Ich weiß, wovon ich rede.»

Sie streckt ihren Arm aus. «Hier. Ich gebe Ihnen meine Hand drauf. Sie werden Ihre Haare nicht verlieren.»

Das ist Dr. Schmitz, sie ist nur zum Blutabnehmen zu mir gekommen. Und fand mich in meiner Anti-Dekubitus-Matratze heulend vor. Eine halbe Stunde zuvor hatte ihre Kollegin mir den allgemeinen Chemo-Aufklärungsbogen vorgelesen. Ich brauche eine sogenannte vorsorgliche Bestrahlungs- und Chemotherapie, weil ich Metastasen in einem von 27 entfernten Lymphknoten hatte. Es gibt nur einen Aufklärungsbogen für alle Chemotherapien, mit sämtlichen gebündelten Nebenwirkungen. Dabei sind die Chemos fast so unterschiedlich wie die Patienten und die Erkrankungen. Aber das weiß ich damals noch nicht, und die andere junge Frau Doktor mit den betroffenen Kulleraugen leierte mir die gesamte Palette vor: Haarverlust, taube Finger und Füße (noch tauber?), Hörschäden, Müdigkeit, Infektionen, Übelkeit und Erbrechen, Nierenschäden, permanenter Verlust der Geschmacksnerven ... Als sie ging, war meine Panik komplett. Nun drücke ich Dr. Schmitz' Hand.

«Danke», ist alles, was ich rauspressen kann. Ich werde es im Laufe der Behandlung noch einige Male zu ihr sagen. Sie wird mein medizinischer Fels. Der emotionale ist Ben.

Er sitzt hinter mir auf meinem Bett und ich zwischen seinen Beinen. Mit vorsichtigen Strichen kämmt er meine langen braunen Haare, vom Ansatz bis hinunter auf den Rücken. Langsam und bedächtig, Partie für Partie.

«Ich liebe deine Haare», flüstert Ben in mein Ohr.

«Ich liebe deine Haare auch», flüstere ich zurück.

Und es stimmt. Ich liebe seine Haare. Er hat großartiges Haar. Dunkel und dicht und weich und wuschelig, zum Reingreifen und Festhalten. Aber wenn ich ehrlich bin, liebe ich so vieles an ihm. Seine Augen, die hell und dunkel zugleich sind, seinen Bart, der mich beim Küssen nie zerkratzt, die zarte Haut an seiner Halsbeuge, seine Klavierspielerfinger. Die Blinddarmnarbe am Ende der Flaumstraße unter seinem Bauchnabel, die ihn – den Ästheten – so stört. Seinen weichen Mund, der puzzleteilig auf meinen passt. Den schiefen Zahn, der sich hinter seiner Unterlippe versteckt und der immer hervorlugt, wenn er spricht oder lacht und der mich heimlich entzückt. Seinen albernen Humor, der mit meinem deckungsgleich ist. «Wir sind die einzigen Menschen auf der Welt, die über so was lachen können», sagt er oft. Ich liebe sein sensibles Herz, das macht, dass er jetzt hinter mir sitzt und mir geduldig einen Zopf flicht. Aber sagen kann ich ihm das alles nicht. Auf gar keinen Fall. Das würde unsere unausgesprochene Abmachung verletzen. Wir fingen als Freunde an, entschieden uns für eine leidenschaftliche Affäre – und jetzt sind wir so offensichtlich ineinander verliebt und können es doch nicht zugeben, weil dann unser Schutzraum implodiert. Das ist doch bekloppt. Ich drehe den Kopf ein wenig nach hinten. Vielleicht kann ich …

«Schhhh … Hab keine Angst. Sie werden dir nicht ausfallen, Hasenpups. Du hast die Ärztin doch gehört.»

Der Mann am Strand legt die Bürste zurück in die geblümte Tasche und steht auf, dem Meer entgegen. Auch ich stehe auf und gehe in meine Hütte. In der linken Ecke meines Bettes gibt es Wifi-Empfang. Ich habe schon länger nichts mehr von Ben gehört, hoffentlich ist alles in Ordnung. Gut, dass es das Internet gibt. Doch dann schwebt mein Finger minutenlang über der iPhone-Tastatur. Ich schreibe ihm nicht. Wozu auch? Stattdessen überprüfe ich online den Stand meines Bankkontos. Und mache mir fast in die Hosen. Annähernd die Hälfte meines Geldes ist aufgebraucht. Das reicht niemals bis Mai nächsten Jahres. Dieses Problem muss ich zwingend angehen. Später. Ich muss erst mal meine Weiterreise organisieren.

«Für Kuba brauchst du unbedingt einen *Lonely Planet*», hatte mir meine Nachbarin Maxi eingeschärft. «Sonst kannst du nicht rumreisen. Da ist nix mit Internet.» Morgen geht's weiter nach Havanna, und was habe ich nicht? Richtig. Muss mit den Gedanken wohl woanders gewesen sein. Jetzt ist es zu spät, aber vielleicht finde ich am Flughafen noch einen. Missmutig begebe ich mich zur Rezeption, um für meine saubere Wäsche zu bezahlen. Während Guadeloupe hinter der rosa verputzten Steintheke nach meinen Sachen sucht, drehe ich mich um und lasse meinen Blick schweifen. Ach Tulum, du kleine Glasperle. Schön ist es hier, ohne Honeymooner wäre es sogar noch ein bisschen schöner. Hinter mir steht der «Book Exchange», ein Bücher-Tauschregal, wie es an vielen Reiseorten existiert. Und mitten darin – nicht etwa seitlich einsortiert und mitnichten ganz unten, sondern vom Zufall exakt so aufgestellt, dass mir das Cover ins Gesicht springen muss – steht der *Lonely Planet Kuba*.

Die arme Guadeloupe hat keine Ahnung, warum ich so anhaltend lache.

Kuba

Amigo.

«Wenn die Polizei uns anhält – ich bin dein amigo, ein guter Bekannter. Okay?» Josuán drückt schüchtern meine Hand. Wir schleichen durch die Calle San Ignacio. Es ist nach Mitternacht, und wir sind beschwipst. Das liegt am Mojito. Der gehört dazu, das ist immerhin Havanna. Ich bin erst seit wenigen Stunden hier und habe bereits einen privaten Tourguide. Dabei wollte ich bloß in Ruhe Abendessen gehen. So läuft das aber nicht in Kuba.

Nach dem Check-in in meiner Unterkunft, in der ich drei Nächte bleiben will – einem Hotel in einem ehemaligen Kloster an der Plaza Vieja –, scheuchte mich mein seit dem Morgen in Mexiko ungefüllter Magen auf Nahrungssuche. Noch vor dem Auspacken des Rucksacks. «Gehen Sie Richtung Obispo, da finden Sie auch später am Abend noch was», sagte die Rezeptionistin mit den zu blonden Strähnchen und legte ein Hotelfaltblatt mit Straßenkarte auf den Empfangstresen. Nicht ohne mit Kugelschreiber die zwei notwendigen Kreuzchen vom Hier und vom Da gemacht zu haben.

Die Scheine meiner kubanischen «pesos convertibles», die CUC – der Dollarersatz unter den zwei existierenden Währungen Kubas und reines Ausländergeld – scheuerten im Bund meiner Kompressionshose. Ohne die geliehenen Finanzspritzen zweier sehr lieber Menschen aus dem Internet hätte ich mir nicht mehr so sorglos etwas zu essen kaufen gehen können. Ein Aufschub, nicht mehr. Ich streifte durch die Straßen Havannas, und die Touristin in mir wartete darauf, vom morbiden Charme der weltberühmten verfallenen Häuser bezirzt zu werden; die Traumatisierte in mir fühlte sich latent unwohl. Von einigen Gebäuden stehen in Havannas Altstadt nämlich kaum mehr die Außenmauern, Sträucher und gar nicht so kleine Bäume wuchern aus den Ritzen zerrissener Wände und auf Treppenstufen, die ins Nichts führen. Schachbrettfliesen bilden lückenhafte Muster. Das fühlte sich nicht charmant an, sondern surreal wie ein Trip in eine fremde Fieberphantasie. «Diese Häuser sind Zombies aus Stein», dachte ich. Nicht totzukriegen, aber schon vor Jahrzehnten gestorben. Zuerst verliert so ein Haus immer seine Haut, die Farbe weicht, der Putz blättert. Dann zermürbt das Mauerwerk, verschwindet Bröckchen für Bröckchen, Stein für Stein. Tropische Sonne, Regen und Wind dematerialisieren mit Geduld das, was der Mensch für die Ewigkeit zu schaffen glaubte. Bis nur noch ein Skelett aus Metallstreben, Stümpfen und Säulen übrig ist, die nicht zerbröseln können. Doch auch sie holt das Nichts. Zwangsläufig. Das große, allesfressende Nichts. Zähes Licht der untergehenden Sonne floss durch eins der hohlen Fenster ohne Mauer und blendete mich. Ich musste ein paar Mal blinzeln. Wo war ich eigentlich?

Es war mal wieder die Musik, die mich an die Hand nahm und mich die letzten Meter zur Obispo führte, einer schmalen Straße voller Bars, Hotels und Restaurants. Und Rhythmen. Ein touristisch erschlossenes Amüsiermeilchen. Für Autos kein Platz. Weit über mir, so wirkte es, berührten sich die kleinen Balkons der ergrauten Häuser. Unten räkelte sich noch tagesschlaftrunken das kubanische Nachtleben. Ich bummelte vorbei an neonflackernden Barschildern, Lampionketten und Kiosken, passierte das fast feudale Hotel Florida. Sein säulenumringter, rechteckiger Innenhof mit der Skulptur einer halbnackten Tänzerin schien mir überaus beliebt zu sein. Zumindest bei einer bestimmten Klientel. Die sogenannten Jineteros und Jineteras harren hier der zahlungskräftigen und liebesbedürftigen Touristen. Zahlungskräftig ist man in Kuba schon, wenn man sich ohne nachzudenken eine Taxifahrt leisten kann. Und liebesbedürftig – ist man das nicht immer?

Vor einem halbrestaurierten Kolonialbau mit fahlgrünen Mauern blieb ich stehen. Hier spielte die Musik. Eine Band aus sechs Männern und zwei Frauen formte mit Trommeln, Querflöte und Gitarre Son Cubano, den musikalischen Papá des Salsa. Die klare Stimme der Sängerin klopfte an mein Herz, der tiefe Klang der Trommeln pulste in meinen Beinen. Genau hier blieb ich kleben, das war der Ort, an dem ich essen wollte. Musik, meine Mottenfalle.

Sorgfältig suchte ich mir einen der Holztische in der hinteren Ecke aus, von hier aus konnte ich den Laden überblicken und die Musiker in ihren verschieden roten T-Shirts sehen. Als ich Platz genommen hatte, merkte ich, dass mir lauter neugierige Augenpaare folgten. Offenbar war eine allein speisende Dame hier ein Kuriosum. Ich langte ans andere Tischende nach dem laminierten zweisprachigen Menü. Bei der Kellnerin im schwarzen T-Shirt und weißer Schürze bestellte ich meinen ersten von vielen, vielen, vielen Tellern Huhn, Bohnen und Reis. Und eine kubanische tuKola. Amerikanische Produkte existieren hier dank des Embargos nicht. Nicht offiziell.

An zusammengeschobenen Nebentischen feierte ein illustres Grüppchen aus unterschiedlich alten Männern und Frauen, offenbar Pärchen. Eine dralle Platinblondine in der Mitte lachte herzhafter als alle anderen. Ihre wasserblauen Augen sprühten unablässig Glitzer auf den Kubaner zu ihrer

Rechten. Das sah ich sogar von hier, selbst durch den Rauch ihrer Zigarre. Vielleicht hält sich ihr Herz an ihm fest, oder auch nur an ihrer Vorstellung von seiner Lebensfreude.

Bevor sich meine Phantasie noch eine vollständige Geschichte zu den beiden ausdenken konnte, griff die Musik wieder nach meiner Aufmerksamkeit. Die Band spielte «Mas Que Nada» in einer kubanischen Version; das brasilianische «Oba, oba, oba» wurde einfach durch «Kuba, Kuba, Kuba» ersetzt. So sind sie, die Kubaner – Improvisations- und Adaptionstalente. Ich erinnerte mich, auf dem Weg hierher an einem Radio-Reparaturgeschäft vorbeigekommen zu sein. Und an einer Satellitenschüssel, die mal eine Radkappe gewesen war. Notgedrungene Nachhaltigkeit auf einer sozialistischen Insel.

Unmittelbar nach dem Refrain schweifte mein Blick wieder zum Grüppchen. Der Kubaner der Platinblondine nahm seine Sonnenbrille ab, drapierte sie neben seinem leeren Mojito-Glas, gockelte nach vorn zur Band. Er positionierte sich breitbeinig neben einem der Musiker – und startete gleich beim nächsten Takt mit ihm ein furioses Tanzduell. So selbstverständlich und synchron, als hätten sie eine Choreographie geübt. Wer weiß? Vielleicht hatten sie das. Bei dieser beeindruckenden Zurschaustellung von Hüftelastizität stand das gesamte Restaurant auf, klatschte und pfiff im Takt. Auch ich – obwohl Huhn, Reis und Bohnen in meinem Bauch zu einem Felsen kumulierten. Da erschien die Platinblondine an meinem linken Ohr und sprach auf Englisch hinein.

«Hi, ich bin Heidi. Wir haben gesehen, dass du allein hier bist. Hast du vielleicht Lust, dich zu uns zu setzen?» Sie klemmte sich eine Strähne ihres kinnlangen Haares hinters Ohr und zwinkerte.

Ich zögerte. Wollte ich Gesellschaft? Wollte ich Fremde? Und was waren das überhaupt für Menschen? Ich schob das drückende Gefühl in meinem Bauch auf das Essen, drehte den Kopf und hob einen Mundwinkel.

«Okay. Aber ... ich spreche nur wenig Spanisch.»

«Das macht überhaupt nichts, wir reden alle alles durcheinander.»

Ihr landfrisches Lächeln schmolz den Rest meiner Vorbehalte. Was soll's? Sie nahm mich am Ellenbogen und bugsierte mich zum letzten freien Stuhl neben Josuán, dem offensichtlich einzigen Single am Tisch. Mit seinen dunklen Locken eine Mischung aus Noah Becker und dem jungen Lenny Kravitz. Und allerhöchstens 21. In seinem Pass, den er mir nach anhaltender Ungläubigkeit unter die Nase hielt, stand aber 31. Wir unterhielten uns auf Spanglish, es funktionierte erstaunlich gut. Ich erzählte wie immer von meiner Reise, Krankheit und meinem vernarbten Herzen. Aber jedes Herz hat eigene Narben, das ist so eine Nebenwirkung des Lebens.

Josuán erzählte von seiner Exfreundin, seiner großen Liebe. Sie hätten sich aus der Schule gekannt, er mit ihr eine Familie gründen wollen. Dann, vor zwei Jahren, hätte sie ihn verlassen. Für einen Touristen. Sie würde jetzt in Spanien leben und er hinge fest in Kuba. Ich wusste nicht, ob ich ihm glauben sollte, und entschied dann, dass es grad gar nicht wichtig wäre. Heidi, wie ich mittlerweile wusste eine Managerin aus Schweden, orderte Getränke für die ganze Runde und lud mich ein, mit ihnen am nächsten Tag zum Schwimmen in einen Hotelpool zu gehen. Ich war nicht sicher, ob ich tiefergehend gruppendynamisch involviert werden und mich im Bikini zeigen wollte und wich mit einem unverbindlichen «Klingt gut. Mal sehen» aus.

Irgendwann, die Musik war längst verklungen, wankten die letzten Gäste aus dem Restaurant in die nächtlich leere Gasse. Der Barkeeper machte sich daran, die Rollläden runterzulassen. Die anderen wollten noch weiterziehen, irgendwohin, aber ich wollte ins Bett. Josuán bestand darauf, mich zum Hotel zu bringen.

«Es ist gefährlich hier nachts. Es gibt nicht nur nette Kubaner, weißt du.» Er zog seine sehr symmetrischen Augenbrauen zusammen.

Ob er selbst vielleicht auch gefährlich war? Keine Ahnung. Aber mein Bauchgefühl schwieg Entwarnung – oder es war mit Huhnbohnenreis beschäftigt. Egal. So kam es jedenfalls, dass wir nun Hand in Hand durch die Straßen mit dem zerstückelten Pflaster schleichen. Immer darauf achtend, dass uns kein Polizist zusammen erwischt. Denn dann drohen Josuán, so hatte mir Heidi zuvor erklärt, hohe Strafen. Damit kennt sie sich aus. Es ist Kubanern offiziell verboten, sich mit Touristen einzulassen. Sie tun es trotzdem. Sie lieben ihren Máximo Líder, aber sie lieben die Liebe noch mehr. Und manche von ihnen auch das Geld.

Vor uns erstreckt sich die Plaza Vieja. Die Gebäude hier sind ordentlich instand gesetzt, zitronengelb und weiß getüncht. Das liegt am Geld der UNESCO, vermute ich. Hier gibt es sogar Pepe Jeans und Benetton.

«Dieser Platz könnte auch echt in Italien liegen», staune ich und schlage mir sogleich die Hand vor den Mund. Wie fies von mir. Woher soll Josuán das denn wissen? Er darf Kuba ja nicht verlassen. Aber er grinst mich nur an, und ich hoffe, er hat mich nicht so genau verstanden.

Auch hier räumen die Restaurantangestellten uhrzeitbedingt die weißen Plastikstühle unter den Arkaden weg. Josuán und ich halten am achteckigen Springbrunnen in der Mitte. Seine gewisperten Komplimente über meine Haare und Augen sind Wund- und Heilsalbe für all meine Narben. Die Luft ist Zuckerwatte, und Josuán sieht immer noch aus wie 21, als er den Kopf neigt und mich langsam zu sich zieht. Und sich Bens Gesicht vor meinem inneren Auge zwischen uns schiebt. Was zum Teufel macht der denn hier? Ausgerechnet jetzt. Kusch, weg! Aber er bleibt, und die Sehnsucht nach seinem Mund mit dem schiefen Zahn reißt die zarte Kruste über der Wunde wieder auf. Dagegen sind auch Josuáns Komplimente wirkungslos, nicht mal Placebos. Einen Millimeter, bevor seine Nasenspitze meine erreicht, simuliere ich einen Hustenanfall und keuche an seinem linken Ohr vorbei. Ich kann das nicht. Mein Herz verweigert jegliche Kooperation, und Josuán guckt verstört.

«Moskito», keuche ich und greife mir an die Kehle. «Ich habe einen Moskito verschluckt.»

Als ich wenige Augenblicke später in mein großes, dunkles Holzbett krabbele, bin ich nicht allein. Zumindest nicht in Gedanken.

Freiheit.

Der kleine Herr dreht seine Melone im Uhrzeigersinn auf dem Kopf herum und guckt über den Rand seiner Brille zu mir hoch. «Hast du Lust, heute Abend mit uns auf ein Festival zu gehen?»

Vor Schreck kippe ich fast meinen Havana Club 3 Años samt Eiswürfel über die Flamingos auf seinem Seidenschal. Ich kenne ihn noch keine vier Minuten, habe bereits vergessen, wie und weshalb er mich angesprochen hat, und weiß auch seinen Namen schon nicht mehr. Und jetzt soll ich mit ihm und seinem Freund losziehen? Einfach so? Wir stehen im Foyer von Havannas Hotel Nacional unter einem pompösen Lüster, eigentlich wollte ich gerade gehen. Er lebe in New York, erklärt er volltönend, sei aber gebürtiger Dominikaner und in allererster Linie Filmproduzent. Darum sei er auch in Kuba, zum 34. «Festival del Nuevo Cine Latinoamericano». Heute Abend finde die Premiere statt und da könne er mich mitnehmen. Dafür müsse ich allerdings pünktlich in zwei Stunden fertig umgezogen wieder hier im Foyer stehen. In meinem schönsten Kleid selbstverständlich.

Inzwischen hat er seine Melone losgelassen und zwirbelt dafür die Knöpfe an seiner Weste. Ich zwirbele unterdessen mein Glas. Überlegend. Sein Freund, des Englischen nicht mächtig, offenbart das unterwürfige Lächeln der Verständnislosen. Mit zwei wildfremden Männern aus einer fragwürdigen Branche auf ein Latino-Filmfest? Ich höre erst Omas Stimme in meinem Kopf «Kind, pass bloß auf dich auf. Mach ja keinen Blödsinn. Du weißt: Die Welt ist schlecht» und dann Fettes Brot: «Soll ich's wirklich machen oder lass ich's lieber sein?»

Ich fühle in mich hinein und entscheide mich für ein klares Jein. Ha! Ich überlasse es einfach der Entwicklung. Mal sehen, was passiert. Vielleicht schaffe ich es ja, mich rechtzeitig zu duschen und umzuziehen, vielleicht auch nicht. Vielleicht habe ich dann sogar noch Lust, loszugehen, und ganz vielleicht finde ich den Melonen-Mann in dem Menschengewühl tatsächlich wieder. Wenn nicht – auch gut.

«Okay», sage ich und drücke ihm mein leeres Glas in die Hand. Er hört notgedrungen auf zu zwirbeln. «Bis um sieben.»

Zwei Stunden sind knapp. Ich eile zu Fuß zurück zu meinem Hotel. Daher auch das Herzklopfen. Zügig gehe ich am Malecón entlang – der Promenade, an der die salzige Gischt über die Mauer spritzt und Kinder zwischen Felsen schwimmen, während ihre Väter das Abendessen angeln.

An einer Biegung ist ein mint schimmernder Oldtimer liegengeblieben, der wie alles in Kuba nach Zeitreise aussieht. Ein Land, eine Insel, ein Themenpark. Zwei Beine in einer Jeans ragen unter der Motorhaube hervor, ein Mann im verwaschenen Nike-Shirt reicht Werkzeug hinunter ohne hinzusehen. Diese Pin-ups auf Rädern – schnittig, kurvig, glänzend –

dürften nach den Gesetzen des Universums gar nicht mehr existieren. Sie sind gute 50, 60 Jahre alt und müssten längst in Schraubensplitter und Blechfetzen zerfallen sein. Und doch rollen sie stolz und dem Verfall trotzend über die zerpflückten Straßen, aus ihren aufgeplatzten Ledersitzen den Zeitgeist der fünfziger Jahre verströmend, als Kuba in der Hauptsache ein korrupter US-amerikanischer Sündenpfuhl war. Darüber hinaus strömt aus ihnen allerdings auch noch unglaublicher Dreck, das vergisst man leicht. Bis man in einer Stadt wie Havanna ist, durchsetzt von rußbepusteten Mauern und bevölkert mit Oldtimern, die unseren heimischen Feinstaub albern aussehen lassen. Was man ebenfalls oft vergisst: Die Kubaner fahren diese Autos nicht, weil sie einen ausgeprägten Sinn für Nostalgie kultivieren und so gern über geschwungene Kotflügel streichen. Sondern aus Not. Sie haben schlicht wenig Alternativen. Sie nutzen die Reste, die von Mafiabossen und Funktionären zurückgelassen wurden, und pimpen sie mit chinesischen Motoren und CD-Playern von ihren Exil-Verwandten aus Florida. «Welche Magie hält bloß diese Autos und dieses ganze merkwürdige Land zusammen?», frage ich mich. Nicht zum ersten und auch nicht zum letzten Mal.

Als ich in meinem Kloster ankomme, habe ich noch eine gute Stunde Zeit und in der Tat auch noch ein bisschen Lust. Im eigelben Licht der pseudo-altertümlichen Elektrofackellämpchen durchpflüge ich meinen Rucksack nach meinem einzigen Kleid. Es ist schulterfrei, knittert nicht und reicht bis auf die Terrakottafliesen. Ich stehe vor dem großen Spiegel und finde mich zwar nicht unbedingt Red-Carpet-tauglich, aber hinlänglich elegant. Meine Haare sind von der Kombination aus Sonne und aufplusternden Post-Chemo-Strähnchen hell geworden, und wenn ich sie nicht föhne, werfen sie sich in unkontrollierbaren Wellen über meine Schultern. Ein bisschen wie störrischer Karamellsirup. Ich bin froh, dass Dr. Schmitz recht hatte und ich meine Haare behalten habe. Daran denke ich seit diesem einen Tag im UKE bei jedem Bürstenstrich. Immer.

Die Zeit läuft davon, ich nehme mir ein Taxi. Als ich beim Hotel Nacional aussteigen will, entbrennt eine kleine Diskussion. «No hay regalos en Cuba.» In Kuba gibt es keine Geschenke. Der Taxifahrer zuckt mit den Schultern, ein Klümpchen Asche fällt von seiner illegalen Cohiba auf den geflickten Ledersitz des 1955er Buick Roadmaster. Für die Fahrt von der Altstadt Havannas ins Hotel Nacional hatten wir sechs CUC vereinbart. Jetzt will er acht – weil er einen Umweg gefahren ist. «Hombre, d'eso *nada*.» Ich mache ihm in meinem simplen Spanisch nachdrücklich klar, dass es nicht mein Problem sei, wenn er seine Stadt nicht kenne. Nach einigem Hin und Her drücke ich ihm stur sechs passend in die Hand und steige aus. Hart verhandeln, hart bleiben – ich habe es in Kuba ziemlich schnell gelernt. Er gibt Gas und lässt mich in einer Rußwolke stehen. Aber nicht, ohne mir noch durchs offene Fenster anerkennend hinterherzuschnalzen.

Während ich auf den Melonen-Mann warte, dessen Namen ich mir nicht merken kann und den ich darum Domingo nenne, hole ich meine Digitalkamera aus der Tasche und fotografiere das Hotelpanorama. Etwas abseits der Auffahrt machen drei alte Kubaner Musik. Sie spielten in exakt der Sekunde auf, in der ich aus dem Taxi kletterte. «Chan Chan», wie immer und überall. Denn das Lied ist Touristen aus dem Film *Buena Vista Social Club* geläufig. Einer der schnauzbärtigen alten Herren hat aus einem Besenstiel, einem Farbeimer und einem Stück Wäscheleine einen Bass gebastelt. Blick ins Portemonnaie: Ich habe noch 25 Cent Kleingeld. Lächelnd reiche ich dem Bassisten, er hätte selbst beim *Buena Vista Social Club* dabei sein können, das Geldstück. Sein freundlicher Gesichtsausdruck schwindet und er insistiert:

«No, no. Uno. One. ONE. Foto, Foto!»

Ich versuche, meine aufwallende Wut von Akzeptanz wegspülen zu lassen; meine Naivität liegt längst ersoffen auf dem Grund. So läuft das hier nun mal. «Was soll man machen? Das ist Kuba.» Diesen Satz höre ich nahezu täglich.

«No tengo un CUC. Lo siento», sage ich und schiebe mich an ihm vorbei. Die Musik bricht ab.

25 Cent. Das klingt wenig. Ist es aber nicht – wenn es sich um CUC handelt. Eine kubanische Krankenschwester verdient umgerechnet etwa siebzehn CUC im Monat. So viel kostet eine Taxifahrt vom Flughafen in die Altstadt. Sie bekommt sie in der Landeswährung, der moneda nacional. Mit diesem Peso kann sie viele Dinge deutlich günstiger kaufen als ein Tourist, denn Kuba hat zwei Währungen und dadurch zwei Ökonomien. Wie bizarr die Situation ist, zeigt das Beispiel eines Lehrers. Er erzählte mir, er habe seinen Job geschmissen, um auf dem Markt Obst zu verkaufen. Weil er damit ungefähr das Vierfache seines vorherigen Gehalts verdient. «Kubaner sitzen auf der Arbeit acht Stunden ihre Zeit ab, gehen nach Hause und überlegen dann, wie sie Geld verdienen», heißt es hier. Selbst gutausgebildete Ärzte fahren lieber Rikschas. Und so ist es kein Wunder, dass viele Kubaner dem Dollar-Ersatz ein Stück Würde opfern. Das aber meistens recht gewitzt, überlebenskunstvoll.

Heute aber habe ich es mit der Elite zu tun, mit den Reichen, Schönen und Berühmten der lateinamerikanischen Filmszene. Dass ich niemanden kenne, macht es etwas langweilig, aber auch entspannter. Mein Blick kreist durch das Foyer. Frauen in entweder engen oder kurzen Abendkleidern und Männer in Anzügen. Nur keiner mit Melone. Vielleicht kommt er nicht, dann fahre ich eben wieder zurück. Ich habe ja nichts zu verlieren außer ein bisschen Zeit. Habe ich das gerade wirklich gedacht? Ich kichere in mich hinein. Dieses zwangsgemächliche Kuba übt schon nach wenigen Tagen einen einlullenden Einfluss auf mich aus. Ich nehme an, das ist was Gutes.

Plötzlich ploppt knapp unter meiner Nase die schwarze Melone auf. Domingo.

«Da bist du ja.» Er scheint sich mimikfrei zu freuen und zwirbelt seinen Flamingoschalzipfel.

«Ja, wie man sieht. Was passiert denn als Nächstes?»

«Jetzt warten wir auf den Bus.»

In der Tat: Lauter halbschick gekleidete Menschen zwängen sich nicht etwa in Limousinen, sondern scharen sich am Eingang und warten auf Reisebusse, die sie in ein Kino bringen sollen. Natürlich sind die Busse nicht pünktlich, aber das ist ein Latino-Event, alles andere wäre eine herbe Enttäuschung. Wir vertreiben uns die Zeit mit seichten Gesprächen über Domingos Lebenswerk, eine obskure Dokumentation, deren Inhalt ich nicht begreife, und ein paar Drinks. Er nimmt nur Rum, ich nur Cola. Cuba und Libre in zwei getrennten Gläsern, eine schmerzhaft wahre Metapher. Sein Freund kommt dazu und lächelt wieder angenehm verständnislos.

Dann wird die Bewegung im Pulk rascher, das Foyer leert sich. «Der Bus ist da», konstatiert Domingo, nicht ohne sich bestätigend an seine Melone zu tippen.

Wir nehmen nebeneinander Platz, und er schwadroniert weiter von seinem Dokumentarfilm. Unterbrochen von einem willkürlichen Schwank aus seinem Leben.

«Ich hatte in den Neunzigern mal was mit einer Deutschen, die war vielleicht wild.» Er dreht die Melone gegen den Uhrzeigersinn. «Echt? Kann ich mir gar nicht vorstellen», murmele ich und wende mich ostentativ dem am Busfenster vorbeirauschenden nächtlichen Havanna zu. Keine Lust auf ein weiteres Gespräch, schon gar nicht so eins. Domingo scheint es zu verstehen und verwickelt seinen bedauernswerten Vordermann in einen neuerlichen Vortrag. Doch weil ich ob der hochgedrehten Klimaanlage in meinem schulterfreien Kleid bibbere, legt er mir kurz darauf seinen Flamingoschal über die Schultern. Und redet wieder in mein Ohr über seine Filme. Ich weiß nicht, wohin genau wir fahren und wie lang die ruckelige Fahrt wirklich ist. Sie kommt mir unendlich vor, aber das mag an den Monologen des Melonen-Manns liegen.

Wir halten vor einem gigantischen Gebäude. Das Kino. Die aufgerüschten Menschen fließen aus den Bussen in einen großen Kinosaal, ergießen sich gleichmäßig in die Reihen. Und warten. Zwischendurch plaudern sie, umarmen sich, tauschen Wangenküsschen aus. Wie überall. Meine Augen fallen zu. Domingo ist aufgestanden und netzwerkt im Foyer. Dieser Mann ist fürs Foyer geboren, denke ich. Und auch: Ob es so eine gute Idee war, mitzufahren? Ich muss darüber eingenickt sein, denn als ich aufwache, ist der Saal dunkel, und selbst die quirligsten Gäste haben auf den Plüschsitzen Platz genommen. Ein Greis hält auf der Bühne eine Rede, in Spanisch, selbstverständlich. Ich verstehe nur Bruchstücke.

«Das ist der Vorsitzende. Er ist schon etwas älter, und darum mussten wir warten, bis er bereit war, die Bühne zu betreten», sagt Domingo. Schicksalsergeben nicke ich. Der Greis redet viel, aber nicht so viel wie Domingo. Die letzten Worte «... Los Van Van!» verschluckt der aufbrandende Applaus.

Eine Band ergreift die bereitstehenden Instrumente, nimmt Position ein und schleudert Salsa in den Kinosaal. Ausnahmslos alle – sogar mein schläfriges Ich – stehen auf. Sitzen bleiben, wenn Musik läuft, das ist nicht des Kubaners Sache. Meine auch nicht. Der gesamte Saal tanzt, den engen Sitzreihen trotzend. Fast eine Dreiviertelstunde lang geben «Los Van Van», wie Domingo mir erklärt eine der berühmtesten und beliebtesten kubanischen Bands, ein fulminantes Konzert. Domingos Seidenschal brauche ich nicht mehr. Er wirbelt uns in dem engen Gang ungeachtet meiner Tapsigkeit so umher, dass seine Melone wegfliegt. Jemand wirft sie zurück, und Domingo schnappt sie mit einer Hand aus der Luft. Keine Frage: Der kleine Mann versteht was von Melonen.

Nach dem anschließenden unaushaltbar langweiligen Dokumentarfilm über einen kubanischen Musiker fahren wir in den frostigen Bussen wieder zurück ins Hotel Nacional zur Aftershow-Party.

«Ich habe zwar nur ein Ticket, aber ich bringe euch da schon rein», sagt Domingo zuversichtlich zu mir und seinem stumm lächelnden Freund und verschwindet.

Wir bleiben vor dem Seiteneingang stehen und versuchen, Konversation auf Spanisch zu betreiben. Es klappt so mittelgut, daher verlegen wir uns auf das schweigende Beobachten anderer Menschen. Es gibt Sanduhrkleider tragende Erscheinungen in goldenen Stilettos, betont Intellektuelle in bestickten Tuniken und Ledersandalen, Männer in hellen Leinenhemden oder dunklen Anzügen, mit und ohne Schal, Mädchen in Minis und Jungs in Muskelshirts. Alle begierig, dabei sein zu dürfen. Dazuzugehören. Wie in der Schule. Es ist überall das Gleiche, es ändert sich nie. Menschen sehnen sich nach Inklusion und Distinktion, nach dem «wir» und dem «die». Merkwürdige Motivation.

Ich hingegen sehne mich nach einer Sitzgelegenheit und lasse mich auf dem Kantstein nieder. Mein Unterleib spannt von der Lymphe, die an der Bauchnarbe nicht vorbeikommt. Zu viel Stehen, zu viel Tanzen, zu viel beengtes Sitzen. Das rächt sich, trotz Kompressionshose. Domingo bleibt verschwunden. Sein Freund hat jemanden zum Reden gefunden. Ich habe weder Uhr noch Handy und muss mich auf mein Zeitgefühl verlassen. Das sagt mir nach subjektiven Ewigkeiten: Wenn er nicht gleich zurückkommt, gehst du. Gerade als ich aufstehe und mir den Dreck vom Hintern klopfe, um mich in ein Taxi zu setzen, marschiert die Melone aus dem Tor. Direkt auf mich zu.

«Ich hab's geschafft, aber frag mich bitte nicht, wie.» Ich würde mich hüten, wette aber, es hat entfernt etwas mit einem Foyer zu tun.

Die VIP-Party der lateinamerikanischen Film-Elite steigt draußen am kleinen Pool des Hotel Nacional und hat erschütternd wenig Skandalöses zu bieten. Es fliegt keiner in den Pool, niemand ist nackt, und es gibt nicht mal eine Live-Band, sondern Salsa aus der Retorte. Die Tanzfläche zwischen den eckigen Lautsprechern und noch eckigeren Sechziger-Jahre-Lampen ist so gut wie leer. Kein Wunder: Alle lungern in der Nähe des Küchenausgangs herum. Dort spazieren die Jungs mit dem Fingerfood aus der Küchentür. Die Kellner kommen mit ihren Tabletts keine drei Meter weit. Ein Schwarm gieriger Schnittchenschnorrer kesselt sie ein, fräst sich durch den Pastetenberg und hinterlässt nach wenigen Sekunden ein krümelarmes Tablett und einen zerzausten Kellner. Jedes Mal. Wie die Termiten. Sieh an – das macht ewiger Huhnbohnenreis also aus den Menschen, denke ich.

Drinks werden nebenan an der Poolbar ausgeschenkt. Und mit Drinks meine ich Bier, tuKola und Rum. Ich hole mir eine braune Brause und ergattere ein Teigtäschchen. Damit setze ich mich auf die Poolkante und erhole mich von den Eindrücken. Domingo netzwerkt schon wieder, aber ich finde die Ruhe grad ganz angenehm.

Doch dann ist sie jäh vorbei. Ein Julio-Iglesias-Verschnitt im bauchnabeltief aufgeknöpften lila Leinenhemd baut sich vor mir auf.

«Buenas noches. Was machen Sie hier so allein? Sind Sie Schauspielerin?»

Ich werfe den Kopf in den Nacken und lache schallend.

«Nein, um Himmels willen!»

«Sicher nicht? Sie kommen mir so bekannt vor. Sind Sie dann vielleicht Produzentin?»

Ich kichere und schüttele den Kopf. Das Rumpelstilzchenspiel!

«Dann müssen Sie aber Model sein – so schön, wie Sie aussehen.»

Ich rolle mit den Augen. Latinos, ey. Na gut, scherzen kann ich auch.

«Ja, ich bin Ex-Model. Aber jetzt mache ich in Schmuckdesign.»

Er versteht meinen Witz nicht, guckt bemitleidenswert wirr, und so löse ich das Rätsel auf.

«Nein, das war nur ein doofer Scherz. Ich bin als Touristin hier, weiter nichts.»

«Wie sind Sie dann hierhergekommen? Das ist eine äußerst exklusive Veranstaltung, wissen Sie.» Er zieht eine buschige Monobraue bis an den Haaransatz.

Ich blicke nach rechts auf eine Frau im viel zu engen Satinkleid, die sich grad das Pastetenfett von den Fingerchen leckt und mit ihren obszön hohen Absätzen wie eine Bohrinsel in einer Rumpfütze prangt.

Und nicke bedeutsam.

«Ja. Ganz offensichtlich. Ach, so ein Typ mit Melone hat mich vorhin angequatscht, und ich bin halt mitgekommen.»

«Sie gehen einfach mit Fremden mit?»

«Sieht ganz so aus.»

Genau in dem Moment kommt besagter Fremde mit der Melone auf uns zu. Er hat einen klassischen Paradiesvogel im Schlepptau. Ein graziler Mann, vielleicht Anfang zwanzig, in einem karierten Anzug mit Hochwasserhose, knallgelben Socken und Lederslippern. Er ist Tänzer im kubanischen Nationalballett und spricht sehr gut Englisch. Wir unterhalten uns übers Reisen, über Kuba und die Situation und dass das hier eine ziemlich kuriose Zeitblase ist. Der Balletttänzer hat fast die ganze Welt gesehen. Etwas, das ihn von seinen Landsleuten unterscheidet. Zum Beispiel von meinem ersten kubanischen Taxifahrer Eusebio, der so sehnlichst an den Südpol wollte, um einmal im Leben Pinguine und Schnee zu sehen. Oder von dem Kellner in Hemingways vormaliger Lieblingsbar El Floridita, der mich anflehte: «Wenn du je wieder nach Kuba kommst, bring mir einen Stein mit. Ich sammle Steine aus allen Orten der Welt. Da ich nirgendwo hin kann, hole ich die Welt auf diese Weise zu mir.»

Ab Januar 2013, also in nicht mal einem Monat, sollen Kubaner reisen dürfen. Ein grundsätzlich sinnvolles und überfälliges Konzept. Allerdings mit dem Schönheitsfehler, dass es sich die meisten leider nicht leisten können werden. Der Balletttänzer nippt an seinem Cuba Libre und blickt nachdenklich am sozialistischen Lampendesign vorbei in die Sterne.

«Die Menschen hier wollen Freiheit, sie wollen endlich raus und alles haben, alles können. Sie wissen aber nicht, dass sie dafür einen Preis zahlen und etwas aufgeben müssen: Geborgenheit. Sicherheit.»

Er muss so reden, denke ich, ahne jedoch gleichzeitig vage, was er darüber hinaus noch meint. «Aber ist es nicht lohnenswerter, Freiheit statt Sicherheit zu haben?», frage ich und habe dabei meine Scheidung im Kopf.

Er lässt die Eiswürfel in seinem Glas klirren.

«Das kommt ganz darauf an, ob man mit Freiheit umgehen kann.»

Über diesen Satz grüble ich noch nach, als mir in meinem Hotelbett beim Einschlafen der Muff jahrhundertealter Klostermauern in die Nase steigt. Vielleicht kann einfach nicht jeder Mensch gleichermaßen Freiheit ertragen. Genauso wenig wie Liebe.

Offenherzig.

Der Taxifahrer knallt seinen Fuß auf die Bremse. Ich knalle fast gegen die Kopfstütze. Die Frau stoppt abrupt und fängt den Schwung mit ihren Händen auf der Motorhaube ab. Das war knapp. Vom Rücksitz aus sehe ich nur lange schwarze Dreadlocks, ein rotes Top und Shorts. Sie sieht aus wie eine Kubanerin, nur die Nikon um ihren Hals passt nicht ins Bild. Statt uns zu bepöbeln, weil wir sie fast überfahren haben, winkt sie und sprintet dann mit eindrucksvoll athletischen Beinen weiter über die Straße.

Ich bin auf dem Weg zum Busbahnhof von Trinidad und habe es ähnlich eilig. So einiges mag in Kuba nicht oder nur verspätet funktionieren – die Viazul-Busse zählen nicht dazu. Sie fahren zuverlässig und vor allem pünktlich über die ganze Insel und verbinden alle größeren Orte miteinander. Von Havanna bin ich auf diese Weise nach Las Terazas gefahren, wo ich mit einem Frosch in einer zeltähnlichen Pfahlhütte schlief und mich der Versuchung widersetzen musste, ihn zu küssen. Dann nach Cienfuegos, wo ich in einer Casa Particular – einem privaten Gästezimmer – unterkam. Dort gab es phantastisches Huhn mit Reis und Bohnen; nach zehn Tagen Kuba schmeckte ich feinste Qualitätsunterschiede heraus.

Ist man jedenfalls einmal Gast in einer Casa Particular, dann muss man sich um den Rest seiner Reise nicht mehr sorgen. Man wird innerhalb eines sehr loyalen, hermetisch abgeriegelten und gut geschmierten familiären Netzwerks verschoben. Die Gastgeber machen ein paar Anrufe bei Cousin, Opa, Schwägerin oder Tante in egal welcher Stadt, und man wird abgeholt, untergebracht, gefüttert und innerhalb dieses Netzwerks an die Verwandtschaft in der nächsten Stadt weitergereicht. Der Grund ist einfach: Man ist die Touri-Torte, von der die ganze Familie ein Stück abhaben soll. Fast jeder kubanische Haushalt vermietet ein Doppelzimmer für fünfzehn bis zwanzig CUC pro Nacht inklusive einer Mahlzeit und Frühstück. Auch wenn das bedeutet, dass der Rest der Familie in ein oder zwei übrig gebliebenen Zimmern haust. Zwar müssen die Kubaner horrende Steuern auf diese Einnahmen zahlen, aber es lohnt sich dennoch.

So bin ich in Trinidad bei der Familie meiner Gastgeber aus Cienfuegos untergekommen. So vermittelte man mir, natürlich gegen Entgelt, auch einen Reitausflug in den nahe gelegenen Nationalpark Topes de Collantes. Geritten war ich seit meinem vierzehnten Lebensjahr nicht mehr. Aber es stand auf meiner Wunschliste ziemlich weit oben. *Things I want to do before I die. Like ... everything.*

Als ich mich allerdings gerade voller Vorfreude auf den mittelgroßen fuchsbraunen Wallach schwingen wollte, sagte mein Tourführer Juan: «Warte. Nicht mit dieser Hose. Sehe ich ja jetzt erst. Die ist zu weit. Das scheuert.»

Ich nahm die Hand vom Sattelknauf und meinen linken Fuß aus dem Steigbügel.

«Wie jetzt? Ich habe aber keine andere.»

«Das geht leider nicht, *guapa*. Die Nähte sind auch zu hart, und der Stoff sieht kratzig aus. Das wird scheuern. Wir werden mehrere Stunden unterwegs sein und du sowieso nicht mehr laufen können. Da willst du doch nicht noch aufgerissene Haut haben.»

Maßlose Übertreibung, fand ich. Dieser doofe kubanische Möchtegern-Cowboy. Fuck. Ich wollte diesen Ausflug machen. Unbedingt. Aber in meiner langen Hose. Ich stand neben dem Pferd, hielt das zu Zügeln verknotete Seil fest und kaute auf meiner Unterlippe herum. Sollte ich echt nur Shorts anziehen? Meine einzige Alternative, schwarze Leggings, hing tropfnass auf der Wäscheleine im Innenhof. Der Wallach schnaubte mit seinen weichen Nüstern in meine tatenlose Hand. Die kubanische Gastgeberin Tante Soundso hatte mein Geld längst in ihrer Blümchenschürze verstaut und guckte an mir vorbei. Ich nahm einen tiefen Atemzug.

«O.k. Ich bin gleich wieder da.»

In meinem Zimmer streifte ich die lange Funktionshose ab und zog kurze Jeansshorts über meine Kompressionsbermudas. Vor dem Standspiegel drehte ich mich langsam um mich selbst. Knie und Waden waren nackt, die Narben leuchteten rosa auf Weiß. Wie ein billig geflickter Rentnerblouson. Ein Schweißtropfen kitzelte meinen Hals hinab bis hinunter zum Bauchnabel. Es ist schwül in dieser Karibik. Vielleicht wäre es ja ganz angenehm, endlich mal keine lange Hose zu tragen. Ach, wem wollte ich was vormachen? Die Narben sahen noch immer wie grobe Kinderzeichnungen aus. Ich war entstellt, weithin sichtbar. Was sollte ich sagen, wenn mich jemand darauf anspräche? «Du könntest einfach deine Geschichte mitteilen, du komischer Vogel, das machst du doch eh immer», sagte mein erwachsenes Ich. Was wahrscheinlich nicht geschehen würde. Es ist etwas anderes, ob man einem Menschen in die Augen schaut und ihm erzählt, was passiert ist. Oder ob man bei jedem Schritt und in jeder Sekunde unzählige bohrende Blicke und stumme Fragen zu spüren meint. Ich verzagte in Entscheidungslosigkeit.

Draußen wieherte ein Pferd. Sehnsucht und Unternehmungslust juckten, bis ich fast platzte. Pferde stellen keine Fragen, die Gruppe war klein, und Juan würde sich wohl nicht allzu oft umdrehen. Scheiß drauf.

Später dann, als ich auf dem Sandweg durch den tropischen Wald vorneweg galoppierte, so als hätte ich in den vergangenen zwanzig Jahren nie etwas anderes getan, vorbei an verlassenen Plantagen, überwuchert von raumgreifendem Grün und raschelndem Gras, eins mit dem Pferd unter und dem Himmel über mir, der Luft und dem Leben, da hatte ich keine Narben mehr. Jedenfalls nicht in meinem Kopf.

Mit brennenden Beinen schäle ich mich jetzt aus dem Taxi. Den Reitausflug spüre ich auch zwei Tage später noch in jedem Muskel. Der doofe kubanische Möchtegern-Cowboy hatte recht. Ich habe in den vergangenen zwanzig Jahren eben doch so ungefähr alles andere getan außer Reiten. Da der Viazul-Bus schon mit laufendem Motor wartet, humple ich mit meinem Rucksack hektisch zum Ticketstübchen.

«Einmal nach Camagüey, bitte», schnaufe ich.

Da berührt mich von hinten eine schwarze Hand am Unterarm. «Oh. Wie schön! Kann ich dein Tattoo mal sehen?»

Hinter mir steht die Frau im roten Top mit der Nikon um den Hals und strahlt mich an, mit einer hinreißenden Zahnlücke, durch die man locker einen Strohhalm schieben kann. Ich strecke meinen rechten Arm aus, und sie betrachtet die rote Schreibfeder in meiner Haut eingehend. Dann sagt sie mit deutlich amerikanischem Akzent: «Das ist wunderhübsch. Gefällt mir sehr. Bist du eine Schreiberin?»

Ich ringe den aufwallenden Reflex nieder, räuspere mich und sage dann: «Ja. Ja, das bin ich wohl.»

Sie strahlt wieder. «Wusste ich's doch. Ich bin Fotografin. Fährst du auch nach Santiago de Cuba?»

«Nein, nur bis Camagüey. Gibt es in Santiago nicht Cholera, wegen des Hurrikans Sandy?»

«Habe ich auch gehört. Aber ich fahre trotzdem. Oh, entschuldige – ich bin Ella. Schön dich kennenzulernen. Wir können ja im Bus zusammensitzen, wenn du magst», sagt sie, und in ihren Dreadlocks blitzen silberne Herzen und Peace-Zeichen auf. Ich könnte mir in diesem Moment nichts Schöneres vorstellen und nehme ihre Hand. Es ist der Beginn einer Freundschaft.

Wir steigen als Letzte in den vollen Bus ein, finden aber noch zwei Plätze nebeneinander. Das ist wie Zauberei: Wenn ich mit Ella zusammen bin, klappt alles ganz von selbst.

«Du bist der Typ Mensch, für den die Ampeln freiwillig umspringen», sage ich später zu ihr.

«Lustig, so was Ähnliches habe ich vorhin auch schon über dich gedacht.»

Wir verbringen die ersten Stunden der Busfahrt damit, unsere Lebensgeschichten auszubreiten und bei jeder Parallele zu kichern. Wir sind beide gleich alt, mögen dieselben Sportarten und waren beide lange mit unseren Partnern zusammen, bevor wir heirateten und dann nach kurzer Zeit aus ähnlichen Gründen die Scheidung einreichten, die Vornamen unserer Exmänner gleichen sich bis auf einen Buchstaben – und der ganze Bus hasst uns beide gleichermaßen. Besonders als wir anfangen, die in Dauerschleife laufende DVD mit Auftritten des spanischen Roland-Kaiser-Verschnitts Camilo Sestro zu analysieren. Feinste Unterschiede in Style, Make-up, Performance. Nach so vielen Wochen des Reisens ohne Bindung, mit flüchtigen Bekanntschaften und Begegnungen ist Ellas Gegenwart wie eine seelische Jogginghose. Sie ist ein offener Mensch, jemand, der viel reist, eine nonlineare Biographie hat und das Leben durch eine ähnliche Brille betrachtet. Sie ist ein Freigeist. Mutig, kindlich, warmherzig, authentisch, klug und vor allem sehr lustig.

Dreißig Minuten bevor wir Camagüey erreichen, verlängere ich beim Busfahrer das Ticket nach Santiago de Cuba. Cholera my ass. Was hoffentlich keine Prognose ist.

Nach zwölf Stunden Busfahrt sind wir ziemlich zerknautscht, und die anderen Fahrgäste danken Gott vermutlich später auf Knien für ihre Erlösung von unserem Dauergerede. Auf die Knie wäre keine Option für mich; mein Muskelkater bringt mich noch immer um. Ellas anhaltendes Lachen über meinen steifen Gang und mein Geächze klingt wie sahnegefüllte Seifenblasen. Natürlich hat sie schon ein Zimmer in Santiago de Cuba, arrangiert von ihrer Casa Particular in Trinidad. Als der Fahrer uns absetzt, eilt der Gastgeber bereits aus der Tür – damit wir auf den letzten Metern keinem anderen in die Hände fallen. Hier sind die Leute noch ärmer als im Rest Kubas. Wir quetschen unsere Rucksäcke in das mit einem Doppelbett ausgefüllte Zimmer und begeben uns auf die Suche nach etwas Essbarem.

In einer Seitenstraße finden wir ein Privatrestaurant, ein Paladar. Kleine runde Tische in einem umgewidmeten Wohnzimmer, Spitzendeckchen, massive, gedrechselte Holzstühle mit grünem Samtbezug. Ein Papagei thront nussknackend auf einer Stange; die Schalen fallen klackernd auf die Fliesen. In einer ledergebundenen Karte stehen die Menüs. Es gibt drei Variationen von Huhn, Bohnen und Reis. Ich möchte weinen. Ella auch.

«Mein Gott. Die Kubaner haben Kokosnüsse, Mangos, Fisch, Tomaten, alles – sie könnten sonst was damit kochen! Warum zur Hölle gibt es überall nur Huhn, Bohnen und Reis? Ich dreh durch.» Ellas Strahlen ist beim Essen einem verzweifelten Stirnrunzeln gewichen.

«Iff weiff eff niff. Aber wenigffempf iff daff Huhm diefmal frittiert», sage ich mit vollem Mund. Merkwürdiges Land, ohne Witz jetzt.

Erst nach Mitternacht kehren wir zurück in unser Zimmer und bringen unsere Rucksäcke durch bloßes Öffnen zur Explosion. Ich schlüpfe in mein Backstreet-Boys-Schlafshirt und schließe mich dann Ella an, die das Bett als Hüpfburg missbraucht. Dazu dröhnt aus meinem alten iPhone Tupac vom Nachttisch. Selbstredend teilen wir auch den gleichen, schizophren-anarchischen Musikgeschmack mit Neunziger-Schwerpunkt.

Zufällig fällt mein rumseliger Blick auf eine Kakerlake an der Wand, schräg über Ellas Kopf, so groß wie ein Snickers.

«Äh. Ella, hör mir zu. Du musst jetzt ganz ruhig bleiben. Da oben …»

Sie folgt meinem Blick, springt auf und quiekt: «Oh Gott, was ist DAS denn?»

«Weiß nicht genau, hat aber was von meiner Schwiegermutter.»

In der entgegengesetzten Zimmerecke windet sie sich zwischen Lachen und Ekel. Mein innerer Gutmensch unterdrückt gewaltsam sein Unbehagen, ich greife mir ein Zahnputzglas und ein Stück Papier und fange die Riesenschabe ein. Ella schafft es gerade so, mir die Tür aufzuhalten. Ich setze das Biest draußen auf der Straße aus, wünsche ihm einen guten Weg und suhle mich in Rechtschaffenheit.

«Siehste, jetzt habe ich dich gerettet. Und die Kakerlake auch.»

«Du gute Seele. Ich kann nicht glauben, dass wir uns getroffen haben», sagt Ella.

«Ich auch nicht. Unglaublicher Zufall.»

Wir umarmen uns lange und fühlen uns wie Schwestern.

Als wir Rücken an Rücken einträchtig nebeneinanderliegen und die Klimaanlage leise surrt, hier in Santiago de Cuba, visualisiere ich flüchtig die Alternative zu meiner Reise: sechs Wochen Reha in krankenhausähnlicher Umgebung mit netten, alten Damen in St. Peter Ording. Den ganzen Tag über Krankheiten, Symptome, Beschwerden und Behandlungen sprechen, und irgendjemand vom Sozialdienst bietet mir zum zweiten Mal mitleidig einen Schwerbehindertenausweis an. Ein Lächeln breitet sich in meinem schläfrigen Gesicht aus. Gute Entscheidung, Wagener. Sehr, sehr gute Entscheidung.

Zugang.

Ella hat ein Date mit Fidel. Nicht mit dem echten. Nur mit jemandem, der so heißt – natürlich in Anlehnung an El Máximo Líder. Er ist Kubaner, ein Mann wie aus einem Gauguin-Gemälde und anders als Josuán auch offiziell erst 21. Sie haben sich auf der Straße kennengelernt, als wir auf der Suche nach einem Taxi für eine Santiago-Tour waren. Fidels optische Makellosigkeit hilft seinem Onkel bei der Fahrgast-Akquise. Jetzt sind Ella und ihr kubanischer Ferienflirt in einer Eisdiele und schieben sich gegenseitig kleine Löffelchen in die wundgeknutschten Münder.

Es erstaunt mich: Ich habe noch nie jemanden getroffen, der die Liebe derart anzieht wie Ella. Und der damit auch so leichthändig umgehen kann. Das unterscheidet uns; ich habe mein Herz im inneren Schuhkarton versteckt. Es muss sich ja aber auch ausruhen. Sie ist der Schmetterling, ich mehr so der Maikäfer.

Mein Date heute ist das Internet. Wir haben uns viel zu lange nicht mehr gesehen, über zwei Wochen. Ich habe Sehnsucht, man könnte sagen: Ich bin auf Entzug. Aber dafür gibt es auch einen guten Grund. Auf meinem USB-Stick befindet sich ein Blogartikel, der unbedingt in die Welt will. Es geht um Mexiko und das Glück, Beine zu haben. Allerdings hatte meine Hamburger Nachbarin Maxi recht, und das mit diesem Internet ist in Kuba tatsächlich nicht so einfach. Staatsoberhaupt Fidel Castro sieht es nicht gern, wenn sein geliebtes Volk sich mit dem Rest der Welt vernetzt. Man könnte auf subversive Ideen kommen. Darum wandere ich auf der Suche nach einem der raren Internet-Cafés durch die schmorenden Straßen Santiagos.

Der Laden, den ich mir aus meinem *Lonely Planet* rausgesucht hatte, hat zu. In das Hotel, das ich alternativ angesteuert habe, lässt man mich nicht – nur für Gäste. Ich muss mich also auf Spanisch durchfragen. Wie nur wenige andere Menschen auf der Welt würden Kubaner einen Hilfesuchenden aber nie abweisen und ihm keine Auskunft geben. Sie schicken ihn lieber freundlich in die falsche Richtung. Ich glaube, das steht auch so ähnlich in dem *Lonely Planet*.

Nach einer gefühlten Stunde finde ich endlich ein hochklimatisiertes Internet-Café an einer Straßenecke. Zufällig. Am Eingang muss ich meine Hände mit undefinierbaren Desinfektionsmitteln aus drei verschiedenen Plastikflaschen abspülen. Wegen der Choleragefahr. Thank you, Sandy. Beim Anblick der schmuddeligen, verbeulten und offensichtlich jahrelang verschiedentlich benutzten Flaschen beschleicht mich das Gefühl, ich würde mir dabei eher Cholera einhandeln als mich davor zu schützen. Aber ohne diese Prozedur kommt hier keiner rein. An einer Theke muss ich mich anschließend bei sehr eifrigen, sehr uniformierten Damen mit meiner Passnummer registrieren. Erst dann kann ich Zeit kaufen, in Form eines Kärtchens mit einem Zugangscode. Entweder 30 Minuten oder 60. Ich nehme 30, danach will ich mich wieder mit Ella treffen, und habe Glück – einer von drei uralten Windows-2000-Rechnern ist frei.

Ich nehme auf dem quietschenden Drehstuhl Platz, ziehe das Word-Dokument vom Stick und öffne den Browser. Doch als ich die Wordpress-URL eingebe, erscheint eine Fehlermeldung. Habe ich mich vertippt? Mehrere Versuche schlagen fehl. Google geht, Facebook auch. Schlagartig fällt es mir ein: Fidel muss Wordpress geblockt haben. Fidel Castro, das bärtige Antlitz Kubas, der Mann im Schatten des auf Schildern, Mauern, Plakaten omnipräsenten Che Guevara, der übrig gebliebene Vater der Revolution. Und der Zensur. Besonders der Texte von Menschen wie Yoani Sánchez, die in ihrem kritischen Blog seit Jahren über die Missstände in Kuba berichtet und damit den Machthaber erzürnt. Darum kein Wordpress. Aber gut, dann eben Facebook. Ich poste, dass ich meinen Blogbeitrag nicht veröffentlichen kann, ein wenig virtuelles Mimimi. Und bekomme sofort eine Nachricht von Ben.

«Wie geht es dir? Ich habe schon lange nichts mehr von dir gehört. Ist alles in Ordnung?» Guck an, er macht sich Sorgen. Wir chatten ein bisschen, und ich fühle mich wohl mit seinen Worten.

«Du kannst mir hier auch den Text schicken, dann kann ich ihn auf deinem Blog für dich posten.»

Ich zögere. Das ist unbestreitbar nett von ihm. Aber dazu müsste ich ihm mein Passwort verraten. Vertraue ich ihm genug dafür? Oder besser: Hat er dieses Vertrauen verdient? Ich erinnere mich an seine Ambivalenz, die mich an den Rand des Wahnsinns trieb – weil nichts von dem, was er sagte und tat, weder in die eine noch in die andere Richtung, länger als fünf Minuten Gültigkeit besaß. Und ich erinnere mich an den Mann, der an meiner Seite war, der mich mühelos, ganz von selbst und im Elend liebte. Dann treffe ich eine Entscheidung.

«Das ist aber ein bescheuertes Passwort», steht es blau auf weiß im Chatfenster.

«DU bist bescheuert. Und jetzt poste, sonst setzt es was!» Ich grinse.

Minuten später wieder eine Message: «Ich habe grad geweint, als ich deinen Text gelesen habe.»

Das Grinsen fällt mir runter. Er war ja dabei, als ich fast meine Beine verloren hätte, als ich den Krebs zum Teufel gejagt habe. Live und in Farbe und in all dem Schwarz. Tränen stauen sich in meinen Augenwinkeln. Warum ist das so kompliziert? Wieso können wir nicht unsere begrenzte Zeit auf dieser Welt einfach genießen und zusammen schauen, was das Leben uns so bringt? Was hat er bloß für ein Problem? Jetzt, frage ich ihn, soll er es mir doch endlich erklären. Ich verstehe es alleine nicht.

Wie auch? Mit zitternden Fingern setze ich zu einer Antwort an. Der Browser klappt zu. Die Verbindung wird getrennt. Fump! Das kubanische Internet ist alle. Gerade noch rechtzeitig.

Wert.

Ella und ich hüpfen auf der Rückbank des Oldtimer-Taxis auf und ab. Das liegt an der löchrigen Straße auf dem Weg zum Flughafen. Wir schweigen aus den Fenstern und betrachten mit Abschiedsaugen dieses komische Kuba. Ein Land, an das ich mich erst gewöhnen musste. Ein Land, das mich gleichermaßen beschenkt und gefordert hat. Ein Land, das einen kleinen Kratzer auf meiner Seele hinterließ. Ich kam her, weil ich Musik, den Charme verfallener Häuser und alter Autos erleben wollte, so lange er noch währt. Die rumgetränkte Romantik Havannas. Aber die Kubaner sind arm, und echte Armut ist weder charmant noch romantisch. Sondern bitter. Und das nicht nur für die Menschen, die hier leben. Der Tourist ist eine durchs Land kullernde Münze, von der jeder ein möglichst großes Stück absäbeln will. Dass er auch Mensch ist, ist *más o menos* sein Problem. Die Kubaner haben ganz andere Sorgen.

Wie die alte Mulata in Santiago de Cuba, deutlich über 70, kurze graue Locken, ihre schlaffen Brüste BH-los unter einem Leopardenshirt, krümelige Schminke auf den runzligen Lidern, roter Lippenstift auf dem eingefallenen Mund. Sie hält stets am Parque Céspedes, dem Platz zwischen Luxushotel, Kathedrale und dem Haus von Diego Velázquez, nach Freiern Ausschau. Von 11 Uhr vormittags bis spät in die Nacht. Die Klischeekurzzeitpärchen aus ältlichen, kahlen Touristen und jungen, knackigen Kubanerinnen flanieren täglich an ihr vorbei. Und trotzdem kommt sie immer wieder. Ich kannte sie irgendwann, sie grüßte mich.

Oder das Mädchen mit den zwei Zöpfen im lila «Lovemaster»-Shirt, dessen Mutter uns vor der Kathedrale nach der üblichen Dreifaltigkeit aus Seife/Kuli/Kaugummi fragte, als wir sagten, dass wir kein Geld haben. «Es ist ihr fünfter Geburtstag. *Por favor.*» Die Kleine hing an Mamas Hand und starrte an uns vorbei ins Leere. So sieht kein Kind an seinem Geburtstag aus. Und was machte es hier um 23 Uhr auf diesem halbseidenen Platz in Santiago? Ich wandte mich feige ab – weil ich nicht erahnen müssen wollte, welches Geheimnis das Licht in ihren Kinderaugen gelöscht haben könnte.

Mit den Kindern ist es am härtesten. Immer. Am Aussichtspunkt Balcón de Velázquez in Santiago spielten zwei Mädchen und ein Junge zwischen zerrissenen Fliesen mit alten tu-Kola-Dosen. Bis wir kamen. Sie rannten auf uns zu. «Amiga! Amiga!» Die Kleider der Mädchen waren zu klein und standen vor Dreck, die Haare waren filzig, und alle drei hatten keine Schuhe. Sie wollten Kaugummi, Eis, Bonbons und wichen uns nicht von der Seite. Ihr Anbiedern machte mich wütend, und ich hielt eine Minipredigt auf Spanisch. Irgendwas mit Freunde hat man im Herzen; man ist nicht mit jemandem befreundet, nur weil er einem Eis kauft, warum zeigt ihr mir nicht, was ihr spielt? Alle drei hörten mir zu, doch ich brach ab. Mir versagte die Sprache, und damit meine ich nicht mein Spanisch. Wie selbstgerecht und überheblich bin ich bloß, dass ich vor diesen Kindern ihre gelernte Art zu leben und zu überleben abwerten wollte? Ich dozierte über moralische Werte in dem komfortablen Wissen, jeden Abend Essen zu bekommen. Ich kann mir Eis kaufen, wann ich will. Ich habe früher meine Eltern nach Süßkram gefragt, sie fragten eben Touristen. Aufflammender Selbstekel wurde von Hilflosigkeit gelöscht und dann von Traurigkeit weggeschwemmt.

Wenig später fiel ein Touristengrüppchen in der üblichen Uniform Trekkingsandale-gestreiftes-Poloshirt-Khakishorts ein. Sie posierten mit den Kindern für Erinnerungsfotos. Ich hörte sie schon, wieder daheim in der Pinneberger Doppelhaushälfte. «War das nicht malerisch? Damals, 2012 in Kuba auf dem Aussichtspunkt?» Und er: «Ja, und diese Kinder! So arm, aber trotzdem so fröhlich. Die brauchen nicht viel. Schön war das.» Sie schraubten selbstzufrieden die Kappen auf ihre Objektive. Und dann kauften sie den Kindern Eis.

Es ist so schwer abzuwägen. Was ist richtig, was ist falsch?

Einen Tag nach meiner Ankunft in Havanna. Noch beseelt von der Musik in den Straßen, dem Geruch nach Meer, Benzin und Zigarren und den vielen Fotomotiven. «Whereyoufrom?» So sprechen sie dich hier an, und so machte das auch der Mann Anfang 50 mit mir. «Germany», sagte ich. Und dann redete er zu meinem Entzücken Deutsch mit mir. Kuba und die DDR – klar, da war ja was vor der Wende. Er war einige Zeit in Leipzig, irgendwas mit Maschinenbau. Und dann wollte er Kaffee mit mir trinken gehen. Erst zögerte ich, aber dann ging ich mit. Im vollen Bewusstsein, dass ich die Rechnung würde übernehmen müssen.

Und weil der Kaffee aus war («Was soll man machen? Das ist Kuba.»), tranken wir unter dem rotierenden Ventilator Mojitos an der Bar. Mittags um zwölf. Wir plauderten in einem Mix aus Spanisch, Deutsch und Englisch. Kurz vor dem Ende seiner halbstündigen Pause fing er an, mir von seiner Tochter zu erzählen. Noch ganz klein wäre sie und sehr krank. Ob ich nicht Windeln kaufen gehen könnte? Oder ihm noch besser gleich Geld geben? Der exakte Wortlaut aus der «Achtung, Abzocke»-Sektion im Reiseführer. Die Enttäuschung arbeitete sich von meinem Gehirn zu meinem Herzen vor und dehnte sich dann bis in meine Eingeweide aus. Was ich sagte? Nein. Und ich kam mir furchtbar mies dabei vor. Aber es fühlte sich richtiger an als andersrum.

Jetzt geht es also weiter nach Rio. Nebeneinander sitzen Ella und ich im Taxi auf dem Weg zum Flughafen, auf der federnden Rückbank eines alten Ford, ihre Hand auf meiner. Während aus den nachträglich eingebauten Boxen Salsa und Rumba von Benny Moré scheppert, erzählt der Taxifahrer uns von seiner Band und seiner Liebe zur Musik. Die Stadtteile Havannas mit ihren restverputzten Häuserruinen und den Wäscheleinen fliegen an mir vorbei, und ich erinnere mich an die Gastfreundschaft der Kubaner, die mich – gegen Bezahlung – in ihren blitzsauberen Häusern schlafen und an ihrem Leben teilhaben ließen. Die mich wie ein Familienmitglied verabschiedeten. An die vielen Kubaner, die ein «No, gracias» mit einem Augenzwinkern wegstecken konnten und mich nicht am Handgelenk festhielten. Die mit mir getanzt, gelacht und ihren Rum geteilt haben. Und an die alleinerziehende Glixneis, die im Bus von Cienfuegos nach Trinidad neben mir saß, der ich von meinen Erlebnissen erzählte und die sich für ihre Landsleute schämte.

«So was macht Besucher doch traurig, und das passt nicht zu Kuba. Mit diesem Gefühl sollen die Menschen nicht nach Hause fahren. Kubaner sind von Natur aus sehr gastfreundlich. Es ist nur diese doppelte Wirtschaft, weißt du?»

Dann brachte sie mich vom Busbahnhof zu meiner Unterkunft. Den ganzen Weg, bis an die Tür. Beim Abschied umarmte sie mich und sagte schmunzelnd: «Geschenkt.»

Daran denke ich, als Ella und ich am Flughafen José Martí aussteigen, und lasse meine Kopfhörer für den musikverliebten Taxifahrer auf der Rückbank liegen. Im gefährlichen Rio werde ich die großen Dinger wahrscheinlich ohnehin nicht tragen, ich bin doch nicht bekloppt.

Und es gibt nämlich wohl Geschenke in Kuba.

Rio

Sicher.

Wenn wir jetzt abstürzen, ist es meine Schuld. Obwohl wir uns im Landeanflug befinden, ist eines meiner «electronic devices» mutwillig eingeschaltet. Mein iPhone, denn ich muss ein bestimmtes Lied auf Repeat hören: «Agua de Beber». Die Melodie schmilzt im Ohr, der Ausblick flauscht im Bauch: Die Sonne ist im Aufgehen begriffen, schwarz-grüne, scharfkantig aufragende Bergkämme zerschneiden pastelldunstige Wolkenschleier. Mein Zeigefinger malt ein unsichtbares Herz auf das Bullauge. Ich lande nicht irgendwo, ich lande in Rio. In der besonderen Stadt.

Damals, nach der abgeschlossenen Radiochemotherapie – nach sechs Wochen Bett, Bestrahlungskeller und gelegentlicher Kurztrips zum Supermarkt sowie ins Café um die Ecke – kannte meine schockstarre Seele nur noch ein Begehren: leben. Aber Durchfall, Magenkrämpfe, Infektionen, Fieber und Entzündungen hatten mich ausgezehrt. Ich konnte mich nicht im Spiegel ansehen, ohne mich zu fürchten, meine Klamotten waren alle zu groß. Genau wie mein Schlafbedürfnis. Für Barhopping fehlte mir die Kraft, aber ich wollte – ich musste – unter Menschen. Ich lechzte nach Gelächter, Gesprächen. Musik. Und so landete ich bei «Bossa Nova Nights», einer Art wöchentlichen Jam-Session mit Musikern. Mehr oder weniger professionell, mehr oder weniger brasilianisch. Mein Skelett hing im Plastikstuhl vor der Bühne, nippte am pinken Martini Royal und ließ sich von der Live-Musik ganz langsam wieder aufrichten. Atom für Atom, Zelle für Zelle. Brasilianische Klänge und ich – es war Liebe auf den ersten Ton. Jede Woche war ich dort, tanzte, sang und trank mit Angst und Verzweiflung um die Wette. Wir kamen über Gleichstand nicht hinaus. «Du übertreibst. Du solltest echt mehr auf dich achten. Zu viel Alkohol ist ungesund und Gift für den Körper», sagte eine Freundin. «Mag sein. Aber das war die Chemo auch. Prost.»

Als ich später meine Reise plante, war klar: Ich muss nach Rio.

Und nun breiten sich die Ausläufer der Cidade Maravilhosa unter dem Flieger aus. In meinem Gehirn öffnen sich ob der rauzarten Schönheit und meiner Erwartungen alle Dopaminschleusen – die erste von vielen biochemischen Glücksduschen. «Rio macht dich jeden Tag so unglaublich glücklich», wird Wochen später im Hostel eine vielgereiste Ägypterin konstatieren. «Aber ich kann es nicht erklären.» Ich werde wissend nicken. Rio, das musikwabernde, lebenslustpupsende Rio, wird der Hauptwirkstoff in meiner Seelenapotheke. Mein Vitamin und Morphium.

Zunächst aber ist es auf dem Flughafen Antônio Carlos Jobim wie überall auf der Welt überklimatisiert, unpersönlich, erinnernswertlos. Und trotzdem gleite ich selig zur Immigration. Während ich fotografiert werde, frage ich mich, ob die Dame am Schalter wohl eine Sammlung strahlender Augenpaare angelegt hat. Selbst die am Gepäckband immer wiederkehrende Angst, dass mein Rucksack es sich diesmal anders überlegt haben und ohne mich nach Taiwan, Tasmanien oder Timbuktu geflogen sein könnte, ist gegen meine

Rio-Euphorie chancenlos. Da rumpelt er auch schon auf mich zu, mein unförmiger Kosmos. Das pralle Monster wie immer hinter mir her schleifend passiere ich die automatische Schiebetür und scanne die Wartenden hinter der Absperrung nach einem Schild mit meinem Namen. Ein bisschen aufgeregt, ein bisschen genierend.

Weil Rio bekanntermaßen zu den gefährlichsten Städten der Welt zählt – ein heißes Pflaster, Raub und Diebstahl, Mord und Totschlag überall, man hört es immer wieder –, habe ich vorab einen Shuttleservice gebucht. Spießig, aber sicher. Hier nehme ich definitiv kein Taxi. Denn die Fahrer arbeiten, so las ich, in Einzelfällen mit Gangs zusammen und liefern denen die auszuraubenden Touristen frei Haus. Nicht mit mir. Ich klemme meine Handtasche unter meinem rechten Ellenbogen fest und suche nach dem Shuttleservice. Links. Mitte. Rechts. Nichts. Kleiner alter Mann, mittelgroßer alter Mann, seltsamer jüngerer Mann. Sie alle halten ein Stück A4-Papier hoch. Aber keines deutet auch nur entfernt auf eine drollig verhunzte Version meines Namens hin. Gut, denke ich, es ist ja auch noch früh, besonders für Brasilianer. 7 Uhr 15, ich sollte erst um 7 Uhr 30 landen. Der kommt noch. Sitzgelegenheiten gibt es keine, also positioniere ich mich günstig neben einer Säule und beobachte eintrudelnde Schildmännchen.

Nach einer Viertelstunde halte ich es nicht mehr aus und gehe los. Einmal zum Geldautomaten. Außer Betrieb. Wieder zurück. Mein Kopf ruckt hin und her. Wie ein Huhn. Rechts. Links. Mitte. Noch immer kein Abholer. Die Handtasche klemmt etwas fester.

7 Uhr 45. Hinter der Absperrung reiben die mittlerweile zahlreichen stoisch blickenden Zettelmenschen ihre Schultern aneinander. Wachsend beunruhigt tue ich so, als wäre ich grad angekommen, und catwalke vor der Schiebetür auf und ab. Es werden gesucht: Firmen, Pärchen, Businesskunden.

Aber nicht ich. Alle schauen mich an, ich werde rot und meine Hände klamm.

8 Uhr. Ich stehe wieder an meiner Säule und versuche, mich in irgendein Wifi einzuloggen. Vergebens. Ich krame in meiner Tasche und fummele mein altes iPhone hervor. Der Screenshot meiner Reservierung zeigt mir eine Telefonnummer. Doch ohne Internet plus Skype oder funktionierende Simkarte ist sie nutzlos. Das iPhone wieder rein, Tasche zu. Und jetzt? Keine Ahnung. Mein Ellenbogen lockert sich.

8 Uhr 15. Ich fluche, umstehende Menschen halten zunehmenden Abstand. Die Handtasche baumelt lose an meinem Arm. Tolle Idee mit diesem Brasilien. Geld für ein Taxi habe ich nicht, der Geldautomat ist kaputt, und mein Portugiesisch beschränkt sich auf vier Sätze: «Ich spreche kein Portugiesisch», «Wie heißt du?», «Der Berimbau ist ein brasilianisches Musikinstrument» und einer arg versauten Sache, die mir hier nicht mal im äußersten Notfall nützen würde. Obwohl.

8 Uhr 30. Ich sitze auf meinem Rucksack und zwinge mich zur Besonnenheit. Ruhig bleiben, atmen. Die Panik hüpft von einer Schulter auf die andere. Mal wieder. Was mache ich denn jetzt? Meine Handtasche steht vor mir auf dem Boden. Irgendwie muss ich hier weg; ich kann ja nicht die zwei Wochen am Flughafen bleiben. Unvermittelt kommt ein älterer Herr mit rahmenloser Brille auf mich zu. Er spricht mich auf Portugiesisch an, und ich kontere mit Satz 1. «Español?» fragt er daraufhin. «Sí!» Er ist eins von den Schildmännchen, wartet auf zwei Franzosen und ich sei ihm aufgefallen, weil ich so verloren herumirre. Scharfe Beobachtungsgabe. Wir machen einen Deal: Mein rudimentäres Schulfranzösisch und ich helfen ihm bei der Kommunikation mit seinen Fahrgästen, er fährt mich bezahlungslos zu meinem Hostel. Zufrieden kehre ich zu meiner Säule zurück und will hier warten, bis seine Gäste ankommen.

Doch ein anderer älterer Herr – weiße Haare, weißes Hemd, auch eine rahmenlose Brille – hat die Szene mitverfolgt. Jetzt kommt er auf mich zu und fragt mich auf Englisch, ob alles okay sei. Er warnt mich vor Rios allgegenwärtigen, zwielichtigen Subjekten wie möglicherweise dem anderen rahmenlos bebrillten älteren Herrn. Ich versichere ihm, es sei alles in schönster Ordnung, aber das reicht ihm nicht. Er ruft für mich im Hostel an, da weiß man von nichts, und beruhigt sich erst, als der andere ältere Herr ihm seinen Ausweis zeigt. Tudo bem. Ich stehe halb verstört, halb belustigt und sehr müde zwischen den beiden brasilianischen Shuttle-Opis und vertraue darauf, dass das hier gutgehen wird.

Minuten später kauere ich mich auf dem Rücksitz eines bis zum Gefrierpunkt runtergekühlten Kias in meinen Schal. Über 24 Stunden ohne Schlaf, meinen Kopf gegen die Scheibe gelehnt, döse ich ein. Die Franzosen und das Schildmännchen (er heißt Artur) brauchen meine Hilfe gar nicht. Sie kommunizieren irgendwie auf Italienisch, Spanisch, Portufranzösenglisch. Wir rauschen über Autobahnen, vorbei an graffitiverziertem Beton und durch lange Tunnel. Steile und dabei komisch knollige Granitberge ragen überall vereinzelt mitten in der Stadt auf; an ihren Hängen hat jemand ganze Kisten mit verschachtelten Spielzeughäuschen ausgeschüttet. Favelas. Im Radio läuft «País Tropical». Meine Lider senken sich. Der unendliche Stau findet nur am nebligen Rand meines Bewusstseins statt. Dass wir die Franzosen am anderen Ende Rios in Barra absetzen, merke ich gar nicht mehr. Logischer wäre es gewesen – doch das erkenne ich erst, als ich länger hier bin –, zuerst mich in Leblon rauszulassen. Wahrscheinlich wollte das Schildmännchen aber seine Erste-Hilfe-Aktion vor den zahlenden Kunden kaschieren. Wer weiß?

Ich werde erst wieder wach, als Artur mich anspricht. Seine Stimme erinnert an Goofy. In dieser Tonlage erzählt er von

Rio. Davon, wie sehr er seine Stadt liebt. Und lädt mich zu sich in sein Ferienhaus ins nahe gelegene Cabo Frio ein. In meinem Reiseführer stand, dass solche Einladungen von brasilianischer Seite nicht ernst zu nehmen seien, also bedanke ich mich höflich und döse weiter. Zumal der Grad meines Interesses noch unterhalb der Innenraum-Temperatur rangiert.

«Ich bin eigentlich schon im Ruhestand, ich müsste gar nicht mehr fahren. Geld habe ich genug. Ich mag einfach nur unter Menschen sein, und ich lade gern Leute in mein Ferienhaus ein, auch jüngere», sagt Artur und lacht goofig. Wie schön für ihn, denke ich. Aber was geht mich Cabo Frio an?

Dann will er die Hausnummer des Hostels wissen, und ich – in Vorfreude darauf, dass die Fahrt bald vorbei sein wird – suche mal wieder in meiner Handtasche nach dem Handy. Wieso es sich immer in der letzte Ecke verstecken muss, man versteht es nicht. Da: Rua Cupertino Durão 56. Als ich mich aufsetze, sehe ich das hellgraugrüne Meer. Und bin augenblicklich wach.

«Kannst du eben anhalten? Ich würde gern ein Foto machen!»

Artur schmunzelt und lässt mich aussteigen. Und dann stehe ich in Leblon auf dem schwarz-weißen Pflaster der Promenade, im Fahrtwind eines halbnackten Skaters. Der Dopaminschauer schwemmt allen Ärger, alle Müdigkeit weg. Keine Ahnung, warum – aber ich weiß: Ich bin in Rio, jetzt ist alles gut.

Stille.

Ich sitze allein an der Hostelbar, eine Dose Guaraná leistet mir Gesellschaft. Wenigstens glänzt sie weihnachtlich rot und grün. Frohes Fest. Die meisten anderen Gäste sind entweder schon wieder feiern oder schlafen noch, keine Ahnung. Gerade habe ich per Skype mit meinen Großeltern telefoniert und dabei das erste Mal Heimweh gespürt. Der Flachbildschirm im Aufenthaltsraum flackert tonlos. Ich glotze einige Sekunden durch ihn hindurch, bis ich merke: Es läuft *Polar Express*. Schlagartig liege ich wieder auf meinem roten Reihenhaussofa.

Es ist Weihnachten 2007. Mein Mann und ich sind nicht mal drei Wochen getrennt, er wohnt jetzt wo auch immer. In einem Anfall von Selbstmitleid habe ich alles gekauft, was in den Einkaufswagen ging – Ananas, Kirschsaft, Schokolade, zwei Packungen Ben&Jerry's, Aufback-Croissants, Kekse, vier Sorten Käse, Gin. Und diese kitschige DVD mit einem Kinderweihnachtsfilm, *Polar Express*. Es geht um einen Jungen, der den Glauben an Weihnachten verloren hat. So wie ich.

Bisher waren die Wochen im Dezember immer meine geheime Lieblingsjahreszeit. Für mich gab es, seit ich sehen kann, keine ergreifendere Farbe als blankes Christbaumkugelrot. Wenn ich könnte, würde ich mich nur von Zimtsternen und Dominosteinen ernähren. Und bis jetzt habe ich, seit mein neunjähriges Ich irgendwo las, dass Tiere in dieser Nacht sprechen können, an Heiligabend mit jedem Haustier das gleiche Gespräch geführt. In der wahnwinzigen Hoffnung auf Antwort. «Wenn du mich verstehst, dann sag jetzt was. Reicht auch nur ganz kurz. Ich verrat's auch keinem, Ehrenwort.»

Ach, Weihnachten. Ein samtiges Gefühl, das vom Herzen aus durch den ganzen Körper schmilzt, bis es in allen Fuß- und Fingerspitzen glimmt. Eine Paralleldimension, in der zwischen Glühwein und Gans ein fester Platz für Freunde und Familie existiert. Eine emotionale Heimat für Dinge, die es gar nicht gibt. Wie den Weihnachtsmann. Sprechende Tiere. Lebenslang während Freundschaft. Oder ewige Liebe.

Mein Mann und ich haben seit 1998 jedes Jahr zusammen einen Baum ausgesucht und geschmückt und uns dabei gegenseitig fast erwürgt. Ich meine, wie schief kann man so ein Ding aufstellen? Aber am Ende lagen wir uns doch zufrieden in den Armen, ich krächzte ihm ein paar Takte der Southpark-Version von «Oh Holy Night» ins Ohr, er lachte mir einen Kuss auf die Wange. Wir wussten, wo wir zu Hause sind, und glaubten an dieses «für immer».

In genau diesem Zuhause schluchze ich 2007 zusammengekrümmt in die Couchkissen, mein Schnodder fließt ungebremst in die roten Ikeabezüge. Ich bin so gottverdammtfucking allein. Meine Katzen schweige ich an. Es gibt in diesem Jahr keinen Tannenbaum. Ich habe kein Zuhause mehr. Ich wollte es so. Aber es zerreißt mich.

Das ist fünf Jahre her. Einen Tannenbaum gibt es auch jetzt nicht. Dafür aber Palmen, Hitze, Caipirinha. Und Medizin, ohne Loperamid könnten mein bestrahlter Darm und ich das gar nicht trinken. Barkeeper Nino träufelt rote Lebensmittelfarbe in mein Glas.

«Es ist immerhin Weihnachten», sagt er und wischt sich das Glöckchen am Zipfel seiner Santa-Mütze aus der Stirn.

«Ich weiß. Siehst du nicht mein Festmahl?», erwidere ich mit Blick auf die fettigen Teiglinge vor mir.

Bei 37 Grad und ohne Familie und Freunde kann man Heiligabend schon mal vergessen. Und die damit verbundenen stark verkürzten Ladenöffnungszeiten. Statt für Gans hat es darum nur für die letzten beiden angeranzten Coxinhas – frittierte Bällchen, gefüllt mit irgendwas – der im Schließen begriffenen Boteca um die Ecke gereicht. Und den rot-grünen Energydrink Guaraná. Ninos französischer Bulldogge scheint mein Dinner for One jedoch zuzusagen; der Hund stupst mit Sabberschnauze unablässig gegen meinen großen Zeh. Nino beugt sich über das MacBook und ändert die Playlist von wummerndem Elektro zu Weihnachtsklassikern wie «I'm Dreaming Of A White Christmas» von Bing Crosby.

«Extra für dich, Jess. Feliz natal.»

Sein Lächeln ist ein warmer Punkt im grünen Thekenlicht. Ich schaue hinunter auf mein Menü. Da ist Essen auf meinem Teller, das mich satt machen wird. Ich habe ein Dach über dem Kopf, für die nächsten Tage zumindest. Ich bin gesund. Ich lebe. Es gibt unbekannte, aber sehr freundliche Menschen um mich herum. Menschen, die mir helfen. Und dann schmilzt es doch wieder bis in meine Fuß- und Fingerspitzen, dieses Weihnachtsgefühl. Von der Terrasse kommt eine rotblonde Britin auf mich zu. An ihren Namen kann ich mich nicht erinnern. «Sorry, ich muss dich jetzt einfach umarmen. Du strahlst grad so von innen heraus. Merry Christmas», sagt sie und legt ihre Ärmchen um mich. Ihre Locken riechen ein bisschen nach Dope. Ich umarme sie zurück und lächle über ihrer nackten Schulter den Kloß in meiner Kehle kaputt. Ich habe doch ein Zuhause. Mich.

Als Nino zum Limettennachschubholen ins Lager geht, richte ich das Wort an seine Bulldogge: «Wenn du mich verstehst, dann sag jetzt was. Ich verrat's auch keinem.»

Der Hund legt den Kopf schräg, sieht mich sabbernd an und schweigt. Wahrscheinlich versteht er kein Deutsch. Meine Coxinhas teile ich trotzdem mit ihm.

Wunder.

So fühlt sich das also an, 36 Grad am 25. Dezember, denke ich und tupfe mir mit einem Papierserviettenzipfel ein Schweißperlchen von der Stirn. Die Klimaanlage läuft aus Energiespargründen im Hostel nur nachts. Sehr vernünftig. Sehr unangenehm. Wir lümmeln auf Sitzsäcken im Aufenthaltsraum und diskutieren die Abendplanung. Das Grüppchen aus einer Peruanerin, einer Australierin, zwei Schweden und einem Kanadier ist sich einig: Let's go to Stevie. Nur die Irakerin aus Paris und ich sind unsicher. Dabei geht die ganze Stadt hin, es existiert seit zwei Tagen kein anderes Thema in Rio. Soul-Ikone Stevie Wonder gibt heute ein Open-Air-Konzert an der Copacabana. Kostenlos. Aber große Veranstaltungen in Rio sind heikel – Lizzie aus Brisbane wurde beim Feiern in Lapa – ein Vergnügungsviertel im Zentrum, das St. Pauli von Rio – ihr Kettchen vom Hals gerissen. Und die Irakerin gestern am Strand mit vorgehaltener Waffe ausgeraubt. An Weihnachten.

«O Gott. Du hattest hoffentlich nichts dabei?» Dass man in Rio nur ein Badetuch bzw. Pareo, seine Flipflops, die hier Havaianas heißen, Bikini oder Badehose, Sonnencreme und etwas Kleingeld ans Meer mitnehmen soll, hat sich selbst bis zu Strandmuffeln wie mir rumgesprochen.

Sie stockt, holt tief Atem und sagt dann: «Mein iPhone.» Pause. «Meine Amex.» Pause. «150 Dollar in bar.»

«Wie bitte? Bist du denn vollkommen bescheuert?!» Meine Lautstärke überrascht mich mehr als sie.

«Ich weiß. Ich weiß! Aber … Ich musste danach noch woandershin und wollte nicht zweimal laufen.»

Ihre Knie zittern fast unmerklich, und ich umarme sie. Passiert ist ihr zum Glück nichts. Den Rest regelt die Versicherung. Hoffentlich.

Wir vertagen die Entscheidung auf später. Der Schwede Mats trägt eine Kakerlake im Glas an uns vorbei auf die Terrasse. «Ich helfe ihr, ein neues Zuhause zu finden. Umzugsservice Schabe», sagt er schmunzelnd und hält dabei behutsam den Flyer unter das Insekt.

«Das macht er ständig», sagt sein Kumpel Christian. «Er ist so ein Sensibelchen. Sogar Mücken kann er nicht totschlagen.» Er kratzt sich demonstrativ vorwurfsvoll am Knöchel.

Ich blicke dem Rettungskommando nach, erinnere mich schaudernd an die Snickers-Kakerlake in Kuba und gehe mir dann den klebrigen Film von der Haut spülen. Unter der Dusche seife ich minutenlang dieselbe Stelle am Bauch ein. Stevie Wonder. Einer der wenigen ganz großen Künstler, die ich schon immer live sehen wollte. Ein Musiker, kein Performer. Und dann auch noch an der Copacabana. Einfach so. Für umme. Andererseits ... das Duschgel rutscht mir aus der Hand und fällt auf meinen Fuß.

Noch dusch- und schon wieder schwitzfeucht liege ich bäuchlings oben auf meinem Etagenbett, klicke auf Bens Facebookprofil herum und höre mich durch meine Soul-Playlist. Ein reines Prokrastinationsmanöver, ich kann mich einfach nicht entscheiden. Als ich seine Fotos angucke, sehe ich einen neuen Namen in der Liste mit seinen engsten Freunden. Irgendein Model aus Berlin. Der Elektroschock in meinem Herzen reißt hinunter bis in den Bauch und schnellt dann als heiße Wut wieder hoch. Immer neue Frauen, immer schönere. Der und sein verletztes Ego, der wird sich nie ändern. Gerade als ich das iPhone in die Bett-Ecke feuern will, shuffelt mir die Musik-App «My Chérie Amour» auf die Ohren. Zufall? Fuck it. Let's go to Stevie.

Und dann stehen wir da, dicht aneinandergedrängt – die Hostelmeute, ich und geschätzt eine Million Menschen aus Rio und der ganzen Welt – am Strand vor dem Copacabana Palace. Nur die Irakerin ist nicht mitgekommen und stattdessen in Ipanema essen gegangen, ich kann sie verstehen. Wir plaudern, lauschen Bossa-Nova-Star Gilberto Gil und warten darauf, dass Stevie Wonder auf die Bühne kommt. Was für ein Weihnachten! Schneeweißer Sand statt Streusand im Schnee, Caipi statt Glühwein. Ich taste nach meinem Bauchgefühl. Alles ruhig. Bisher wirkt das Konzert nicht sonderlich gefährlich. Im Gegenteil: Die Menschen scheinen übermäßig friedlich und verbunden, wahrscheinlich durch die Liebe zur Musik. Möglicherweise, weil Weihnachten ist. Vielleicht aber auch nur, weil es mir gelungen ist, meine rosarote Brille wieder ein bisschen zu polieren.

Unterwegs haben wir in einem Strandkiosk Jeff aufgelesen. Einen zierlichen US-Soldaten, der morgen wieder nach Afghanistan muss. Er vertreibt sich seine letzten Stunden an den Lippen einer üppigen Brasilianerin. So ist das Leben, denke ich und proste ihm ungesehen mit meiner Dose Itaipava-Bier zu. Als Stevie Wonder die Bühne betritt, überspült tosender Applaus den sanften Sound der Brandung. Die Menschen feiern eine Soul-Ikone. Und die gibt eine mitreißende Show, singt Klassiker wie «If You Really Love Me», aber auch Michael Jacksons «The Way You Make Me Feel».

Als er «Chérie Amour» anstimmt, lasse ich den Gedanken an Ben flugs in den Puderzuckersand fallen und stampfe mit meinen Havaianas darauf. Aber ich habe ohnehin nicht viel Zeit für Zorn. Die Peruanerin hakt mich von links, Mats von rechts unter, und wir wiegen uns mit der Menge zu Stevies Musik hin und her. Es ist ein wunderbares Konzert. Auch, wenn die Brasilianer wegen mangelnder Englischkenntnisse nicht jede Interaktion mitmachen können. Aber nonverbal, das geht. Wir schwingen, wir klatschen, wir summen die bekannten Melodien in der lauen Abendluft Rios.

«Ich weiß nicht, wann ich das letzte Mal so glücklich war», flüstere ich. Ich habe den Kopf im Sternenhimmel, die Füße im Sand, das Herz auf der Zunge. Ich bin hier, wirklich hier.

Seitlich schiebt sich jemand an mir vorbei. Jeffs Brasilianerin. Schon fertig mit knutschen?, denke ich süffisant, und dann tastet etwas hauchzart an meiner Hüfte. Ich fasse es nicht – sie versucht, mit ihrer Hand in meine Hosentasche zu gleiten. Sehr subtil. Doch zum Glück ist das brasilianische Bier nicht sonderlich stark. Ich merke ihren Move rechtzeitig und stemme meine Hände so in die Hüften, dass die Taschen dicht sind. Weihnachten, das Fest der Diebe? Keine Chance. Außerdem steckt der Großteil meines Geldes sowieso gut verstaut in meiner knallengen Kompressionshose, da kommt so leicht keiner ran. Für irgendwas muss das dumme Ding ja gut sein.

Das Konzert neigt sich spürbar dem Ende zu. Als letzten Song stimmt Stevie Wonder a cappella «Silent Night» an. Es ist ja Weihnachten. Und Zeit für ein kleines Wunder. Eine Million Menschen, Touristen und Brasilianer, singen gemeinsam. Jeder in seiner Sprache, aber alle mit einer Stimme und aus ganzem Herzen. Ungesehen fällt eine Glücksträne in den Sand.

Strand.

Das darf man wirklich keinem erzählen. Schon tagelang in Rio, und ich war noch nicht einmal am Strand. Immer, wenn mich Mitreisende beim Hostelfrühstück zum Mitkommen bewegen wollen, finde ich eine Ausrede. Zu heiß, was anderes vor, muss noch schreiben. Aber heute werden es über 40 Grad im Schatten, ich habe Christo, Zuckerhut, Sambódromo, die Lapa-Treppen, Ipanema, Copacabana, Santa Teresa gesehen – es gibt also keine Ausrede mehr. Weil alle Partytierchen noch schlafen, bin ich extra früh aufgestanden und schleiche mich davon. Mein Pareo – oder Canga, wie man hier sagt – trage ich um die Hüften geknotet als bodenlangen Rock zu meinem Bikinioberteil. In Copacabana gekaufte Viskose aus Indonesien in den brasilianischen Landesfarben grün und gelb.

Zwei Blocks flipfloppe ich durch Leblon, vorbei an vier- bis sechsstöckigen Apartmenthäusern, die unfreiwillig Retroschick atmen. Und allesamt umzäunt sind. Vor den meisten ist ein meist dunkelhäutiger uniformierter Wachmann postiert und wartet. Auch ich muss warten, denn vor mir rollt gerade ein SUV an tropischen Pflanzenarrangements vorbei in die Einfahrt zu seiner bewachten Garage. Das Leben im Rio der Reichen findet hinter Gittern statt.

Und dann taucht da hinter der großen Straße ein Meer auf. Silbergrün und weit, am Horizont eine Felsformation, die aussieht wie ein Drache. Im Wind liegt Bossa Nova, er umfasst sachte meine Taille und begleitet mich an den Strand. Alles ist ganz leicht auf einmal. Wie ein Tanz.

Man sagt, die Cariocas verbrächten ihr halbes Leben hier am Strand. Aber das stimmt nicht. Es sind mindestens Dreiviertel. Ich kann das nachvollziehen, denn in diesem Mikrokosmos sind alle ein bisschen gleicher als überall sonst in der Stadt. Und hat man sich einmal auf seinem Badetuch oder einem Klappstuhl mit Nylonbespannung niedergelassen, muss man nichts mehr tun. Alles kommt von selbst zu einem. Willkommen am Schlaraffenstrand. Verkäufer preisen lautstark die heißen und kalten Snacks in ihren Styroporboxen an: Sorvete! Matte gelado, delicioso! Italia! Kibon! Biscoitos Globo! Aber man kann nicht nur Getränke und Essen kaufen, sondern auch Ohrringe und Armreifen, Bikinis und Blusen, Portemonnaies und Schlüsselanhänger. Hier gibt es alles für alle.

Der ganze Strand von Leblon bis zur Copacabana ist in unterschiedliche Abschnitte eingeteilt, an denen unterschiedliche Menschen wimmeln. Aber das sind eher soziokulturelle als sozioökonomische Einteilungen. Ich entscheide mich für Posto 11, der liegt unmittelbar vor mir, und suche mir im weihnachtlichen Gewühl ein freies Plätzchen zwischen zweien der vielen Sonnenschirme. Ihr verblasstes Blümchenmuster deutet an, dass sie durchaus aus meiner Kindheit stammen könnten. Von ihren rostigen, dürren Streben hängen Shirts und Shorts zum Trocknen.

Jetzt ist es also so weit. Ich blicke nach rechts und nach

links. Niemand aus dem Hostel. Nur Fremde. Viele Fremde. Es ist okay. Beim Ausatmen löse ich den Knoten in meiner Canga. Zwei Wellen lang halte ich die Zipfel fest. Dann lasse ich den Stoff fallen. Und mich mit.

Wenn man auf dem Bauch liegt, geht's eigentlich. Statt mich gedanklich damit zu beschäftigen, ob man mich wegen meiner Narben anglotzt, glotze ich Leute an. Die Abdrücke vormals getragener Badebekleidung scheinen hier so was wie Abzeichen zu sein – je größer der Kontrast, desto erfolgreicher die Bräunungsarbeit. Sieh her, ich verbringe Zeit am Strand! Männer tragen mehrheitlich enge Speedos, die Frauen allesamt Zahnseidebikinis, auch die über 70-jährigen. Und viele der filigranen Strings verschwinden vollständig zwischen ausladenden Pobacken. Es gibt sehr haarige und komplett haarlose Gestalten mit alabasterweißer, sonnenverbrannter, roter, brauner, tiefschwarzer Haut. Sixpacks und Onepacks, Lovehandles und Thighgaps, ebene, wellige oder faltige Oberflächen, gefärbte, geglättete, lange oder kurze Haare oder Dreadlocks. Am Strand von Rio finden sich mitnichten ausschließlich perfekte Exemplare der Gattung Mensch. Im Gegenteil: Sie kommen in allen Formen, Größen und Farben daher. Wie eine Tüte Haribo. Erhobenen Hauptes, schwingenden Beckens. Warum sich nicht vornehmen, immer ein Fetzchen dieses Strandes in sich zu tragen und mich nirgendwo mehr unschön zu finden?

Lächelnd drehe ich mich um und halte meine Bauchnarbe in die Sonne. Niemand schaut mich an. Bis auf einen Kokosnussverkäufer mit hellblauem Kopftuch. Sein Windzug fegt kühl über meinen Bauch. «Agua de Coco?», fragt er. Ich bejahe, ziehe fünf Reals aus meinem Bikinitop – es interessiert ihn nicht im Mindesten, er hat das schon Tausende Male gesehen –, und er reicht mir eine grüne Kokosnuss mit einem roten Strohhalm im blitzschnell aufgehackten Loch. Während ich ihm nachschaue, wie seine Füße mühsam durch den Sand ackern, die kalte Kokosnuss in beiden Händen, schweift mein Blick nach rechts auf die zwei Brüder. Die Dois Irmãos, bucklige siamesische Bergzwillinge aus Granit, garniert mit Favela-Häuschen. Wenn es einen Gott gäbe, Rio hätte er wohl auf MDMA erschaffen. Und über allem spannt sich ein Himmel wie ein Aquarell aus geschmolzenem Softeis. Herrje – wie kann man denn nur so schön sein?

Das Meer selbst hat einen nicht ganz so pittoresken Ausblick. Es wirft seine Wellen einer Reihe Kastenbauten der sechziger und siebziger Jahre in Grau, Weiß, Beige entgegen. Unterbrochen nur von lichtblauem oder spiegelbraunem Glas, überkront mit bepalmten Dachterrassen. Doch was ich in Hamburg oder überall woanders auf der Welt als architektonische Dissonanz empfände, fügt sich auf seltsam stimmige Weise in die Gesamtsinfonie ein. Schönheit im Hässlichen; die Zauberkraft des rioimmanenten Weichzeichners erstreckt sich auch auf die Gebäude, merke ich. «Alle Dinge fangen an zu leuchten, wenn du sie liebst», so lautete ein arabisches Sprichwort in meinem allerersten Tagebuch. Und Rio leuchtet supernovaesk. Was ich jedoch auch merke: Es sind supernovaeske 44 Grad. Zeit für ein Bad.

Wenn man steht, sieht die Welt ganz anders aus. Besonders mit einer Größe von 1,75 Metern. Ich fühle mich, als hätte ich eine rot blinkende Sirene auf dem Kopf, und mir wird noch ein bisschen heißer. Ist ja nicht so, dass es die Narben gebraucht hätte, damit Leute mich anstarren. Aber jetzt haben sie wenigstens einen Grund. Nun gut. Ins Meer kriechen kann ich nicht. Also straffe ich die Schultern, schaue stur geradeaus auf den Horizont und schreite in Richtung Brandung. So, als hätte ich gar keine Narben. Wenn ich sie nicht sehe, sehen die anderen sie vielleicht auch nicht.

Kaltes Wasser leckt an meinen Zehen, die nächste Welle

umspült schon meine Knie. Die Strömung ist stark und direkt. Der Atlantik hier lädt dich nicht ein, er packt dich und reißt dich mit. Dabei wollte ich nur ein bisschen baden. Nicht in Rio. «Komm rein und gib dich hin oder geh zurück auf dein Tuch», raunt die Gischt. Wir haben etwas gemeinsam, der Ozean und ich. Ich forme meine Arme zu einem Schiffchen und tauche in die Kälte.

Keine Ahnung, wie viel Zeit vergeht, aber die Wellen greifen mich, schleudern mich im Kreis, werfen mich auf den Grund, ziehen mir mehr als einmal mein Oberteil aus, heben mich hoch, peitschen mich, streicheln mich, spülen durch meinen Kopf. Irgendwann ist das Meer fertig mit mir, und ich werde zurück an den Strand gespuckt. Atemlos. Orientierungslos. Salzrotznasig. Und neugeboren.

Als ich zurück zu meiner Canga wanke, ist in meinem Kopf kein Platz mehr für Gedanken. Ich lasse mich fallen und spüre, wie Sandkörner, Meerwasser und irgendwas aus meinen Augen sich in meinem Gesicht mischen. Im Liegen drehe ich den Kopf, damit ich das Ticken meines Pulses im Ohr nicht hören muss. Mit der Hüfte wühle ich eine Kuhle in den Sand, rolle mich zusammen und schlafe ein. Geborgen in Rios Armen.

Ein Schatten weckt mich auf. Da stehen Mats und Christian, die Schweden aus dem Hostel. Mit einem knappen «Hi» lassen sie sich neben mir nieder. Ungefragt. Hektisch setze ich mich auf und wickle mir meine Canga um die Beine. Sand rieselt in mein Bikinihöschen, aber das nehme ich in Kauf. Christian wirft sein Shirt neben uns, steht auf und läuft ins Meer. Mats bleibt sitzen.

«Jess, darf ich dich was fragen? Warum versteckst du deine Beine?»

Damit habe ich nicht gerechnet. Sind die Schweden immer so unverblümt? Statt ihn anzugaffen, klappe ich mit großer Willenskraft meinen Kiefer wieder hoch und antworte:

«Also ... Ich habe da ziemlich fiese Narben.»

«Darf ich mal sehen?»

Gut, du hast es so gewollt. Rio macht mich übermütig. Oder es ist eine Form der Notwehr. Angriff, Verteidigung, egal. Mit einer fließenden Bewegung ziehe ich den Stoff von meinen Unterschenkeln, wie ein Zauberer von der Kiste mit der zersägten Jungfrau.

«Tadaa!»

Ich bange. Und Mats guckt. Dann sagt er: «Ich weiß gar nicht, was du hast. Die sind doch sexy. Du siehst aus wie eine Piratin.»

Einen Moment lang glaube ich, er mache Scherze. Aber sein Blick ruht fest in meinem.

«Woher kommen die Narben denn?»

«Das war so: Ich war surfen, da war dieser Hai und dann ... Nein, Quatsch.» Ein tiefer Atemzug. «Ich war krank, musste operiert werden, und die Narben sind die Folgen einer Komplikation. Lagerungsschaden oder auch: persönliches Pech. Aber hey, ich habe meine Beine noch.» Meine Stimme knickt ab. Mats' Blick ist immer noch ruhig.

«Also nicht, dass du das falsch verstehst, aber: Es sind ganz hervorragende Beine. Echt.»

Ich muss lachen. Das tut so gut. Worte wie Salbe. Christian kommt zurück, ich sitze wieder auf meinem Pareo. Er lässt sich neben mich plumpsen – und sagt nichts. Fast so, als fiele ihm überhaupt nichts auf. Oder als wäre es nicht wichtig.

Als wir später zurückgehen, trage ich das Tuch im Nacken geknotet als kurzes Kleid. Abendliche Sonnenstrahlen pinseln Kreise auf meine Narben.

Wünsche.

Noch zwei Stunden bis Mitternacht. Die winzige Hostelterrasse wimmelt von weißen Gestalten, die sich hauptsächlich um einen nie leer werdenden «Free Bucket of Caipirinha» scharen. Weiß bringt Glück, und darum trägt man das hier zu Silvester. Auch ich trage ein helles Top zu meiner langen Hose. Ein Mädchen aus Manchester nuschelt mir ins Ohr: «Du musst mehr Weißes anziehen, Jess. Sonst hast du im kommenden Jahr kein Glück.»

«Ich habe aber nichts Weißes – außer meinen Hintern.»

Sie kichert. «Meiner ist pink, wie sich das für eine Britin gehört. Aber ich könnte dir einen weißen Rock leihen. Los, komm mit!» Sie stellt ihr fast leeres Glas zu den anderen, nimmt mich an die Hand und zieht mich in unser Zimmer.

Als wir wieder runterkommen, fühle ich mich dissonant und verwundbar. Sieht das nicht grotesk aus – ein zarter, weißer Spitzenrock und fette, Comic-hafte Narben an den Beinen? Wie Rotstift in einem Text, wie Sally aus *Nightmare Before Christmas*. Doch die kleine Hand in meiner gibt mir Halt, und als Mats sagt: «Jetzt siehst du noch mehr aus wie eine Piratenbraut. Wo ist dein Säbel, Jess?», löst sich mein Unbehagen auf wie das Eis in unseren Caipis.

Wir stoßen an, die halbfremden Menschen und ich, die Luft brummt vor lauter Stimmen und der kollektiven Hoffnung auf ein besseres, zumindest aber ein anderes Jahr. Dann brummt es in meiner Hand. Eine Facebook-Nachricht von Ben. Er hat mir wieder ein Foto von sich geschickt. Während ich noch überlege, ob und was ich ihm antworte, signalisiert die Gruppe Aufbruchsbereitschaft. Wir müssen los, sonst kommen wir zu spät. Heute Abend geht es nur zu Fuß an die Copacabana, die große Straße ist gesperrt, und der Marsch dauert bestimmt eine knappe Stunde. Bevor ich mein Handy im abschließbaren Fach deponiere, wünsche ich Ben noch ein frohes neues Jahr. Ich kann ihn einfach nicht hängenlassen.

Nach gut 45 Minuten Fußmarsch in Havaianas sind wir an der Copacabana und meine Zehenzwischenräume wundgescheuert. Ich merke davon wenig. Das liegt aber nicht nur an den Caipirinhas und der Flasche Sekt, die die Peruanerin trägt und uns immer wieder aufnötigt. Sondern an dem Ausmaß meiner Überwältigung. Der ganze, kilometerlange Strand ist übergossen mit weiß gekleideten Menschen. Sie fließen zwischen mehreren Bühnen mit Live-Musik hindurch. Wir lassen uns in den warmen Sand sinken, reden, schauen auf die Sterne und die am Horizont verlaufende Schnur aufgereihter Kreuzfahrtschiffe. Es ist schön, so ein Sommersilvester. Minuten vor Mitternacht stehen nach und nach alle Sitzenden auf und versammeln sich an der Brandung. Der Countdown läuft auf Portugiesisch, wir zählen auf Englisch.

Und dann explodiert der Himmel.

Monumentale Kaskaden von Lichtern und Farben, ihr Zischen und Knallen tanzt auf einem Teppich aus klassischer Musik. Es sprüht flaschengrün aus dem Meer und hellrot aus dem Firmament, goldene Glimmerzungen lecken hinab und treffen pinkfarbene Feuerfontänen. Eine Silberspirale trudelt genau auf meine Nasenspitze zu. Oder? So muss es aussehen, wenn Himmel und Hölle gemeinsame Sache machen.

Irgendwann in diesen fünfzehn Minuten raunt neben mir jemand entrückt: «Alter, das ist ja wie Avatar auf LSD!» Die Auslöser unserer «Ahs» und «Ohs» werden kontinuierlich gesteigert, bis im Gehirn restlos alle Endorphine vergossen sind und über die Grenze des Erträglichen schwappen. Die Welt lacht und weint gleichzeitig, niemand berührt mehr den Boden.

Nach einem letzten, epilepsieauslösenden, aufreizend langen Stakkato ist es vorbei. Der schwarze Himmel hat wieder nur schüchterne Sterne zu bieten. Die Menge jauchzt Applaus, und in der unnatürlichen Stille danach liegen wir uns in den Armen.

«Wenn das mein letztes Silvester gewesen sein soll, dann wäre das okay, besser geht's nicht», murmele ich im Überschwang in irgendein Ohr und beiße mir sofort auf den Zeigefinger. Ähnlich habe ich schon einmal gedacht und ahnte nicht, dass es wirklich so kommen würde. Oder zumindest fast.

Seine Klavierspielerfinger umfassen meine Brust, seine Lippen kitzeln mein Ohr. Meine Hand vergräbt sich in seinem Haar. Er hält meinen Arm fest und ich seinen. Wir berühren uns so sehr, wie zwei Menschen sich berühren können. Innen und außen. Verbunden. Es ist unser letzter richtiger, heiler Sex vor meiner ersten großen Operation.

«Das wird hier grad ein Liebesfick», flüstert er und klingt ein bisschen hilflos. Ich sage nichts. Ich will die Fäden aus Glas, die sich gerade ausstrecken, um uns zu verbinden, nicht mit Worten zerreißen. Dann lässt er los und gibt sich hin. So wie ich. Wir nehmen einander an. «Das ist perfekt, so kann es bleiben. So kann es für immer bleiben», höre ich ihn. In diesem Moment weiß ich, dass es Liebe ist. Unser Staunen hat es mir verraten.

Nach zahllosen Seufzern, gewisperten Namen, Flüchen und Wünschen lösen wir uns, und ich schwebe einen Millimeter über meinem Bett. «Wenn das der letzte Sex in meinem Leben war, dann ist mir das pupsegal. So wunderbar und wunderschön war das!» Ich lache und meine es ernst.

Er ist kurz aufgestanden, kommt zurück, lässt sich neben mich plumpsen und vergräbt seine Nase grunzend in meiner Halsbeuge.

«Du bist süß. Weißt du das? So süß wie ein Poesiealbum, auf jeder Seite Blümchen.»

Ich liebe ihn, diesen Kitschkopf. Genau dafür. Wir halten uns fest, um uns herum der stumme Kammerton a. So gehört das Glück. Den hellroten Blutfleck, den der Krebs aufs Laken getupft hat, ignorieren wir.

Aber das Glück ist noch sterblicher als der Mensch. Und man muss aufpassen, was man sich wünscht. Das habe ich gelernt, daran denke ich jetzt, in den ersten Minuten von 2013, und hoffe, das Universum hat mich diesmal nicht so genau gehört. Für das neue Jahr habe ich nur einen Wunsch: Ich will in Rio bleiben, solange ich kann.

Seitenwechsel.

Ich weiß nicht mehr, wann ich das letzte Mal einen Mann so fest umklammert habe. Ich glaube, es war damals. Meine Arme sind fast taub. Ich kauere auf dem Rücksitz eines klapprigen Mofas, Mototaxi heißt das hier. Die bringen einen in Rios Favelas für zwei Reals den Berg hoch. Der Helm auf meinem Kopf lässt sich nicht schließen, zu groß ist er auch, und er rutscht bei jeder Unebenheit weiter Richtung Nacken. Wir rasen auf regennassem Kopfsteinpflaster die steilen Wege hoch, an Mülltütenhäufchen vorbei, in den engen Kurven berühren meine Knie fast den Boden. Zwischen sich und den Lenker hat der Fahrer meinen inzwischen achtzehn Kilo schweren, unförmigen Rucksack geklemmt. Der Motor quält angestrengt.

Noch eine Erhebung, ich fliege millisekundenlang vom Sitz und lande zum Glück wieder an derselben Stelle. Mein Helm klackt gegen seinen. Ein paar Mal rutschen wir fast aus. Jede Wette, dass Oma so ein Bild vor Augen hatte, als sie sagte: «Mach bloß nichts Gefährliches, Kind! Hörst du?» Ich muss leise lachen. Versucht habe ich es ja, Omi. Aber der Taxifahrer wollte mich nicht hochfahren, hier in die Favela. «Vidigal? Nein. Auf keinen Fall. Ich bringe dich zum Eingang. Aber das war's.» *Close enough.*

Nach drei Wochen caipisonnengetränkten Hochglanz-Rios in Leblon und Ipanema ziehe ich jetzt in eine Favela. Eigentlich wollte ich nur zwei Wochen bleiben und hatte einen Flug nach Salvador da Bahia gebucht. Aber Rio und ich konnten uns nicht trennen. Also bleibe ich, brauche allerdings eine günstigere Unterkunft. Die liegt jetzt gleich nebenan. In Rio sind die Armenviertel nicht tourismusfreundlich an den Stadtrand outgesourct. Sie sind mittendrin. An den Hängen der Berge, die überall in Rio steil aufragen. Sichtbar. Riechbar. Unverdrängbar. Wie es wohl ist, dort auf der andere Seite, habe ich mich jedes Mal gefragt, wenn ich meine sambawunden Füße am Strand von Leblon in die Brandung getunkt und nach rechts auf die Schachtelhäuschen an den Hängen der Dois Irmãos geschaut habe. Brutal? Dreckig? Doch ganz nett? Und was sehen *sie*, wenn sie hierher schauen?

Unser Mototaxi flitzt an einem der vielen kleinen Cafés vorbei; zwei Polizisten essen Pizza, die schusssicheren Westen über die Plastikstuhllehnen geworfen, zwei circa 1,50 Meter lange Maschinengewehre in die Ecke gestellt. Mittags, halb zwei, in Rio. Seit Vidigal im November 2011 in einer gewaltsamen Aktion von Drogendealern befreit und befriedet wurde, ist es ruhig hier. Wie in vielen Favelas, besonders in der Nähe der Zona Sul – dem Ort, wo wohlhabende Cariocas und Touristen die Fußball-WM 2014 und Olympia 2016 ohne Nebenwirkungen wie Gestank und Gefahr genießen wollen. Deshalb bemüht sich die Stadtverwaltung vermehrt um Integration der illegalen Siedlungen, in denen immerhin fast ein Drittel der Bewohner Rios lebt – mit Wasser- und Stromversorgung, Müllabfuhr, Kabelfernsehen und Polizeistationen. Und ich will mitmachen, irgendwas tun, der Zona-Sul-Glamour hat sich zwischen Strand und Samba zerrieben. Als ich meinem brasilianischen Bekannten Lucas von meinen Plänen erzähle, ist er begeistert. Und zugleich unangenehm berührt: «Es ist eine Schande. Nur Ausländer wie du gehen und helfen den Menschen in den Favelas. Wir Cariocas nicht, obwohl wir so dicht dran sind. Ich weiß auch nicht, warum das so ist.»

Aber mal ehrlich: Wer von uns geht schon nach Wilhelmsburg oder Marzahn und tut dort irgendwas Sinnvolles? Eben. Mein erster Schritt in Richtung Favela war Google, und jetzt bin ich offiziell Volunteer bei Project Favela – einer Ein-Mann-Organisation, die mit kleinen Projekten direkt in den besagten Vierteln zusammenarbeitet. Hauptsitz in Rio und nicht in London, New York oder Kansas City. Ich werde dreimal in der Woche mit Kindern in der nahe gelegenen Favela Rocinha tanzen und ihnen dabei hoffentlich ein paar Brocken Englisch beibringen.

«Weißt du, es ist eine Herausforderung, aber es ist auch eine Belohnung. Wenn dir eine kleine Veränderung gelingt, indem du ihnen Selbstvertrauen gibst, sie dazu inspirierst, mehr aus ihrem Leben machen zu wollen als Drogen zu verkaufen oder mit fünfzehn schwanger zu werden, dann ist dir eigentlich nicht nur eine kleine, sondern sogar eine große Veränderung gelungen.»

Scott, das Herz und Hirn von Project Favela, blickte mich bei unserem Treffen hinter dem roten Bierkühler eindringlich an. Seine Worte schlugen in meiner Seele Wurzeln. Ich war sofort dabei.

Der Mototaxi-Fahrer hält an, wir sind da. Er stellt meinen Rucksack vor die Tür einer schäbigen grünen Mauer. Hier soll sich ein brandneues Hostel befinden. Aus einem der vielen Fenster guckt mich eine alte Dame an, aus einem anderen Fenster dröhnt der treibende Beat von Favela-Funk. Sieht nicht so aus, als gäbe es hier ein Hostel. Ratlos bleibe ich im

Regen zurück und blicke dem davonrasenden Mototaxi-Fahrer wehmütig hinterher. Ich konnte mich so gut an ihm festhalten. Da stehe ich also allein in einer Favela und habe mal wieder keine Ahnung, was ich tun soll.

Bis kurz darauf Bruno den Berg hochkommt und mich mit Namen begrüßt. Scott hatte ihm gesagt, dass ich komme. Bruno ist Hostelbesitzer, Familienvater, Favelado. Jünger als ich. Er spricht ein bisschen Englisch, ich inzwischen Bruchstückchen Portugiesisch, wir beide gestikulieren gern, und so kommunizieren wir miteinander. Er schließt die Tür auf und schleppt meinen fetten Rucksack über seinem Kopf durch einen mit Bauschutt zugemüllten Hinterhof, eine Treppe ohne Geländer hinab, eine andere hinauf. Und dann stehen wir in einem beinahe eleganten, wohnzimmerartigen Aufenthaltsraum. Farbige Wände, weiße Bodenfliesen, Sitzecke in Bordeaux, Flatscreen-Fernseher und eine offene Einbauküche.

Hinter einem kleinen mahagonifarbenen Schreibtisch, der improvisierten Rezeption, sitzt ein fünfzehnjähriges Mädchen mit Dutt am Computer. Nicht schwanger.

«Hi, ich bin Victoria. Willkommen im Vidigalhouse.» Sie begrüßt mich in fließendem Englisch. Victoria wäre wohl überall auf der Welt ein außergewöhnlicher Teenager, aber hier ist sie mit ihren Sprachkenntnissen fast eine Exotin. Während sie und Bruno mich ins Hostelzimmer bringen (eine weitere Treppe hoch; in den Favelas kann man nur nach oben bauen), frage ich sie, wie sie so unglaublich gut Englisch gelernt hat. Ihre Antwort löst bei mir einen kleinen Hustenanfall aus: «Justin Bieber. Ich bin ein riesengroßer Fan, und so habe ich die Sprache gelernt.»

Dass sie und ihr staubtrockener Humor einen Witz gemacht haben, verstehe ich erst, als ich sie besser kenne. Dann stehe ich in einem Sechs-Quadratmeter-Zimmer, in das Bruno und seine Frau Fernanda drei Hochbetten für je drei Personen gezwängt haben. Eines ihrer zwei Hostelzimmer. U-Boot-Matrosen würden finden, dass dieser Raum etwas eng ist, denke ich. Aber für einen Monat wird es gehen. Ich nehme das oberste Bett.

Nachdem ich meine Matratze knapp unter den leuchtenden Klebesternen an der Decke von der Leiter aus bezogen habe, gehe ich auf Erkundungstour. Eine scharfkantige Treppe ohne Geländer führt auf eine Dachterrasse. Die Aussicht streicht über meine Netzhaut und macht mich atemlos. Rechts sehe ich die bunten, aufgestapelten Häuschen Vidigals den Hang hochkriechen; vor mir umarmen sich Meer und Horizont. Von unten schweben die entfernten Klänge von Orixá-Trommeln den Berg hinauf. Und links sehe ich Ipanema. Hohe Häuser, ein sanft gebogener Strand, viele Sonnenschirme und weißer Wellenschaum. Ganz hübsch, aber durchaus ein bisschen flach sieht es also aus – hier, von der anderen Seite.

Favela.

Frauen, die auf Sushi starren. Also eine. Nämlich ich. «Möchtest du auch was?», fragt mich Mode-Redakteurin Maria, während sie mit ihren ästchenzarten Armen Maki, Nigiri, Sashimi und Tempura auf ihren Teller häuft. Der kleine Knick in meiner Matrix: Wir befinden uns nicht in einem von Rios stylishen Japanrestaurants, sondern in einer Favela. Einem sogenannten Elendsviertel – zumindest war das meine bisherige Definition. Und auf dem glänzenden Wohnzimmertischchen unseres Hostels türmt sich das zum Abendessen bestellte Sushi. Ich weiß nicht, was ich erwartet habe. Wahrscheinlich Hühnchen – selbst erschossen, daher als Frikassee –, eventuell mal wieder mit Bohnen und Reis. Am ehesten aber gar nichts. Als Beilage zum Luxusfood servieren wir Gäste uns unsere

Geschichten. Maria ist mit 26 Jahren für sämtliche Beilagen eines internationalen Modemagazins hierzulande verantwortlich und so ausgebrannt, dass sie «mit diesen Modeleuten kein einziges Wort mehr» sprechen will.

«Ich liebe meinen Job, aber ich kann diese Menschen gerade nicht mehr ertragen. Keine Sekunde. So oberflächlich, es macht mich aggressiv!»

Ihre sonst tiefe Stimme klirrt. Davon, dass ihr Freund sie mit ihrer Assistentin und besten Freundin betrogen hat, spricht sie erst später. Sie tanzt hier mit Straßenkindern Ballett. Sie schläft viel. Sie isst viel. Sie heilt. Hier, in der Favela.

Ich erzähle knapp von Scheidung, stressigen Medienjobs, entfremdeten Freunden und Krebs und einem abgekämpften Herzen voller Liebe, das noch und nicht mehr weiß, wo es hingehört. Tom, der kettenrauchenden Londoner Investmentbanker-Headhunter (oder «Bankster-Scout» wie ich ihn nenne), hat mit Mitte 30 ähnliche Probleme.

«Ich habe gearbeitet wie ein Besessener, ich habe unanständig viel Geld verdient, aber ich habe mich die ganze Zeit schlecht gefühlt. Seelisch und gesundheitlich.»

Dann zerbrach seine Beziehung und er beinahe mit. Sein abbezahltes Haus in Greenwich hat er untervermietet und ist abgehauen. Auf Sinnsafari. Ob und wann er zurückgeht, weiß er noch nicht. Jetzt trägt er statt Anzug ärmellose Martial-Art-Shirts, Shorts und Flipflops, unterrichtet Kinder in Rocinha in Englisch und überlegt, sich die ägyptische Hieroglyphe für «Leben» tätowieren zu lassen. Bei einem Tätowierer in einer Favela.

Denn hier gibt es alles: Sushi, Supermärkte, in denen man mit Master- und Visacard zahlen kann, Geldautomaten, Apotheken, Klamottenshops mit fragwürdigem Angebot, Autowerkstätten, Spas, Restaurants, Bars, Clubs, Cafés. Ganz normale Leute (mehr oder weniger) führen am Hang eines der vielen Berge Rios ein ganz normales Leben (so gut es eben geht). Wie Fernanda und Bruno, die Hostelbetreiber mit ihrer kleinen Tochter. Unter der Kontrolle der Drogendealer hätten sie das Vidigalhouse nicht eröffnet.

Fernanda erzählt: «Wenn wir damals ein Problem hatten, mussten wir zu den Dealern gehen. Ich finde es hier viel sicherer als früher.»

Daniela, eine Ex-Klatschjournalistin, Bloggerin und Aktivistin, ist da ganz anderer Meinung. «Die Polizisten sind korrupt und schlimmer als die Dealer.»

Sie ist vor zwei Jahren von São Paulo nach Vidigal gezogen. Nun wohnt sie für zwei Wochen bei Bruno und Fernanda im Hostel, weil ihr Haus renoviert wird. Sie kann nicht aufhören zu schimpfen – über die UPP (Unidade de Polícia Pacificadora), aber vor allem über die schleichende Gentrifizierung Vidigals – und rattert dabei selbst wie ein Maschinengewehr: «Seit die Polizei hier ist, gilt es als sicher. Weil es angeblich sicher ist, wird es teurer. Die Armen können sich das Leben hier nicht mehr leisten. Sie müssen weg. In andere Favelas. Sie sollen aus Vidigal vertrieben werden. Damit Luxushotels und teure Häuser gebaut werden können. Das hier ist Krieg. Ein Wirtschaftskrieg.»

Das klingt alles irgendwie vertraut. Wir könnten auch über das Hamburger Schanzenviertel sprechen, merke ich. Oder über Brooklyn. Aber die Lage ist in der Tat phantastisch: Keine fünf Autominuten von Rios exklusiver Zona Sul und dem noblen Barra entfernt, mit Premium-Aussicht auf Ipanema. Vidigal – ein Sahnestück.

Beim Nachtisch diskutieren wir auf Englisch und Portugiesisch und mit großen Gesten über Gentrifizierung, Teilhabe an der Gesellschaft und dass man dafür einen Preis zahlen muss – zum Beispiel für legal gelieferten Strom, Müllabfuhr, Kabelfernsehen. Daniela meint, dass die Drogendealer die verlässlichere Verwaltung waren. Ich halte dagegen, dass niemand über dem Gesetz stehen darf und Dealer willkürlich Gewalt einsetzen. Als Antwort zeigt mir Daniela ein Video von einem grauzonigen Polizeieinsatz in Vidigal, bei dem sie verletzt und verhaftet wurde. Die Polizisten wollten offenbar eine Art Gemeindezentrum annektieren, um dort einen Stützpunkt zu errichten. Laut Daniela nicht nur unter Protest der Anwohner, sondern angeblich auch ohne das Wissen der Administration. Ihre Handtasche, die bei dem Einsatz runterfiel, verschwand noch in derselben Sekunde. Mitsamt Handy. Übrigens das siebte, das ihr weggenommen wurde.

«Beim zehnten mache ich Schluss mit Handys», sagt sie grimmig. «Rio kann ein grausamer Ort sein.»

Und ich bleibe bei der Frage hängen, worin genau sich ungeschriebenes von geschriebenem Gesetz unterscheidet. Vor allem, wenn die Ausführung des letzteren eher willkürlich stattfindet. Ganz weg sind die Dealer natürlich nicht aus den befriedeten Favelas, sie tanzen nur nicht mehr mit ihren Knarren auf den Straßen und bieten Drogen offen als Buffet an.

Einmal sehe ich einen von ihnen. Glaube ich. Ein Junge um die neunzehn, Dreadlocks auf dem Kopf und quer auf seinem nackten Oberkörper eine große, wulstige Narbe. Er trägt sie freimütig und mit breiter Brust. Sie wirkt wie roher Schmuck, ein fleischliches Insigne des Überlebens. Wie meine Narben auch, aber aus ganz anderen Gründen. Warum zeige ich sie eigentlich noch immer ungern? Der Mannjunge steht mit dem Rücken zu mir an der Theke des Cafés, vor der Tür parkt sein schwarzer Jeep, den er schätzungsweise nicht mit Derivatehandel erworben hat. Das Auto ist nicht abgeschlossen. Er ist sicher, dass niemand seinen Wagen stiehlt. Ich bin es auch. Aus dem offenen Beifahrerfenster dröhnen nicht etwa Funk oder Gangsterrap, sondern schwülstige Balladen –

Céline Dion, Whitney Houston. Voll aufgedreht. Angeben und Posen hat er nicht mehr nötig. Als seine Frau mit zwei Kindern reinkommt, öffnet sich sein Blick; er streicht den Kleinen zur Begrüßung zärtlich übers Haar. Mit denselben Händen, mit denen er möglicherweise Leben genommen hat. Sehr wahrscheinlich sogar. Mir ist diese emotionale Kluft zu tief; ich kippe den letzten Schluck Guaraná herunter und atme durch. Ich kremple meine Hose hoch und gehe mit meinen Narbenbeinen den Berg, den Morro, nach oben. Hier gelten sie was, meine Narben.

«Die Kids in den von Dealern kontrollierten Favelas hatten bisher kaum eine andere Chance, wenn sie ihre Familie ernähren wollten. Sie mussten quasi ins selbe Geschäft einsteigen. Es war der einzige Weg. Die Gegend stigmatisiert. Die, die heute erwachsen werden – die haben ganz andere Möglichkeiten», meinte Tom. Aber ist das wirklich so? Während ich den aufgeworfenen Asphalt hochstapfe – über selbst gegossene Auffahrten, vorbei an müllplündernden Straßenkatzen, vereinzelten Hundehaufen –, denke ich darüber nach, dass die Welt noch immer nicht schwarz oder weiß ist und es nie sein wird und dass mich das leider ganz manchmal überfordert.

«Tudo bem?» Die Pizzeriabesitzerin winkt mir zu. Dabei lebe ich erst seit einigen Tagen hier. Aber ich fühle mich zu Hause in Vidigal, sicher. Und das liegt nicht an Polizisten, die von schießwütigen Dealerkillern zu so etwas wie Sozialarbeitern in schusssicheren Westen geworden sein sollen. Nein, es liegt an diesem Ort selbst. Mit dem malerischen Ausblick von fast überall, mit den kleinen Lädchen, den bunten Häusern und den sich verschwenderisch über die Mauern werfende Bougainvilleen. Favela ist nicht gleich Favela, schon der Unterschied zwischen Vidigal und Rocinha nebenan ist enorm.

«Vidigal ist viel sauberer, es ist mehr wie ein großes Dorf», erklärte mir Victoria.

Aus der Pizzeria schleicht mir eine Duftwolke nach. Es riecht nach irgendwas mit Käse und Oregano und überhaupt nicht nach Dreck. Aber nicht nur diesbezüglich ist Vidigal gemäßigt. Mein Magen fängt an zu knurren – Hunger. Ich denke, ich bestelle heute wieder Sushi.

Pech.

Cabo Frio? Ich war nie in Cabo Frio. Ich erinnere mich an meine Ankunft in Rio, meinen Fahrer Artur und seine Einladung. Die ich ausgeschlagen habe. Und doch steht in der Übersicht meines Online-Bankings, dass jemand dort umgerechnet 500 Euro von meinem Konto abgehoben hat. Es dauert exakt drei Sekunden, bis mir klar wird: Irgendein Arschloch hat meine Kreditkarte geskimmt. Übelkeit spritzt durch alle Adern.

«FUCK! Fuckfuckfuck!»

«Was ist los?» Victoria schaut mit großen Augen unter ihrem Dutt hervor.

«Jemand hat meine Kreditkartendaten und meine PIN ausgelesen und mein Konto abgeräumt», sage ich tonlos.

«Oh nein, Jess! Scheiße. Das ist ätzend. Das passiert hier andauernd. Bruno schon dreimal – allein im vergangenen Jahr.»

Fragen rattern durch mein Bewusstsein. Was mache ich bloß? Wie soll ich das Hostel und mein Essen und überhaupt alles bezahlen ohne Karte? Wie und wo sind die an meine Daten gekommen? Und wann? Wieso habe ich meine EC-Karte zu Hause gelassen? Und jetzt? Überwältigende Panik kommt auf. Aber ich bezwinge sie. Und handle. Im abschließbaren Fach lagert mein laminiertes Notfallkärtchen mit den wichtigsten Nummern und Angaben. Per Skype rufe ich die Hotline an und lasse meine Karte sperren. Schritt eins. Die Frau mit dem bayerischen Dialekt am anderen Ende der Leitung sagt, ich könne eine neue Karte beantragen und nach Rio schicken lassen. Das würde so ungefähr sechs Wochen dauern. Ich verschlucke ein irres Kichern und unterbinde gewaltsam den wohlbekannten Impuls, mir in die Hose machen zu müssen. Wovon ich so lange leben soll, kann mir die Frau am anderen Ende leider auch nicht sagen.

Okay. Ich habe noch Reiseschecks, damit komme ich bei sparsamer Lebensweise vielleicht zwei Wochen aus.

Ob ich vielleicht noch eine andere Kreditkarte habe, will die Stimme aus Bayern wissen. Habe ich – aber ohne PIN.

Damit könnte ich theoretisch trotzdem Geld abheben, sagt die Bayerin. Bei einer großen Bank, auf jeden Fall.

«Machen's sich keine Sorgen. Alles wird scho' gut werden.»

Jetzt entlädt sich mein irres Kichern doch. Ich lege auf.

Fürs Erste bietet mir Maria Geld an. Gegen meinen Willen.

«Glaub mir, ich habe mehr als genug. Hier, nimm. Bitte.» Sie ist der einzige Mensch, den ich kenne, bei dem das irritierenderweise gar nicht versnobt, sondern fast traurig klingt.

Aber das ist natürlich keine Dauerlösung. Ich kann Maria schwerlich die nächsten dreieinhalb Monate auf meine Reise mitnehmen. Und während sie mir nachdrücklich brasilianische Geldscheine in die Hand blättert, tobt eine Frage durch meinen Kopf: Muss ich nach Hause? Ist meine Reise hier schon zu Ende?

Mit nassem Gesicht gehe ich später durch eine Wand aus Regen. Seit Stunden. Ich bin zu Fuß von der Citibank-Filiale am Anfang von Leblon bis zur Copacabana gegangen, und keine verdammte Bank in Rio gibt mir Bares. Dabei hatte ich extra vorher beim Kreditkarten-Unternehmen meiner Ersatzkarte angerufen, und man hatte mir dort glaubhaft versichert:

«Wenn Sie Ihren Pass und Ihre Karte vorlegen, dann bekommen Sie in jeder größeren Bank Geld.» Cash Advance heißt das wohl. Gilt nur leider offenbar nicht für Brasilien. Citibank bedauert und macht das ausschließlich für Kunden, Banco do Brasil ausschließlich für Brasilianer, HSBC und Santander ausschließlich überhaupt nicht. Und so weiter. Meine Reisechecks kann oder will auch keiner einlösen. Aus Gründen. Selbst gegen herzerweichendes Schluchzen und Wutanfälle meinerseits zeigt sich der Typus Bank-und-Behörden-Brasilianer immun. Mit meinen letzten 2,50 nehme ich den Minibus zurück nach Vidigal. Meine Finger krallen sich in das rissige Kunstleder der Kopflehne, während der Fahrer die Avenida Niemeyer hochbrettert. Ich brauche einen Plan B. Und zwar schnell.

Apathisch den Nebel über dem Meer fixierend hocke ich schließlich auf der Dachterrasse und fühle meine Gedanken immer langsamer kreisen. Regenwolken haben den Berg eingewickelt. Hinter mir beginnt Victoria, mit ihrem kleinen Strohbesen geräuschvoll die Fliesen zu fegen.

«Hey, Jess. Was ist los?»

«Ich bekomme kein Geld.» Meine Stimme klingt trüb.

«Was? Auch nicht bei der Citibank?»

«Nirgendwo.»

«Und was machst du jetzt?» Victoria lässt das Fegen sein.

«Ich weiß es nicht.» Ich sehe sie nicht einmal an, meine Augen bleiben auf das Meer hinter dem Nebel gerichtet.

«Kann dir niemand was leihen und schicken? Deine Familie oder so? Ich würde dir sofort was leihen. Hab aber nichts.»

Der Anflug eines gerührten Lächelns zieht an meinem Gesicht vorbei.

«Ich weiß, Muffin, ich weiß. Ich habe mir auch schon von Menschen Geld geliehen. Aber auf meinem Konto nützt es mir nichts, da komme ich nicht ran. Es fühlt sich halt ein bisschen so an, als hätte ich versagt, mit der Planung und dem Geld und allem.»

«Hör auf damit, Jess. Das hast du nicht. Es ist doch nicht deine Schuld. Kannst du dir nicht was von deiner Bank besorgen, so wie einen Kredit, und die schicken dir das irgendwie?»

«Netter Versuch. Aber ich habe ja derzeit keine Arbeit und bin außerdem grad in Brasilien – die geben mir gar nichts.» Wir verstummen. Bis ich das ausspreche, was ich nicht aussprechen will: «Wenn ich nicht bald an eine Karte und an Bargeld komme, muss ich nach Hause.»

«Nein! Du …»

Fernandas Stimme kommt von unten, sie ruft nach ihrer kleinen Schwester.

«Orrr! Was will die denn jetzt? Ich muss mal eben zu Fernanda. Aber wir reden nachher weiter, okay?» Bevor sie mit ihrem Besen die Treppe hinunterhuscht, setzt Victoria einen Kuss auf meinen feuchten Dutt.

Ich richte mich Körperteil für Körperteil auf und versuche, mich und meine durchgeregneten Sachen zu trocknen. Doch das ist so schwierig in dieser Suppenluft. Der Nebel kriecht in jede Ritze. Ich will nicht nach Hause, ich bin noch nicht fertig mit meiner Reise. Ich bin noch nicht fertig mit mir. Mehr kann ich nicht denken. Herz, Hirn und Augen sind träge. Und schwer. Unendlich schwer.

Als ich wieder zu mir komme, telefoniere ich mit Ben. Keine Ahnung, wann und wie ich ihn angerufen habe. Es ist das erste Mal seit Ewigkeiten, dass ich seine Stimme höre. Sie klingt fremd und vertraut gleichermaßen und etwas heller, als ich sie in Erinnerung habe. Ich erzähle ihm von Rio, dem Glück und der Schönheit und auch von meinem Problem. Ohne zu zögern bietet er mir Geld an.

«Nein, nicht von dir. Das geht nicht. Auf gar keinen Fall.»

«Jessi, nimm es an. Ich habe es grad über, wir sind so was wie Freunde oder Familie, und da hilft man sich.»

Er will es mir per Western Union schicken und auch die neu ausgestellte Geheimnummer für meine bislang PIN-lose Ersatzkarte als Vertrauensperson in Empfang nehmen. Und sie mir verraten, wenn sie da ist. Mitten in Rios Regenkälte wärme ich mich an der Restverbundenheit zwischen uns. Bis er anfängt, von seiner Ex und einer ihrer Gemeinheiten zu sprechen. Etwas sehr Kleines und sehr Entscheidendes in mir zerspringt.

«Immer noch? Ernsthaft? Ben, solange du nicht akzeptierst, dass sie manchmal ein Miststück und außerdem mit jemand anderem glücklich ist, wirst DU niemals glücklich werden. Nie. Begreif das doch!» Meine Worte peitschenknallen sogar in meinen eigenen Ohren.

Er schweigt erst, wir grummeln noch ein paar Sätze, und dann verabschiedet er sich knapp. Ich habe das Konstrukt zerbrochen und die unausgesprochene Vereinbarung aufgekündigt. Es tut mir weh. Sehr. Es tut mir leid. Aber es geht so nicht mehr. Das Geld schickt er mir trotzdem sofort. Die PIN ein paar Tage später auch. Wir sind freundlich zueinander. Aber irgendwas ist anders.

Kinder.

«Wieso spricht die kein Portugiesisch?» Der 10-Jährige mit dem Fake-Brilli im Ohr verschränkte die Arme und glotzte zur Betreuerin neben mir. «Die», das war ich, und ich spreche in der Tat kaum Portugiesisch, wohl aber Spanisch, und ich hatte gerade genug verstanden, um einen Anflug inneren Trotzes zu spüren. Pass mal auf, du kleine Ratte, «die» ist zäh!

Vor mir hatten sich gut 20 hyperaktive Kinder versammelt. Die jüngste, Milleny, trug Windeln und Schnuller und sonst nichts; die beiden ältesten, Stefanie und Vitor, waren beide dreizehn und knutschten. Und die wollten alle von mir bespaßt werden. Oder sich weiter kloppen wie die frontzahnlosen Zwillinge Samuel und Ismael hinten links. Zäh, so dämmerte mir, würde hier nicht reichen.

Mein Gutmenschentum, das mich so rechtschaffenheitstrunken hierher geführt hatte, war offenbar gerade Kuchen essen. Ich stand verunsichert im Centro Comunidade, oben in Rocinha – der gigantischsten Favela in Rio mit geschätzt 200 000 bis 300 000 Einwohnern, so genau weiß das niemand –, wo ich in einer Rumpelkammer zwischen zerfledderten Bilderbüchern und einäugigen Puppen auf staubigen Jiu-Jitsu-Matten mit Kindern tanzen soll. Dreimal pro Woche. Die, die sich nicht traten und boxten, starrten mich an. Ich starrte zurück und konnte nichts sagen. Mhm. Lief super.

Natürlich hatte ich mir vorher Gedanken über meine Aufgabe als Freiwillige gemacht. Und konstatiert, dass mich rein gar nichts darauf vorbereiten können würde. Deshalb war ich ohne Plan 30 Minuten in Rios Hitze die Estrichgassen Rocinhas hochgestiegen. Immer am dampfenden Kanal aus Scheiße entlang. Vorbei an dauerhaft improvisierten Shops mit Verkaufstheken aus Bierkästen. An Gemischtwarenlädchen mit ungekühlter, fliegenbeschwarmter Fleischauslage, Beautysalons hinter Plastikblumengirlanden und schäbigen Kneipen. Hindurch unter dicken Stromkabelwürsten, die hier fast bis auf Kopfhöhe herunterhängen und ob ihres Umfangs das wenige Tageslicht schlucken. Ein Slalom vorbei an Hundekacke, willkürlich aus dem Boden ragenden Abwasserrohren, benutzten Slipeinlagen, Plastikbechern, Straßenkatzen und hin und wieder shirtlosen Typen, die schwitzend Kühlschränke, Matratzen oder Säcke mit Eis auf ihren Rücken durch die engen Gänge schleppen. Irgendwas tropft in Rocinha immer von oben, auch wenn es nicht regnet. Und über allem liegt der Gestank von Müll; von Feuchtigkeit, Fäkalien und Feuer.

Nun stand ich also hier oben und hörte mich in gebrochenem Portugiesisch sagen: «Ich spreche kein Portugiesisch, weil ich aus Deutschland bin. Und da sprechen die Leute Deutsch. Sprichst du Deutsch? Nein? Englisch? Eben. Wir müssen uns in der Mitte treffen, wenn wir miteinander reden wollen. Dazu brauche ich eure Hilfe. Geht das klar?»

Ein Mädchen aus der zweiten Reihe, löchriges Hello-Kitty-Shirt, sie war vielleicht acht, schob sich nach vorn, nahm meine Hand und flüsterte: «Ich will ganz schnell Englisch lernen, damit ich mit dir sprechen kann.» Und mir war klar, dass das hier exakt richtig war.

Einen Monat ist das her. Inzwischen springen mir Kamilly, Milleny, Antonio und die anderen quietschend auf den Arm, wenn ich ankomme. Die Älteren begrüßen mich mit Küsschen. Sie alle nennen mich «Teacher». Unkonzentriert und ungezähmt sind sie noch immer. Wenn sie sich langweilen, jagen sie sich. Aber es gibt zwischen den illegal aufeinandergestapelten Häuschen keine Spielplätze – wo sollen sie also sonst hin mit ihrem Bewegungsdrang? Mittlerweile beherrschen alle die Choreographie, die ich mir für sie ausgedacht habe – drüben, auf unserer Hostelterrasse in der gepflegteren Nachbarfavela Vidigal. Herzklopfen hatte ich, als ich sie ihnen das erste Mal zeigte. Was, wenn sie sie scheiße finden? Aber sie fanden sie «legal», brasilianisch für toll, und haben hart geübt; die Jungs noch engagierter als die Mädchen. Als alle das erste Mal gemeinsam tanzten, jubelten sie hinterher. Mit mir.

Heute ist mein vorletztes Mal in Rocinha, und obwohl ich weiß, dass ich nach den zwei Stunden wieder verschwitzt, verdreckt und völlig fertig ins Hostel krauchen werde, bin ich wehmütig. Wir haben nicht nur zusammen getanzt, wir haben getobt, gelacht, gespielt, geknuddelt. Gesungen und gerappt. Fanboy Matteus was von Jay-Z und ich im Gegenzug Fettes Brot, unterlegt von nicht enden wollendem Kinderlachen, weil Deutsch für sie so ulkig klingt und ich ein lausiger Rapper bin. Aber ein guter Kasper, der sorglose Minuten verschenkt. Und sie dabei selbst gewinnt. Nächste Woche gibt es eine richtige Abschiedsparty. Ein Churrasco, bei dem alle, die fast nichts haben, das Wenige miteinander und mit mir teilen.

Die Stunden für heute sind um, ich muss gehen. Wir stehen im Kreis, als sie unabsichtlich eine Wunde aufreißen.

«Hast du Kinder, Teacher?», fragt Vitor.

«Nein», sage ich.

«Willst du welche?»

«Ich kann nicht.»

«Wieso nicht?»

Statt einer Antwort hebe ich mein Shirt und zeige die Narbe, die quer über meinen Bauch geht.

Sie schauen mich an. Die Narbe. Wieder mich.

«Was ist passiert?», fragt Leticia und legt ihre kleine Hand in meine.

«Krebs», sage ich.

«Krebs?»

«Ja.»

Sie umarmt mich. Und dann umarmt mich auch Vitor. Und Matteus. Und Marcel. Und Stefanie. Und Kamilly. Alle. Wir sind ein Menschenknäuel mit mir in der Mitte. Eine Minute, gefühlt wie ein Jahr. Selten habe ich so gekämpft, um meine Tränen zu schlucken. Ich gewinne. Knapp.

Diesen namenlosen Schmerz hatte ich am Montag, den 28. 02. 2011 gegen sieben Uhr morgens in den Klinikschrank gehängt, im Tausch gegen das hinten offene OP-Hemd mit Streublümchenmuster, und die Tür anschließend fest verschlossen. Dachte ich.

Als hätte er meine Gedanken gespürt, löst sich Gustavo, der mit dem Fake-Brilli im Ohr, als Erster und formt mit seinen Händen ein Herz. In diesem Moment leuchtet in meiner Seele ein deutliches Wissen auf: Ich kann keine biologischen Kinder mehr bekommen, aber ich kann Herzenskinder haben. So viele, wie ich will. Und um das zu verstehen, braucht man gar kein Portugiesisch.

Rhythmus.

«Beijam! Beijam! Beijam!» Die Menge um uns johlt im Takt. Der Mann im Minnie-Mouse-Kostüm hält mein Handgelenk, führt meine Finger an seine nackte Sportlerbrust und sieht mich flehend an. Zungenküssen soll ich ihn, sonst schmerzt sein Herz. Oh, ja. Ich kenne das Spiel, ich spiele nicht zum ersten Mal mit. Aber er ist nicht mein Typ. «Beijam! Beijam!» Meine Begleiterinnen sind Antarctica-Dosenbier holen, von ihnen ist keine Hilfe zu erwarten. Ich hauche dem Mäuserich ein Alibi-Küsschen auf die Wange – Gruppendruck ist mir egal – und winde mich geübt aus seinem Klammergriff. Buh-Rufe und sein gespielt-gequältes «Liiinda, por queee?» klingen mir nach, als mich die Masse wieder absorbiert. In weniger als zwei Minuten küsst er eine andere. Karneval in Rio.

Wir, ein paar Mädchen aus dem Hostel und ich, sind auf einem Bloco an der Promenade Ipanemas, einem gigantischen Straßenfest um stundenlang spielende, sich langsam fortbewegende Sambatrommler, die Bateria, herum. Die Männer hier sind entweder oben ohne oder in Frauenklamotten, am liebsten aber beides. Nur Touristen tragen Oberbekleidung. Die Frauen hingegen sind Nonnen, Bräute, Engel, Schmetterlinge. Kostüme von Lojas Americanas oder aus dem Billig-Shopping-Labyrinth im Centro.

Ich zwänge mich durch Knäuel schweiß- und bierbenetzter Sixpacks hindurch. Auf dem karnevalsstrapazierten Strand und der sechsspurigen, komplett gesperrten Avenida Vieira Souto ist gerade genug Platz für die Millionen von Berauschten, die sich im 32 Grad feuchtwarmen Rio bewusst die Vernunft wegtrinken, -singen, -tanzen, -knutschen und die mit Jecken so viel gemeinsam haben wie Gisèle Bündchen mit Carolin Kebekus. Dieser Wahnsinn startet hier im Grunde schon zwei Wochen vor Rosenmontag. Überall Straßenfeste, und wir mittendrin, im vollkommenen, kräftezehrenden Partymodus. Im Grunde ernähren wir uns seitdem bloß noch von Bier, Ei und Pão de Queijo. Und Küssen, unzähligen Küssen. Gut für desolate Finanzen und derangierte Herzen, nicht ganz so gut für Immunsystem, Vitaminhaushalt und Leber.

Wir treffen uns bei der pausierenden Bateria wieder, hier ist mehr Luft zum Atmen. Gegenüber stiert ein Typ im Hawaii-röckchen ins Nichts, Augenblicke später kotzt er ausdrucks-stark zwischen die Trommeln. Es ist 16 Uhr 30 am Rosenmontag. Wir sind mittendrin in der Karnevalsroutine. Immer gegen sieben Uhr ins Bett, bis 14 Uhr schlafen, mühsame Wiederherstellung, zu irgendeinem Bloco, eskalieren. Mein Schlafrhythmus hat einen neuen Puls. Samba.

Und der sorgte vergangene Nacht im Sambódromo fast für eine Herzplosion.

Unsere Karten für das klassische Karnevalsspektakel kauften wir gegen viertel vor eins bei Schwarzhändlern. Nach einem fast einstündigen Machtspielchen zahlten wir 50 Real für Sektor sieben, gegenüber der Jury. Von dort sahen wir drei Sambaschulen, mehr hätten meine ausgefeierten Synapsen ohnehin nicht aufnehmen können. Jede Schule hat ein Thema, Unidos da Tijuca widmeten sich in diesem Jahr beispielsweise dem «Verzauberten Deutschland» (irgendwas mit Thor, Goethe und Schwarzwälder Kirschen), wir sahen sie noch von hinten.

Um die 3000 bis 5000 Menschen und bis zu acht Karnevals-wagen pro Sambaschule haben gut eine Stunde Zeit, um die 700 geraden Meter durch das Sambódromo zu defilieren. Das sagen die Fakten. Was sie nicht sagen: Ich habe noch nie etwas so umfassend Überwältigendes erlebt – nicht mal das Silves-terfeuerwerk an der Copacabana kann da mithalten.

Unendlich nachströmende Reihen regenbogenschillernd kostümierter Menschen tanzten singend durch Flitterkaska-den; bei jedem beinahe grotesk detailverliebt geschmückten Festwagen biss ich mir Entzückensseufzer schluckend in die Faust. Ich war im sexy Glücksbärchiland. Und hörte Mu-sik, die so energiegeladen war, dass sie wie Elektrizität von Mensch zu Mensch sprang. Die Luft surrte. Und immer, wenn die Bateria vor der Jury – und damit auch vor uns – ste-hen blieb, schwebte mein Herz im Kopf. Meine Augen sahen die Champions League für Phantasie, Musik und Kreativität. Mein Gehirn sah Sterne. Mein Herz sah … Liebe. Ich schrie und klatschte, ich lachte, ich tanzte mit Gänsehaut.

Wir wankten morgens entrückt nach Hause. Schweigend. An der Copacabana stiegen wir spontan aus dem Bus, dem herrlichsten aller Sonnenaufgänge entgegen. Der gesamte Himmel war in leuchtend dichtes Pink getaucht. Ich glaube, er glitzerte sogar. Ich legte Shirt, Shorts und Kompressions-hose ab, wir rannten in Unterwäsche ins Meer und ließen uns von den Wellen fast ausziehen. Salz in den Augen war nicht der einzige Grund für Tränen. Ich fühlte mich so unmittelbar lebendig, dass es fast körperlich schmerzte.

«Oba, gatinha …» Jemand kippt mir Bier über den Fuß. Bloco. Schon wieder greifen Hände nach mir, jemand zieht mich zu sich. «Um beijo?», fragt ein brasilianischer Adonis, höchstens 21. «Não, gracinho.» Heute nicht. Mein mühsam ge-schminktes Make-up soll nicht verwischen. Leben und Tod – das ist mein Kostüm. Aber es ist keine Verkleidung. Die Angst vor dem Tod ist ein tröpfelndes Toxin, das Leben ist mein Gegengift.

Mitten zwischen all den wirbelnden Narren steht plötzlich ein unmaskierter Gedanke und schaut mich an. Stille erstickt den Lärm. Und ich weiß auf einmal, warum ich mich seit zwei Jahren in jedem Augenblick verlieren will. Warum ich zu keiner Gelegenheit nein sage. Warum Glück mich immer auch traurig macht: Ich nehme permanent Abschied. Ich trauere in jedem Moment um den Moment. Ich klammere mich unbewusst verzweifelt an jede Sekunde. Vielleicht bin ich ja zum letzten Mal glücklich, zum letzten Mal gesund, zum letzten Mal lebendig. Der sanfte Handabdruck des Todes auf meiner Schulter ist wie ein eisiges Brandmal. Ich werde es nie wieder los.

«Darf ich dich darauf hinweisen, dass du keinen Krebs mehr hast und wir alle sterben?!», hatte mich eine einstige Freundin genervt gefragt.

Ja. Mir fällt das gemeinhin übliche Verdrängen dieser Tatsache nur leider schwer. Noch immer. Und man weiß ja, dass Krebs manchmal ein bisschen wie Inspektor Columbo sein kann. Aber so geht es eben auch nicht weiter. Ich kann nicht mehr an zwei Enden gleichzeitig brennen. Ich will keine Närrin mehr sein. Ich muss darauf vertrauen, dass es noch genug Momente geben wird. Und dass die, die waren, Teil von mir sind und immer bleiben. Ich werde sie mitnehmen. Überallhin. Das Leben ist nichts weiter als eine Aneinanderreihung von Augenblicken, guten wie schlechten. Man erlebt sie nur ganz, wenn man sich ihrer Gegenwart und Flüchtigkeit gleichermaßen bewusst ist und nicht versucht, sie festzuhalten. Was war, das war. Was ist, das ist. Was kommt, das kommt. Der Gedanke nickt und wendet sich zum Gehen. Ich habe verstanden.

Die Trommeln setzen wieder ein. «O coração bate ao ritmo

da bateria – das Herz schlägt im Rhythmus der Bateria», lacht ein wunderhübscher Dunkelhaariger mit Dreitagebart und tanzt lockend an mir vorbei. Ich schüttle den Kopf und drehe mich weg. Mein Herz sucht seinen eigenen Beat. Ich ziehe den kleinen schwarzen Hut aus meinem Haar, werfe ihn zwischen leere Bierdosen und fahre per Mototaxi ins Hostel, lasse meine Finger frei im Luftstrom fliegen. Ich will schlafen. Es gibt keinen Rhythmus ohne Pausen.

Verlassen.

Selbst das gigantische Teil auf dem Tisch vor mir kann mir den Abschied nicht versüßen. Es ist mein letzter Abend in Vidigal, und vor mir prangt eine wagenradgroße Schokopizza. Nach zwei Monaten Rio, die nur zwei Wochen hätten sein sollen, geht es morgen früh weiter nach Salvador da Bahia. Obwohl mein ganzes Ich hier bleiben will, konnte ich all die anderen, schon lange vorher gebuchten Flüge meiner Reise nicht mehr umbuchen. Das heißt, ich hätte theoretisch schon gekonnt, praktisch habe ich aber schlicht nicht genug Geld. Quasi keins. Auch meine letzten Barreserven reichen gerade mal für die zuckrige Pizza, deren lappenartige Stücke Victoria und ich jetzt mit klebrigen Fingern zum Mund balancieren. Wir sind so was wie Freundinnen geworden, das kluge Mädchen aus der Favela und ich. Und wir unterhalten uns lange an diesem Abend, unter anderem über die Liebe.

«Ein Freund steht gerade nicht auf meiner Prioritätenliste. Aber wenn's passiert, ist das okay für mich», sagt sie und spricht ein bisschen für uns beide. Auf die Liebe zu warten, das ist reine Zeitverschwendung.

Wir reden auch über Ben. Kurz nur. Denn Victoria formuliert mit großer Schärfe den endgültigen Gedanken, den ich selbst lange nicht wahrhaben wollte: «Er gehört zu dir, aber er checkt es einfach nicht. Wenn du zu dir selbst finden willst, Jess, dann musst du ihn loslassen. Er ist Teil deines früheren Lebens. Auf deiner Reise hat er nichts mehr zu suchen.»

Ich nicke stumm und beiße gleich zweimal ab. Das in etwa sagt auch die Mail an ihn, die seit zwei Tagen in meinem Entwurfsordner dümpelt, aus. Noch konnte ich mich nicht dazu durchringen, auf «Senden» zu klicken. Aber morgen muss es sein. Der Abschied von Rio, dieses Wissen brennt in meinem Kern, wird auch ein Abschied von Ben.

Mit den letzten beiden Pizzalappen in der Hand überblicken Victoria und ich die abendliche Bucht von Ipanema.

«Ich kann mir nicht vorstellen, dass man sich je daran gewöhnt», sage ich wehmütig und weiß nicht, ob ich die Aussicht oder Abschiede meine.

«Ach, man gewöhnt sich an alles.» Victoria grinst. «Sogar an Rio.» Ich glaube ihr kein Wort.

Wenige Stunden später stehe ich stumm an derselben Stelle und sehe der Sonne beim Aufwachen zu. Verschlafen reckt sie ihre Strahlen über die Stelle, wo Himmel und Meer sich treffen, und färbt zwei Wolken rosa. In meiner Hand wiegt mein iPhone mit der geöffneten Mail an Ben ungefähr 20 000 Kilo, auf meiner Stirn schwillt ein Schweißperlchen. Es ist noch nicht mal halb sieben und schon heiß. Links von mir der Morro mit den Stapelhäuschen, in denen die ersten Favelados ihren Alltag als Putzleute, Portiers, Taxifahrer, Lehrer, Arzthelfer beginnen. Schräg dahinter der sanft geschwungene Strand von Leblon und Ipanema mit den frühen Spielzeugautos, die auf der Avenida Vieira Souto wie an einer Schnur zur Arbeit rollen. Wissen sie beim alltäglichen Stau das unfassbare Privileg, so nah am Meer entlangfahren zu dürfen, überhaupt noch zu schätzen? Mittig vor mir erstreckt sich dieses Meer, auf das die Sonne ihr gleißendes Spiegelbild wirft. Ihre Strahlen kitzeln meine Nase. Zwei verliebte Vögel flattern durch das Goldpastell, gefolgt von einem Schmetterling. Ach, Rio. Warum machst du es mir so schwer? Meine Augen werden feucht. Alles tut weh. Mit einem Ruck klicke ich auf «Senden» und hole mein Gepäck.

Unten bereiten Bruno und Fernanda das Frühstück vor, im Fernsehradio läuft Pagode. Ich nehme mir Kekse und einen Cafezinho und lasse mich aufs bordeauxfarbene Sofa plumpsen.

«Bom dia, Jessica.» Fernanda umarmt mich. «Tudo bem?»

Nicht wirklich, aber das muss ich, glaube ich, nicht extra sagen. Dann steht Victoria in der Tür. Mit ihr hätte ich jetzt nicht gerechnet.

«Was machst DU denn hier?»

«Ich gehe heute später zur Schule, um dir ‹Tchau› zu sagen, Jess.» Vorwitziges Ding.

«Hey, Schule schwänzen stinkt.»

«Ich weiß. Das hast du mir ja oft genug gesagt. Du Spießerin. Hast du meine Facebook-Nachricht nicht bekommen?»

«Nein, ich habe meinen Account gestern Nacht deaktiviert. Ich will mich jetzt mal zurückziehen.»

«Finde ich gut. Aber mal sehen, wie lange du das durchhältst.»

Sie fläzt sich neben mich auf die Couch. Schon eine Handvoll Minuten später steht Brunos Vater, ein Taxifahrer, im Türrahmen.

«Bom dia, beleza.» Küsschen rechts, Küsschen links.

Er bringt mich zum Flughafen. Zeit zu gehen. Mein Herz will zerspringen. Nur unter lautstarkem Einspruch und großem Gelächter lässt Bruno mich meinen Rucksack selbst die Treppen runtertragen. Und auch nur, weil ich ihm zusage, dass er ihn auf der anderen Seite wieder hochtragen darf. Vor dem

Taxi draußen steht die ganze Familie: Bruno, Fernanda, ihre kleine Tochter Julia, Victoria, ihre Mutter, Brunos Vater ... Jetzt kann ich die Tränen nicht mehr zurückhalten.

«Entschuldigung, ich wollte gar nicht weinen.»

Ich werde von Umarmung zu Umarmung geschoben, geknuddelt und geherzt.

«Tchau, Jessica.»

«Tchau, Jess. Wir sehen uns bald wieder. Du kommst zurück. Das weiß ich.» Victoria und ich umarmen uns lange. Schließlich steige ich ein, und unter Winken und Weinen rollt das Taxi die Rua 3 hinunter.

Leider ist mein Portugiesisch nicht gut genug für ein echtes Gespräch, und so beschränke ich mich nach zwei, drei Sätzen mit Brunos Vater darauf, aus dem Fenster zu gucken und wie ein Schwamm die letzten Eindrücke von Rio aufzusaugen und sorgsam abzuspeichern. Da – Cristo. Lagoa. Mein Rio. Victoria hat recht. Ich werde wiederkommen.

«Ach je. Sie weinen ja. Lassen Sie hier etwa eine Liebe zurück?», fragt die Stewardess beim Check-in am Flughafen. Ich ziehe einen Fetzen Küchenkrepp aus meiner lose baumelnden, offenen Handtasche.

«Ja. Eine große. Genau genommen sogar mehr als eine.»

Sie überreicht mir mitleidsvoll meinen Boarding Pass. «Gute Reise, amor. Mögest du Trost finden in Bahia.»

Als wir starten, drehe ich meinen Kopf vom Bullauge weg.

Insel

Eintopf.

Ich hasse Salvador da Bahia. Ich hasse diese Stadt, weil sie nicht Rio ist und ich nicht hier sein will. Das ist nicht ihre Schuld, ändert aber nichts. Lustlos blättere ich im Restaurant durch die gebundene Karte. Lauter Fischzeug, das ich nicht mag. Auf dem Bildschirm neben der Eingangstür steuert eine beliebige brasilianische Seifenoper der Musik nach zu urteilen auf ihr Cliffhanger-Ende zu. Und vor dem scheibenlosen, bodentiefen Fenster brüllen sich zwei lederhautbezogene Junkie-Gerippe an. Ernsthaft, ich kann diese Stadt nicht leiden. So war es vom ersten Moment an, schon im Bus.

Meine Kniekehlen klebten an der Kante des Plastikschalensitzes. Es war schweineheiß in diesem unklimatisierten Linienbus, obwohl ich am offenen Fenster saß und meine Stirn in den schlaffen Luftzug reckte. Ich konnte meine Beine nicht ausstrecken, weil mein Rucksack vor mir stand. Gut eine Stunde brauchten wir vom Flughafen Salvador in die Altstadt, den Pelourinho, Teil des Weltkulturerbes. Michael Jackson hat hier mal ein Video gedreht. Eine Stunde, die sich zog wie ein Film mit Jennifer Aniston. Doch ein reguläres Taxi vom Flughafen irgendwohin, das war nicht mehr drin.

Als ich an der gefühlt richtigen Station ausstieg, hatte ich keine Ahnung, wo ich war. Ein Blick in die an der Touristeninformation ergatterte Innenstadtkarte brachte minimale Erleuchtung. Ungefähr da lang, halb rechts, beschloss ich und wanderte los. In der Mittagshitze mit dem Trolleyrucksack übers Kopfsteinpflaster. Es kostete mehrmaliges Hin und Her bergab und bergauf, zwei bis drei unnötige Drehungen und unfruchtbare Nachfragen, bis ich unten im Pelourinho mein Hostel fand. Ich hatte das günstigste gebucht, und – Überraschung! – es war eine vollendete Absteige.

Der Mann an der Rezeption hatte keinen einzigen Zahn mehr und lächelte katzenhaft. Er musste etwa in meinem Alter sein. Seine kleinen Augen funkelten mit seiner Gürtelschnalle um die Wette. Wortlos führte er mich in ein Sechsbettzimmer mit kurzen, schmalen Etagenbetten aus Metall und einem winzigen Fenster. Er vollführte mit seiner flachen Hand eine darbietende Geste, als legte er mir das Gelobte Land zu Füßen. War das Ironie? Es roch nach uralten Socken und Gleichgültigkeit, und ich fühlte mich unrechtmäßig in meine Vorstellung einer Jugendstrafanstalt der Fünfziger katapultiert. Der Rezeptionist legte mir frisch und jahrzehntelang gewaschenes Bettzeug auf die gestreifte Schaumstoffmatratze, die dünn und in der Mitte zudem so durchgelegen war, dass lediglich ihr Bezug mein Hinterteil vom spanhölzernen Bettboden trennen würde. Er verabschiedete sich unverändert kätzisch, und ich stand einfach nur da. Eine Klimaanlage gab es nicht, und der unaufgeregt kreisende Deckenventilator irritierte weder Motten noch Moskitos. Außer meinem waren noch drei andere Betten belegt, erkennbar an verstreuten Klamotten, Kosmetika und auf dem Boden liegenden benutzten Damenschlüpfern. Wo bitte war ich gelandet?

Doch das Widerlichste erwartete mich erst nebenan: die Duschen. Zuletzt modernisiert in den Achtzigern, schätzungsweise. Braun transparente Plexiglastüren ohne Griffe in einem fensterlosen Raum, von dessen Mauern schon vor Jahrzehnten der Schimmel erfolgreich Besitz ergriffen hatte. Muff und Ekel krochen über meine Haut und manifestierten sich in Juckreiz. Ich traf eine Entscheidung: Eine Nacht, dann würde ich weg sein. Den restlichen Tag bis zum Abendessen verbrachte ich mit Reiseführerlektüre auf der pseudoheiter bemalten Terrasse. Plan B musste her. Mal wieder, aber so ist es eben im Leben.

Nach einigem Hin-und-her-Gerechne war klar: Die Nächte auf Tinharé würden nicht teurer werden als die hier in Salvador. Inklusive Fahrt. Juchhu!

Die Junkies haben sich verzogen, der Abspann der Seifenoper läuft, und ich habe noch immer keine Vorstellung davon, was ich gleich essen will. Die Bedienung bringt mir den zwischenzeitlich bestellten Matte Leão, und ich vertröste sie zum dritten Mal. Auf dem Bildschirm flackern jetzt die Nachrichten. In der oberen Ecke prangt das Datum.

Fast wischt meine zuckende Hand den Eistee vom Tisch. Es ist der 15. Februar 2013.

Genau heute. Heute vor zwei Jahren. Die fallenden Schuhe. Die Stimme der Ärztin. Die Krebsdiagnose. Die Operationen. Die Therapie. Heute. Und ich hätte es fast vergessen. Der Schock lähmt mich nur einen Atemzug lang. Bedachtsam blicke ich hinunter auf die vier Narben an meinen Waden, die ich mittlerweile nicht mehr verberge und die sogar ein bisschen Farbe bekommen haben. Und ich weiß sehr genau, was ich essen will: Moqueca de Siri – Krebseintopf.

Jetzt muss ich doch lachen in dieser Stadt, die ich nicht mag. Erleichtert, schwarzhumorig, krebsgehässig. Mit bebendem Zwerchfell. Und sehr lange. Nächstes Mal, wenn ich jemanden sehe, der sich ganz allein vor Lachen ausschüttet, werde ich daran denken – eventuell ist dieser Mensch ja gar nicht verrückt. Sondern bloß froh, am Leben zu sein. Aber ehrlicherweise fällt mir das mit dem Lachen unter anderem auch deshalb gerade leicht, weil ich weiß, dass ich morgen abhaue. Auf die Insel.

Nullpunkt.

«Tut mir leid, dass ich neulich eure Verwandten gegessen habe», ich sitze bis zum Bauchnabel bewegungslos im badewannentemperierten Salzwasser und unterhalte mich mit zwei kleinen Krabben auf dem Meeresgrund. Seit drei Tagen bin ich schon hier auf Tinharé, auch Morro de São Paulo genannt, und habe lediglich mit dem Gastgeber meiner Pousada drei Sätze ausgetauscht. Als ich einzog. Ansonsten umgebe ich mich absichtlich mit Schweigen. Nach dem andauernden Exzess des Karnevals ist jetzt Ruhe angesagt.

«So eine Phase kann kommen, wenn man länger reist», hatte Ella mir in Kuba prophezeit. Ich bin am Nullpunkt, das spüre ich. Alles um mich und in mir ist zum Stillstand gekommen. Wie ein leeres Karussell, bei dem jemand jäh den Stecker gezogen hat. Alle Lampen sind aus, alles hängt in der Luft. Umgeben von Nichts und Meer. Wenn ich nicht aufpasse, löse ich mich auf. Ich fühle mich wirbel- und schalenlos. «Der Krebs wird vor der Häutung ruhiger, und seine Farbe ändert sich», glaube ich mal irgendwo im Internet gelesen zu haben. «Sieh an», denke ich beim Blick auf meine braunen Arme. «Ich hatte nicht nur Krebs, ich bin einer.»

Die Insel ist auf eine anstrengungslose, seichte Weise wunderschön. Weiße, langgezogene Strände – vorne gespickt mit Volleyball spielenden Touristen, weiter hinten sehr einsam und flankiert von gebogenen Palmen am flachen, klargrünen Meerwasser ohne Wellen. «Raffaello»-Werbung ist meine erste

Assoziation. Normalerweise eine Spur zu trivial für mich. Keine Ecken und Kanten, keine Tiefe. Für meinen aktuellen Zustand der Schalenlosigkeit, für mein Verharren im Zentrum von allem, am exakten Mittelpunkt zwischen jeder möglichen Frage und jeder möglichen Antwort, ist dieses flache Eiland ohne Zeit jedoch perfekt.

Als ich an meinem ersten Morgen aufwachte, plätscherte es lautstark im tropisch begrünten Innenhof meiner Pousada. Ein Springbrunnen, den ich bei meiner Ankunft am Abend offensichtlich übersehen haben musste. Vorfreudig öffnete ich die Fensterläden. Doch da war kein Springbrunnen. Da war bloß prasselnder Regen, der schon nach zehn Minuten abebbte und bald darauf ganz aufhörte. Wolken haben hier keinen Bestand. Nichts im Leben hat das. Und das ist auch gar nicht wichtig. Darüber spreche ich mit den Meeresbewohnern, unter anderem. Wir erörtern zudem Fragen wie: Wer bin ich? Wer will ich sein?

«Eins verstehe ich nicht», sage ich zu einem winzigen Fisch an meinem rechten großen Zeh. «Warum ich?»

Nicht, dass ich diese Frage zum ersten Mal stellen würde, aber sie lässt mich seit dem Tag der Diagnose vor zwei Jahren einfach nicht los. Hier betrachte ich sie erstmals distanziert, emotionsarm. Wie das von den Gezeiten glattgeschliffene, dunkle Steinchen in meiner Hand, das ich wieder in die Ebbe fallen lasse. Habe ich mich zu ungesund ernährt, hatte ich zu viel Stress, zu wenig Sport? War ich in meinem früheren Leben ein Diktator? Sollte ich auf der spirituellen Ebene irgendwas lernen? Wie viel früher hätte ich zur Vorsorge gehen sollen? Oder von allem etwas? Warum also ich?

Der Fisch schwimmt um meinen Fuß herum und schweigt. Zu Recht. Es gibt keine Antwort. Es gibt keinen Grund. Kein Karma. Es ist einfach so passiert. Damit muss man erst mal klarkommen, ohne zu verzweifeln, ohne zu verbittern. Und genau das versuche ich gerade.

Wir verbringen viel Zeit miteinander auf Tinharé, die Fischlein, die Krabben und ich. Wenn ich nicht schlafe, auf meiner Canga am Strand, zwischen Eselskarren und Kokosnüssen. Sie sind phantastische Zuhörer. Besonders, wenn es thematisch heikel wird.

«Ach, hier – und Ben übrigens.» Eine Krabbe harrt schicksalsergeben dem, was auch immer da gleich kommen mag – Algen, ein Hautschüppchen oder eben emotionales Plankton.

«Liebt er mich und gibt dem Gefühl aus irgendwelchen kruden Gründen nicht nach oder liebt er mich nicht und hat nur so getan als ob? Und warum macht man so was? Also, beides.» Mein Finger fährt die Kante eines kleinen Felsens nach, dessen Spitze neben mir aus dem Wasser ragt.

«Oder findet er als Ästhet vielleicht meine Narben so hässlich?»

Da muss ich selbst ein bisschen grinsen. Bei unserer letzten Begegnung vor meinem Abflug wirkte es nicht so – im Gegenteil. Die Krabbe nimmt mein frivoles Zwinkern stoisch zur Kenntnis. Und ich höre genau hin. Wenn das Pendel innehält, verstummt das innere Rauschen.

«Das ist alles unwichtig. Du hast jemanden verdient, der dich wirklich will und auch genau weiß warum.»

Die weise Stimme kommt gar nicht aus dem Meer. Sie kommt aus mir.

Verzückt bestaune ich am Abend eine ausgehöhlte Kakaofrucht, gefüllt mit Cachaça, Eis und dem Fruchtfleisch, das weiß ist und mild und kühl nach Schokolade schmeckt. Bevor ich morgen mit dem Katamaran zurück nach Salvador da Bahia fahre, traue ich mich – noch immer schalenlos – nach draußen, ins Zentrum Tinharés. Das ist nicht mehr als ein runder Dorfplatz unweit des Hafens, eingefasst von kleinen Restaurants und Klamottengeschäften. Nach Sonnenuntergang bauen Verkäufer für einen Nachtmarkt improvisierte Stände mit Kunsthandwerk auf. Lederleuchten, Figuren aus Draht, selbst gefertigte Instrumente, geflochtene Neonarmbänder auf bunten Tüchern unter Schreibtischlampen.

Ich schlendere von Tisch zu Tisch, gehüllt in eine Aura des Nichtvorhandenseins. Niemand spricht mich an, niemand sieht mich. Ich bin ein Geist. Fast fürchte ich, meine Hände anzuschauen – aus Angst, sie könnten transparent sein. Die Runde ist selbst schleichenden Schrittes bald vorbei; es ist ein sehr kleiner Markt. Mit meiner Kakaofrucht nehme ich auf einer freien Holzbank Platz und beobachte die Menschen. Ihr Verhalten kommt mir eigentümlich, fremdartig und überzogen vor. Ein Rudel Jugendlicher tobt angeführt von einer Flasche Wodka Richtung Strand. Eine Mutter jagt ihren beiden kleinen Söhnen hinterher, die auf Skateboards den leicht abschüssigen Platz hinabrattern. Ein Paar setzt sich auf die Bank gegenüber, sie essen Eis und sehen sich nicht an. Zwei junge Touristinnen flirten mit dem Instrumentenverkäufer und testen kichernd eine kleine Trommel.

Ich gehöre nicht dazu, ich bin durch eine Wand aus Glas von allen anderen getrennt. Isoliert. Schutz- und planlos. Selbst nach meiner Scheidung war ich nicht so allein. Aber diesmal tut es nicht nur weh, sondern seltsam gut. Weil es nötig ist. Nur, wer einmal den Nullpunkt erreicht hat, kann neu entstehen. Denn von hier aus ist es überallhin gleich weit, in den Himmel und in die Hölle. Das ist es, was mich so verwundbar und diesen Zustand ebenso fragil wie gefährlich macht. Ab jetzt ist alles möglich.

Dessert.

Hätte ich meinen Nachtisch gegessen – womöglich wäre es nie passiert. Es ist mein einziger Abend in Salvador da Bahia, bevor ich weiterfliege. Ich schleppe mich allein ins billige, halbleere Kilo-Restaurant Cantina da Lua am Praça Terreiro de Jesus. Ich bin noch immer innerlich weich, dazu verschwitzt und gebeutelt von der Katamaranfahrt. Aber froh, dass ich diesmal ein anderes Hostel gebucht habe. Den langsamen Rhythmus der Latin-Band nachahmend, stochere ich in dreierlei Desserts. Viel zu künstlich. Ich schiebe das weiße Plastikschälchen beiseite. Dann eben ein Bier. Doch ich komme nicht bis zur Bar.

«Menina, du hast ja deinen Nachtisch gar nicht aufgegessen. Hat er dir nicht geschmeckt?», fragt ein großer Junge mit Rucksack. Und so beginnt meine zuckersüße Reise-Romanze.

Ich drehe mich um und sehe mausbraune Millimeterhaare, glatte Wangen und goldgrüne Augen. Seine Nase ist nicht groß, aber ein bisschen gebogen. Jünger als ich. Nicht mein Typ. Trotzdem bleibe ich stehen.

Es ist die Art, wie er mich anspricht. Darin lauert nichts Gieriges, nichts Listiges. Es ist ein «Wer bist du?» und kein «Wie fickst du?». Es ist die Wärme seiner Stimme, die sich um mein fröstelndes Eremiten-Ich wickelt wie ein trocknerheißes Frotteehandtuch.

Herzklopfen. Wortstolpern. Ich verstecke mich wie üblich hinter dem Kasper, doziere gestikulierend über die Zuckerpampen am Buffet und verteile Noten. Von 5 bis 6–. Er grinst ein bisschen schief. Und holt uns zwei Bier. Wir trinken einiges in dieser warmen Nacht, aber wir werden nicht betrunken. Über dem Teelicht am weißen Plastiktisch kommen wir vom Plaudern ins Reden ins Philosophieren. Auf Englisch. Er ist Kolumbianer, 29 und Musikproduzent. Aber vor allem ist er authentisch. Ein aufmerksamer Zuhörer und aufrichtiger Erzähler. Seine Augen haben Tiefe. Und ich habe keine Angst, hineinzuschauen.

Die Latin-Band hat längst zu Son und Salsa gewechselt. Kubanische Musik in Brasilien? Von mir aus.

«Magst du tanzen, Bonita?» Ich lege meine Hand in seine.

«Du hast große Hände für ein Mädchen», sagt er.

«Ich weiß. Wenn ICH Ohrfeigen verteile, tut es richtig weh.»

Er lacht so satt, dass meine Ohren prickeln. Beim Tanzen legt er seine Hand an die Stelle meines Rückens, die gerade noch öffentlichkeitsakzeptabel ist. Ob die Ohrfeigensache ihm Angst gemacht hat? Er ist ein versierter Tänzer. Irgendwann lehne ich meine Wange an seine Schulter. Sein Duft lässt mich lächeln. Ich werde zutraulich.

«Lass uns irgendwo Samba tanzen gehen», sage ich hastig.

«Gut», antwortet er. «Ich war da gestern in so einem Laden ...»

Als wir losgehen, nimmt er meine Hand. Sie passt bequem in seine. Wir schlendern über das Kopfsteinpflaster in Salvadors Altstadt, vorbei an bonbonbunten Kolonialbauten, tauschen Belanglosigkeiten und Bedeutungsvolles aus, schweigen aufgeregt. Sommernachtsgefühl außen und innen. Es ist so neu auf meiner zarten Schale.

In dem Laden von gestern ist heute keine Live-Musik. In der winzigen Bar sitzen nur zwei elegante Mädchen, die er von neulich kennt. Während er Cachaça für uns bestellt, smalltalke ich stockend. Unvermittelt fühle ich mich verschwitzt und plump. Ich setze mich und studiere die Karte. Ein Gesprächsfetzen dringt an mein Ohr: «... ist schön, klug und lustig – versuch dein Glück.»

Zwei Schnapsgläser auf dem Tisch. Dazu ein Wasser. «Für dich, falls du magst. Damit es nicht so brennt.»

Ich lache trocken. «Baby, ich war in *Kuba*. Ich habe kaum etwas anderes getrunken als puren Rum.»

Es brennt fürchterlich, aber ich rühre das Wasser nicht an. «Du bist niedlich, weißt du das?»

Wir ziehen weiter, landen auf einem afrobrasilianischen Hip-Hop-Konzert. Er umarmt mich von hinten, wir wiegen uns im Takt. Eine Hand liegt auf meinem Bauch, die andere spielt mit meinem Zopf.

«Es fühlt sich gut an, dich zu umarmen. Und du hast tolle Haare», flüstert er in mein Ohr. Ich verstecke mich wieder hinter dem Clown.

«Ja, und die auf dem Rücken solltest du mal sehen», frotzele ich, mich halb zu ihm hinwendend. Seine Lippen bringen den Clown zum Schweigen. Endorphine, wie Kohlensäure in meinem Blut. Er reibt seine Nase an meiner Schläfe.

«Deine Augen. Sie leuchten so nach dem Küssen. Das ist schön.»

Das Konzert ist vorbei, und wir sind wieder sechzehn. Wir können nirgendwohin, wir wohnen beide in Zehner-Schlafsälen in verschiedenen Hostels. Rastlos mäandern wir durch die Gassen. Küssen. Wispern. Seufzen. Es ist schon nach Mitternacht, die Straßen im Pelourinho werden leerer. Bis fast nur noch Berauschte unterwegs sind. Er ist freundlich zu jedem penetranten Bettler.

«Schau mal, wir haben uns grad getroffen und nicht viel Zeit für unsere Liebe. Morgen fliegt sie schon weg.» Das versteht selbst ein Crack-Junkie.

Wir setzen uns an einer Kreuzung unweit meines Hostels in einen Hauseingang auf eine Steinstufe. Versprechen uns alles und meinen es auch. Jetzt.

«Komm zu mir nach Bogotá», sagt er eindringlich. «Wir schließen uns ein und lieben uns eine Woche lang.»

Sein Hals schmeckt ein bisschen salzig.

«Oh ja! Und das Essen lassen wir uns bringen.»

Wir malen mit Worten und Händen und Lippen.

«Du bist so süß wie Schokokuchen», raunt er. Eine Erinnerung piekt. «Du bist so süß wie Honig», hat Ben mal zu mir gesagt, aber das ist lange her. Haha. Ich, der Diabetiker-Tod. «Aber du bist nicht nur ein süßes Mädchen. Du bist eine sinnliche Frau und eine starke Kämpferin.» Sein Blick wird ernst. «Du musst deine Geschichten unbedingt aufschreiben.»

«Aber mit welcher fange ich an?»

«Mit unserer.»

Zunächst aber fange ich den Abschied an. Als der Himmel da silbrig wird, wo bald die Sonne aufgeht. Wir verabreden uns zum Frühstück. Noch ein paar Momente mehr.

Um Punkt 9 Uhr 30 steht er oben an der Kreuzung. Ich beobachte ihn von weiter unten. Er sucht nach mir, tatsächlich nach mir, und erinnert mich daran, wie es sein soll. Ein Mann, der eine Frau toll findet, steht nach drei Stunden Schlaf mit den Händen in der Hosentasche an der Ecke und wippt. Ohne Smartphone. Ich geniere mich, das bin ich nicht gewohnt. Auch von mir nicht – meine seltenen Nachtflirts welkten alle vor dem Morgen. Ganz selbstverständlich nehme ich ihn mit zum Hostelfrühstück. Ganz selbstverständlich legt er den Arm um mich. Wir trinken Kaffee aus einem Becher, er holt mir Saft, ich gebe ihm mein halbes Käsebrötchen.

Er sagt: «Ich will nicht, dass du schon gehst.»

Ich sage: «Ich auch nicht.»

Aber ich fühle, dass es so richtig ist. So eine Romanze lebt von Nichterfüllung. Oder soll ich ihn doch besuchen? Ich weiß es nicht.

Er zerrt meinen Trolleyrucksack ungeachtet meines Protestes über das Kopfsteinpflaster den Hügel hinauf zum Taxistand am Praça da Sé. Weil wir uns nicht trennen konnten, kann ich nicht den Bus nehmen – ich würde sonst meinen Flug verpassen. Zum Abschied schenkt er mir eine seiner CDs. Im

Inlet steht neben seiner Mailadresse: «Schreib mir etwas Wunderschönes.» Zum letzten Mal küsse ich den kleinen Fleck an seiner linken Oberlippe. Als ich ins Taxi einsteige, kommt seine Hand fast mit. Die Tür fällt zu, ich drehe mich nicht mehr um. Das Dessert ist nicht ohne Grund der letzte Gang.

Buenos Aires

Kammer.

«Das ist es. Nicht groß, aber ... äh ... hell», Vermieter Andres öffnet die knarrende Tür und preist das spartanische Dachkämmerchen an. Er zieht dabei beschwichtigend die Schultern hoch. Aus Gründen. Einzelbett, viereckiges Gartentischchen mit Klappstuhl, Regal, Kleiderstange und in der Mitte gerade genug Platz für meinen Monsterrucksack. Das Zimmer ist winzig. Zum Tangotanzen nicht mal ansatzweise genug Platz, dabei bin ich doch deshalb nach Buenos Aires gekommen. Es ist Nachmittag, ein Sonnenstrahl fällt durch das einzige Fenster und beleuchtet das Tischchen. Spot on. «Sieh her, arme Dichterin – ich bin zum Schreiben wie geschaffen!» Ich beginne zu ahnen, dass Tango hier vielleicht doch nicht meine Hauptbeschäftigung werden könnte. Im Gedenken an Spitzwegs Klassiker werfe ich meine Handtasche aufs Bett.

«Es ist ganz entzückend.»

Andres atmet hörbar aus, und wir machen das mit dem Geld. Dollars in bar, für den vollen Monat im Voraus, wegen der Inflation in Argentinien. Das existenzbedrohende Schwinden meiner privaten Kaufkraft verdränge ich.

Von hier ist es nicht weit zur Dachterrasse. Eine schmale Metalltreppe hoch, und mir offenbart sich ein Ausblick über die Dächer des Stadtteils San Telmo. Ein gebirgiges Meer aus 100 Jahre alten Apartmenthäusern mit verwinkelten Giebeln, Balkonen und hölzernen Fensterläden, Dachterrassen, verschachtelten Mäuerchen und Schornsteinen. Und hinter mir – ich frohlocke – eine breite, blaue Hängematte. Doch, hier kann ich es sechs Wochen aushalten.

Auf allen fünf Stockwerken dieses Jugendstilhauses wohnen ausschließlich Langzeitmieter in Wohngemeinschaften derselben Organisation, man muss sich für mindestens einen Monat einquartieren. Die meisten von ihnen, so auch meine beiden direkten Mitbewohner, sind kartenspielende, dauerfeiernde Studenten Anfang zwanzig mit mangelhaftem Sauberkeitsempfinden. Über «Hast du den kleinen Topf gesehen?» – «Oh. Wir haben Töpfe?» kommen wir nicht hinaus.

Das heißt, mit einer Ausnahme.

Sie ist eine Daumenbreite größer als ich und ballerinaschlank. Ihr schulterlanges hellblondes Haar ist schlafverfilzt, ihre Augen sind röter als ihre ungeschminkten Wangen. Sie ist der Typ Frau, der sowohl in löchrigen Leggings als auch im Etuikleid gleichermaßen umwerfend aussieht. Skandinavierin. Ich treffe sie an der Waschmaschine vor dem Eingang zu meiner WG ganz oben. In löchrigen Leggings.

«Hi. Du bist neu hier, oder?» Sie spricht mich auf Spanisch an.

«Ja, und ich bin außerdem besser in Englisch.»

Sie lacht, und ihr Näschen kräuselt sich. «Kein Problem. Ich bin Edda.»

«Jessica.»

Sie umarmt mich und duftet süßlich nach Rosen und Rauch. Edda ist Mitte zwanzig, Psychologiestudentin aus Oslo und macht ein mehrjähriges Auslandssemester, sie hat ihren Aufenthalt in Buenos Aires schon ein paar Mal grundlos verlängert. Ihr Spanisch ist so perfekt wie ihr Englisch und ihr Teint. Und sie scheißt drauf, das jedenfalls strahlt ihre Attitüde aus.

«Ich ziehe nachher im dritten Stock wieder die Jungs beim Pokern ab. Kommst du runter?»

Mit dem Wäschekorb unter dem Arm zündet sie sich einen Joint an. Am Nachmittag. In vollendeter Eleganz. Ich bin hingerissen.

«Mal sehen. Von Pokern habe ich zwar null Ahnung. Aber ein bisschen von Jungs.»

«Das reicht. Bis dann.»

Als sie geht, geht sie o-beinig und sehr langsam, den Joint zwischen ihren Mädchenfingern. Eine bezaubernde, bekiffte Ballerina.

Tage.

Meine Tage in Buenos Aires ähneln einander wie Geschwister in einer Großfamilie. Meistens stehe ich auf, wenn die langmähnige Chilenin und der kleine Kolumbianer aus meiner WG zur Uni oder zum Praktikum verschwunden sind, damit ich meine Ruhe habe. Ich dusche, echauffiere mich über die chilenischen Haare im Ausguss, mache mir ein Vollkorntoast mit Dulce de Leche, dazu einen grünen Tee. Geld für frisches Obst habe ich keins. Aber das verträgt mein Darm auch zwei Jahre nach der Bestrahlung ohnehin nur in geringen Mengen.

Anschließend gehe ich spazieren, meist ins Café Le Marais gegenüber der alten Markthalle, bestelle einen einzigen Kaffee – die zwei Kekse dazu sind mein Mittagessen – dafür darf ich den ganzen Tag bleiben. Und schreiben. Auf dem Netbook tippe ich Texte für mein Blog, mache Notizen, protokolliere Beobachtungen und fasse sie in Worte. Ich öffne einen verschütteten Kanal. Per Hand hingegen schreibe ich Briefe an jeden Menschen, mit dem mich Groll, Schuld, Dankbarkeit, Schmerz oder Verantwortung verbindet. Nicht länger als zwei Seiten, nicht zum Abschicken gedacht. Ich schreibe an meine Freundinnen, an meine Schwester, an meine Mutter, meinen Stiefvater, meine Großeltern, an Ben. Ich formuliere für jeden mit präziser Wahrhaftigkeit, was ich fühle und denke. Durch den roten Kugelschreiber krabbeln langgehütete Worte auf das Papier und verlassen mich. Gefühlskellerasseln. Sie nehmen ihre Schwere mit, sind sie nicht mehr wichtig. Was ans Licht kommt, löst sich auf. Vielleicht ist das dieses «Vergebung», von dem alle reden. Wie auch immer: Der Stift führt meine in Rio begonnene Befreiung weiter.

Und Buenos erlöst mich. Das gelingt dieser Stadt schlicht dadurch, indem sie mich in Ruhe lässt. Buenos Aires will nichts von mir. Kein Exzess, keine anderen Menschen, keine Situation. Nada. Hier kann ich einfach ich sein und nach meinem Nullpunkt herausfinden, wer das überhaupt sein soll. Ich lasse mich treiben, sehe hin, staune, mache mir die Straßen zu Fuß zu eigen. Zuerst unmittelbar um meine Wohnung herum, nach und nach in immer größeren Kreisen. Vorbei an geschlossenen Geschäften mit heruntergelassenen, besprayten Rollläden. Schriftzüge wie «Socialismo experimental ya!» oder Aufkleber mit «Never in history did the rich and powerful give up their privileges» verbreiten eine Atmosphäre von gezähmter Revolution, die ihren Weg aus den Herzen und Köpfen maximal bis an die Wände findet.

Die Seitenstraßen in San Telmo sind häufig so schmal, dass sie für Autos nur in eine Richtung führen. Dank des rechtwinkligen Layouts funktioniert das jedoch problemlos: Wenn man in eine Straße nicht fahren kann, nimmt man einfach die nächste und kommt doch ans Ziel. Rußende, röhrende Linienbusse aus den Siebzigern schieben sich durch den zähen Verkehr und können sich durchaus mit den nahezu antiken Modellen in Kuba messen. Und was in Kuba der omnipräsente, multivermarktete Che Guevara, ist in Buenos Aires die Comicfigur Mafalda, das kleine Mädchen mit dem Pottschnitt. «Einen Schnitt bräuchten meine Haare auch mal wieder», denke ich. Aber das muss bis zu Hause warten.

Bei dem Verkehr hier bin ich froh, dass ich Fußgängerin bin. Auf dem Bürgersteig mit kleinen Kästchen flaniere ich an den Autokolonnen vorbei, vorbei auch an zwei-, drei- oder vierstöckigen stuckverzierten Gebäuden mit grazilen Balkons. Ihr Farbspektrum reicht von Creme über Sand bis zu Ocker oder schlicht Schmutziggrau, die Monotonie punktuell gesprengt von einzelnen Häusern in Pink oder Aquamarin. Ich passiere Obst- und Gemüselädchen. Bäckereien. Steakhäuser wie Desnivel, in denen das Fleisch mit Löffeln zerteilt wird. Und Geschäfte mit in Primärfarben handgepinselten Fileteado-Schildern, die ebenso typisch sind für Buenos Aires wie derzeit die vielen farblosen mit der Aufschrift «Zu verkaufen».

Nur Sonntag ist anders, denn sonntags ist Antikmarkt in San Telmo. Die gesamte, kilometerlange Defensa entlang. Auf Decken und an Ständen bieten Kunsthandwerker ihre Kleinode an. «Ich habe keine andere Arbeit und bin nur einmal in der Woche hier. Aber ich kann damit meinen Töchtern die Schule bezahlen», erzählt mir ein Verkäufer von Mate-Kalebassen.

Das Zentrum des Antikmarktes befindet sich ganz am Ende der Defensa auf der Plaza Dorrego. Im Baumschatten versammeln sich Fingerpuppen aus Filz neben 100 Barbies in Häkelkostümen, auf der hüfthohen Mauer breitet sich Geklöppeltes aus, dahinter Auslagen von Ledermasken und -armbändern, Gerten, Peitschen und anderem Gaucho-Zubehör, Glasperlenketten und Siphons zur Selters-Herstellung in Regenbogenfarben. Es gibt Kupferkannen und -kessel, alte Tango-Notenblätter und Platten, antiken Schmuck und Geschirr, neue «Buenos Fucking Aires»-Shirts, gerahmte Fotografien. Seifenbläser. Marionettenspieler. Ein junger Mann, von oben bis unten behängt mit Staubwedeln aus echten Federn, stolziert an mir vorbei wie ein Pfau.

Und dann ist da der Tänzer.

Er ist alt, trägt einen staubgrauen Hut und einen braunen Anzug. Und er tanzt allein. Passanten ignorieren ihn. Doch etwas an seiner Hingabe berührt mich im Augenwinkel. Ich bleibe stehen und lasse mich für einen Moment in seinen Tanz hineinziehen. Hinter ihm liegt eine ausgepackte Gitarre, doch die Musik kommt aus dem CD-Player. Es ist getragener Tango von Carlos Gardel. «Colabore con Gardelito» und «Gardel vive» sagen zwei handbeschriebene Schilder. Der Tänzer tanzt auf dem Bürgersteig vor einem Hauseingang, an den Wänden rechts und links daneben hat er mit Tesafilm Poster geklebt. Von Gardel. Und vermutlich auch von seinem jüngeren Selbst. Der Tänzer schwebt von Seite zu Seite, seinen Armen folgend, vollführt auf der Stelle Drehungen und wankt dann rückwärts, selbstvergessen. Er bemerkt nicht, was um ihn herum geschieht, ob jemand Geld in seine Dose wirft oder nicht. Er ist in seiner Welt. Sich selbst genug. Als ich weitergehen will, hält er nach einer halben Drehung inne. Und zwinkert mir zu, bevor er wieder in seinem Tanz verschwindet.

Und so wie sein Tanz folgt auch mein täglicher Bummel durch Buenos Aires meinem ureigenen, naturgegebenen Takt. Ich bin durch nichts fremdbestimmt. Noch nie führte ich ein so luxuriöses Leben – obwohl ich jeden Abend nur Nudeln mit Ketchup esse. Anders gesagt: Ich bin umfassend pleite, mutterseelenallein und höchst zufrieden.

Edda ist der einzige Mensch, mit dem ich mich vereinzelt länger unterhalte. Meistens, wenn ich von meinen Streif- und Schreibzügen wiederkomme und sie gerade aufgestanden ist. Auf der Dachterrasse – ich beim traditionellen argentinischen

Getränk Mate und Edda bei ihrer üblichen Sportzigarette. «Kolumbianer sind so gut im Bett. Unglaublich. Superaufmerksam, liebevoll und total zärtlich. Die küssen dich überall. Ü-ber-all! Die achten darauf, dass du glücklich bist.» Edda hält den Rauch in ihrer Lunge gefangen, bevor sie ihn dann doch ziehen lassen muss.

«Ist das so?», frage ich und bin gedanklich bei meiner unerfüllten Romanze in Salvador. «Woher weißt du das? Empirische Studien, Frau Psychologin?»

Edda kichert. «Weil ich mit zwei Kolumbianern zusammen bin.»

«Gleichzeitig?»

«Gleichzeitig.»

«Hier? Mit *Kolumbianern*?»

Sie nickt.

«Und die bringen sich nicht gegenseitig um deshalb?»

«Hm. Es ist nicht einfach in so einer Beziehung, Eifersucht spielt da schon eine Rolle. Die Frage ist aber: Wie geht man damit um? Wir müssen viel reden, das ist anstrengend. Aber es lohnt sich. Wir haben eine sehr schöne Zeit miteinander.»

Sie klingt etwas zu überzeugt, um überzeugend zu sein. Kann man mehrere Menschen gleichzeitig lieben? Also, auf der praktischen Ebene, im Alltag?

«Neulich zum Beispiel war ich eifersüchtig, weil er mit einer anderen Frau zusammen war. Aber dann dachte ich: Wenn es ihn glücklich macht – wer bin ich, ihm das nicht zu gönnen? Ich habe versucht, mich für ihn zu freuen.» Eddas grau-rote Augen verengen sich. Ihr Pokerface bekommt einen Riss.

Ich ahne, weshalb. Boheme hin, Boheme her. Es geht in einer Partnerschaft nicht nur darum, was den anderen glücklich macht und dass ihm das gefälligst ohne Rücksicht auf eigene Verluste zu gönnen sei. Es geht um die gemeinsame Schnittmenge des Glücks. Da bleiben bei beiden gewisse Dinge außen vor, weil sie zwar das Glück des einen beinhalten, aber das des anderen deutlich ausschließen. Es geht um das Mit- und nicht das Nebeneinander. Und die Frage: Wie viel von mir passt in unsere Schnittmenge?

«Ich persönlich könnte das nicht. Und weißt du was? Ich will das auch gar nicht. Wenn man eine gemeinsame Zukunft aufbaut, dann sollte man seine emotionale Energie, seine Pläne und alles zusammenfließen lassen und aufeinander Rücksicht nehmen. Dann kann man eben nicht alles so ausleben, als wäre man allein.»

«Ach, wer denkt denn schon an Zukunft?» Edda legt den Kopf schief und grinst wieder rotäugig und kokett.

«Ich», sage ich resolut und bin selbst überrascht.

Nächte.

Es regnet an vier Stellen ins Zimmer. Donner lässt die kleine Fensterscheibe klirren. Ich liege zusammengefaltet in meinem schmalen Bett und wundere mich, dass Buenos Aires im Südhalbkugel-Spätsommer zu so dramatischen Unwettern fähig ist. Seit Ende Februar wohne ich nun schon hier in San Telmo, nach Monaten mit rumorenden, schnarchenden Mitreisenden in Hostels in genieße ich die Ruhe. Normalerweise. In dieser Abgeschiedenheit erreiche ich mein eigentliches Reiseziel, vollkommen unvorbereitet.

Ich lebe wie eine Eremitin. Weil ich es so will. Ich lese Hemingway, der mir auf meiner Reise wiederholt begegnet ist. Ich denke viel nach. Ich höre neue und alte Musik. «Thoughts arrive like butterflies» singt Eddie Vedder, und ich kann fühlen, was er meint. Wenn man ganz still ist und sich nicht rührt, dann setzen sich irgendwann die Gedanken auf Kopf, Schulter, Handrücken, Nasenspitze. Zuerst zögerlich, aber dann immer leichter. Die schüchternen, vergessenen. Die schönen und hässlichen. Die absurden und die logischen. Die ungehörten, unausgesprochenen. Sie locken Träume an, Sehnsüchte, Ängste, Fragen und Zweifel. Bis alles flirrt und man selbst zum Zentrum des Gedankenschmetterlingssturms wird. Wer will ich sein? Was kann ich schaffen? Wo gehöre ich hin? Wieso ist die Welt so, wie sie ist? Und: Was bleibt, wenn ich gehe?

Der Wind peitscht ein Kabel gegen den Fensterrahmen, die Tropfen erzeugen in vier verschiedenen Schüsseln einen hypnotischen Beat. Dass ich nicht schlafen kann, liegt nicht am Unwetter. Ich hatte wieder einen von diesen Träumen, die mein Herz von innen klitschkoesk gegen meine Rippen boxen lassen.

In solchen Nächten packen mich Angst und Schrecken. Mein Unterbewusstsein nutzt die Ruhe in Buenos Aires und führt mich nach und nach an alle meine Abgründe. Zeigt mir meine dunklen Flecken, seelischen Druckstellen und Deformationen. Gerade so viel, wie ich ertragen kann. Aber immer so viel wie nötig.

Ich träume fast jede Nacht. Hier, im Kämmerchen.

Von Krankenhäusern und Ärzten in weißen Kitteln und grünen OP-Shirts. Von Schläuchen in meinem Arm, in meinem Rückenmark und in meiner Bauchdecke. Von Stümpfen im Rollstuhl. Von Gefangensein im MRT. Von dem leuchtenden Pünktchen auf dem Bild, das Metastasen anzeigt. Vom Klackern des Bestrahlungsgerätes und vom Piepen des Chemo-Apparates. Von verzagten, verärgerten und verschwundenen Freundinnen. Von zwei Menschen, die sich gegenseitig tragen, als sie längst nichts mehr tragen können. Von nie geborenen Kindern, die lachen wie ich.

Dann wache ich von meinem eigenen Schluchzen auf oder weil ich beim Um-mich-Schlagen Bücher vom Nachttisch fege, mit schweißnassem Shirt, in meinen Bettbezug verwickelt oder abgedeckt, mit Krämpfen in den Beinen oder tauben Armen. Mit Herzrasen. Nach Luft schnappend. Orientierungslos, umzingelt von Traum und Realität. Festgehalten zwischen den Zeiten. Es sind Träume, deren finsterkalte Arme mich auch im Tageslicht nicht loslassen. Sie kommen von einem Ort hinter verrammelten Türen. Meine Seele zeigt sich mir nackt, und endlich betrachte ich sie von allen Seiten.

Nach so vielen durchwachten, durchfürchteten, durchkämpften Nächten dringt an diesem stürmischen Morgen die Erkenntnis in mein Bewusstsein: Meine Seele mag viele wulstige Narben, einige unverheilte Wunden, hässliche Plattfüße, Hornhaut und Lovehandles haben – aber ich würde keine andere wollen. Sie ist die tapferste, die ich kenne.

Verschlafen wanke ich ins Bad. Beim Händewaschen blicke ich auf, in den Spiegel. Und zum ersten Mal sehe ich: mich. Ich schaue direkt in meine Augen und lasse nicht los. Wer ist das da? Wer? Und dann werde ich in meinen eigenen Blick gezogen wie in einen Strudel. Schon wieder hämmert mein Herz durch alle Instanzen. Aber ich gucke nicht weg, diesmal nicht. Und dann, irgendwann, lächeln diese – meine – Augen. Und ein zufriedener Mensch geht zurück ins Bett.

Das Tropfen in den Schüsseln wird langsamer, der Donner grollt nur noch leise. Nach dem Sturm kehrt Frieden ein. Mit mir selbst und den Menschen, die da waren und sind, den guten und den bösen. Dankbarkeit. Und mit der Akzeptanz kommt die Erleichterung. Ich bin eben bloß ich. Nicht mehr, nicht weniger. Genau richtig, immer genug.

Erschöpft rolle ich mich unter der Decke zusammen. Mir hätte vorher klar sein können, dass Selbstfindung auf einer Reise nicht einfach so geschieht wie Braun-Werden am Strand, sondern dass davor eine molekularisierende Suche steht. Dass man sich in seine Einzelteile zerlegt und wieder neu zusammensetzt. Aber es ist in Ordnung. Wo das alles hinführt? Keine Ahnung, es ist noch ganz zart. Momentan bin ich bei mir. Der Rest wird sich schon finden. Egal, ob Autorenbüro in Hamburg, Favela-Tanzschule in Rio oder Herrenboutique in Wuppertal. Ich lasse mir die Zukunft bewusst offen. Ganz gleich, wie genau sie aussieht – sie wird schön.

Das Unwetter ist vorbei, die Sonne ist grad aufgewacht. Ich schlafe noch ein bisschen, und dann ist es Zeit für einen Spaziergang. Und vielleicht auch mal Tango. Ich bin immerhin in Buenos Aires.

Tango.

«NO! No, no! You have to trrrust yourrr parrrtnerrr!» Die elfenhafte Tanzlehrerin Laura mit dem Pferdeschwanz knurrt Befehle wie ein Wehrmachts-Offizier. Nun ja, wir sind in Argentinien. Das mit dem Vertrauen ist allerdings heikel, wenn man sein Gegenüber erst vier Minuten kennt und es sich um einen schmerbäuchigen Kettenraucher im Jethro-Tull-Shirt handelt. Im Schummerlicht scheinen seine gelblichen Gesichtszüge zu zerfließen; eine warmgewordene Wachsfigur. «Ich bin Pedro», flüstert er mir auf Deutsch zu, während mein Kopf meinen Körper dazu zu zwingen versucht, sich zwecks Tanzoptimierung in seine Richtung zu lehnen. Das ist sie also, meine erste Tangostunde.

So lange habe ich davon geträumt, in Buenos Aires Tango zu tanzen, dass ich nicht mehr sagen kann, seit wann und warum. Es hatte mit meinen roten Schuhen zu tun, das weiß ich noch. Fast hätte ich diesen Traum vor lauter Grübelei sogar vergessen. Und alleine tanzen gehen? Meine Rio-Reisebekanntschaft Keisha hat mich aus der selbstgewählten Isolation geholt. Morgen fliegt sie zurück nach London und deshalb gewann sie, als sie sagte: «Komm, wir gehen an meinem letzten Abend zur Milonga. Da ist vorher noch eine kostenlose Tangostunde. Das wird lustig!»

Oh, ja. Und wie. Wenn man unter «lustig» das beklemmende Gefühl versteht, als die einzigen Singleladys verspätet in eine Pärchenveranstaltung zu platzen. Giftige Blicke spritzen unsichtbare Flecken auf mein weißes Spitzenkleid, das ich aus den Tiefen meines Rucksacks gekramt habe. Extra für die Milonga. Der Begriff steht für eine Musikrichtung, einen Tanzstil, eine Veranstaltung und den Ort zugleich. Unzählige Milongas gibt es in Buenos Aires, überwiegend von Touristen besucht. So wie diese.

Ein älteres Paar in Khakishorts – Lehrer a. D., die sich seit ihrer Pensionierung nichts mehr zu sagen haben und darum reisen. Stöckchenhaft stehen sie da, säuerlich hinter ihren Konzentrationsmasken, und wirken in ihren Trekkingsandalen auf dem Tangoparkett so deplatziert wie ein Einhorn im Klassenzimmer. Daneben kontrastierend zwei australische Endvierziger. Braun gebrannte Berufsjugendliche in Batikshirts, dauerkichernd. Nur als Keisha und ich reinkommen, lugt sie stirnrunzelnd über den Rand ihrer Hornbrille, und er blickt betont devot zu Boden. Uns gegenüber ein britisches Paar Mitte zwanzig. Sie demonstriert ihren Marktwert in Kleidchen und High Heels; er versucht angestrengt und ein wenig steif, in Hemd und Bundfaltenhose mitzuhalten. Doch der fliehende Haaransatz erlaubt einen Blick in seine nahe halbglatzige Zukunft – er macht zweifelsohne alles, um ihr zu gefallen. Sogar Tango.

Von Glatze kann bei Pedro keine Rede sein, er hat sein beigefarbenes Haar zu einem straffen Zopf gebändigt.

«Du sprichst Deutsch?», frage ich ihn.

«Ja, mein Vater ist Deutscher.»

Pedro gehört zu den Barmherzigen, die sich vor dem Beginn der offiziellen Milonga zur Tangostunde einfinden und sich bei Bedarf um alleinstehende Damen kümmern. Ich fühle mich wie in der Sportstunde früher und bin doch froh, dass ich nicht mit der kleineren Keisha tanzen und der Mann sein muss.

Die Grammophonmusik setzt ein – getragene, akkordeon-dominierte Klänge –, und Pedro schiebt mich auf dem stump-fen Saalparkett vor sich her. Ich schließe die Augen und ver-suche, mich vollkommen passiv zu verhalten und nur auf seine Impulse zu reagieren. So funktioniert das beim Tango. Und deshalb kann ich das auch nicht besonders gut. Während ich mich konzentriere, denkt Pedro an was ganz anderes: «Falls du Dollars hast – ich würde sie dir abkaufen. Zahle auch mehr als die Bank.»

Ich verneine. Ich habe gar nichts mehr. Er ist nicht der Erste, der mich danach fragt. Auch der Obstverkäufer wollte mit mir Geschäfte machen. Inflation in Argentinien. Dann muss Pedro raus, rauchen. Wie etwa alle sieben Minuten, aber das Päck-chen kostet hier ja auch umgerechnet bloß 1,50 Euro. Vorher schiebt er mir noch einen neuen Tanzpartner zu: Alejandro. Ende 60, groß, glattrasiert, polierte Schuhe. Die Art Mann, die beim Zeitung-Umblättern zwischen die Seiten pustet. Auch Alejandro spricht Deutsch; ich frage gar nicht erst, warum. Während er mich souverän führt und uns kleine Drehungen gelingen, plaudern wir.

«Dieses Land steht vorm Bürgerkrieg», raunt er. «Die Leute sind nicht mehr bereit, die Situation zu akzeptieren.» Mir fal-len die Graffiti und die täglichen Demonstrationen in der Stadt, vor allem auf der Avenida 9 de Julio vor meinem Fens-ter, wieder ein.

«Eh … Die Situation?»

Rechts, links, Drehung.

«Ja. Arbeitslosigkeit, Inflation, steigende Kriminalität,

Ungerechtigkeit, die korrupteste Regierung aller Zeiten.» Er dirigiert mich zum Ausfallschritt.

«Ich frage mich, wann es wohl bei uns so weit ist», murmele ich.

Vor, zurück.

«Ach, die Deutschen halten nicht viel von Revolution. Ist historisch.»

Die Tanzstunde endet, ein kollektiver Erleichterungsseufzer anwesender Ehemänner durchschauert den Raum. Nun beginnt der Milonga-Teil für Profis. Und zwar mit einem rabiaten Live-Aufritt.

Auf der Bühne traktiert ein winziger Vollbartträger mit Undercut seinen Kontrabass mit an Brutalität grenzendem Enthusiasmus. Am Klavier hämmert ein magerer Ashton-Kutcher-Verschnitt derart frenetisch in die Tasten, dass er dabei unkontrolliert auf und ab hüpft. Der Akustikgitarrist lässt Slash alt aussehen, und der Akkordeonspieler knallt sich sein Instrument wiederholt so hart auf den Oberschenkel, dass ich allein vom Zuschauen blaue Flecken bekomme. Extrem ernsthaftes Engagement meets ekstatische Spielfreude – wie lauter manische Helge Schneiders, nur ohne die Ironie. Während mein Mund offen steht, fühlen sich meine Ohren von der freejazzigen Zigeunermusik mit orientalischem Einschlag überfordert. Ein greiser Sänger im feuerroten Hemd gibt anschließend den Klassiker «Bésame Mucho» zahnprothesenbedingt lispelnd, aber mit solcher Inbrunst in einer funky Version («Bes-bes! Última vez!») zum Besten, dass ich erst verzögert bemerke, wie meine Hände längst mitklatschen.

Es ist die Stunde der alten Herren. Jetzt wird richtig getanzt, und obwohl inzwischen viele versierte und bezaubernde Tangotänzerinnen eingetroffen sind, gibt es kaum altersgleiche Tänzer. Deshalb sieht man lauter verschieden alte Pärchen mit geschlossenen Augen elegant übers Parkett schlurfen.

Denn Tango wird geschlurft. Mit großen Posen und Gesten. Das Akkordeon peitscht nicht mehr, es kitzelt. Das Klavier klimpert von Sehnsucht und Leidenschaft. Ich klimpere mit dem Eis in meiner Cola.

Neben mir feixt Keisha: «Es ist so unglaublich sexy, wenn ein Mann Tango tanzen kann. Ein gutaussehender, jüngerer Typ könnte hier heute Abend so derartig abräumen!»

«Absofuckinglutely!»

Nur: Einen annehmbaren argentinischen Tango-Gott habe ich hier heute nicht entdeckt. Schon gar nicht in meinem Alter. Aufs Stichwort schwoft Pedro mit einer reizenden Blondine an mir vorbei, sie sieht milde angewidert aus. Ich lehne mich zurück, zuschauen gefällt mir besser. Manche Träume haben eben in der Realität nichts verloren.

Rettungslos.

Nach Hause ist keine Option. Aber nur, weil umbuchen viel zu teuer ist. Allerdings ist genau genommen gerade alles zu teuer. Mit meinem verbliebenen Geld werde ich es noch vom Flughafen zum Hostel in Kapstadt schaffen, dann bin ich final pleite. Inklusive eines voll ausgereizten Dispos.

Ich bin gescheitert, und die Verantwortung dafür trage ganz allein ich. Es ist eine Kombination aus verschiedenen Faktoren: Ich habe mich von Anfang an verkalkuliert und hatte eigentlich zu wenig Geld für diese Reise, ich war manchmal unvernünftig wie bei der Buchung des Hotels in New Orleans oder als ich – enthusiasmiert von der neugewonnenen Freiheit, meine Beine zu zeigen – zwei, drei Kleider gekauft habe. Und ich habe Unvorhersehbares nicht eingerechnet. Wie mein in Rio geplündertes Konto. Die 500 Euro bekomme ich zwar wieder, doch das dauert.

Es lässt sich nicht rückgängig machen, jetzt muss ich praktisch denken. Dazu schreite ich in meinem Kämmerchen auf und ab. Je zweieinhalb Schritte in jede Richtung, mehr ist nicht drin. Meine Familie kann ich nicht nach Geld fragen; bis auf meine Schwester und meine Großeltern habe ich schon seit Jahren mit kaum jemandem Kontakt, und die haben selber nichts. Dann habe ich doch noch eine vage Idee: Die ganzen Lifestyler in meinem erweiterten Bekanntenkreis treiben sich ständig in Südafrika rum. Ich könnte sie fragen, ob jemand jemanden kennt, bei dem ich gegen ein geringes Entgelt oder für Kost und Logis arbeiten kann. Kühe melken, Bartendern, putzen. Es wird sich schon eine Lösung finden. Trotzige Zuversicht legt sich über meine Schultern wie ein fadenscheiniger Superman-Umhang.

Und so reaktiviere ich an meinem vorletzten Tag in Buenos Aires nach fast zwei Monaten meinen Facebook-Account. Ein fremdes Gefühl. Noch immer alles unverändert corporateblau. Mit wackligen Fingern tippe ich meinen Rettungsideen-Post. Was dann passiert, das hätte ich als Letztes erwartet.

In Sekundenschnelle landet eine Nachricht auf dem Bildschirm. Von Ben. Mein Magen flattert. Wieso er? Will ich das?

«Ich weiß, du willst mich nicht mehr in deinem Leben haben …»

Richtig. Blitzmerker.

«… aber ich habe in der letzten Zeit gut verdient und ein bisschen was übrig, und ich ertrage es einfach nicht, dich ohne Geld irgendwo auf der Welt gestrandet zu wissen. Lieber esse ich wochenlang nur Nudeln mit Ketchup.»

Verdammt. Er geht nicht über Los, sondern direkt in mein Herz. Mal wieder. Immer noch. Es ist ein edles Angebot, keine Frage. Nur von der falschestmöglichen Person.

Ich seufze und tippe. «Das wäre aber äußerst großzügig von dir.»

«Nein. Das nennt man Liebe und Freundschaft. Da kann man gar nicht anders. Sag mir, wie viel du brauchst, und ich überweise es dir sofort. Du musst es mir auch nicht zurückzahlen.»

Mein Kopf fällt mit einem dumpfen Geräusch nach hinten an die Rigipswand. Ernsthaft? Liebe und Freundschaft? Ich schiebe mein Netbook ein Stück von mir weg. Was soll das denn jetzt? Dann straffe ich die Schultern.

«Oho. Womit habe ich das wohl verdient?», frage ich.

Er antwortet mit einem Zitat aus *Der Kleine Prinz* von Antoine de Saint Exupéry: «Man ist zeitlebens für das verantwortlich, was man sich vertraut gemacht hat.»

Ja, mein Herz. Wir beide haben uns vertraut gemacht. Sehr sogar. Aber das ist ganz schön lange her.

«Traue keinem Mann, der den kleinen Prinzen zitiert», sagt Edda durch eine Jointwolke später beim Abschied auf der Dachterrasse zu mir. Vielleicht hat der Abstand zwischen uns ihn aufgeweckt, überlege ich, während ich meinen Rucksack routiniert für die Weiterreise stopfe. Soll vorkommen. Ja, er hat mir weh getan, war unzuverlässig und inkonsequent. Aber niemand ist in Notlagen so für mich da, wie er es ist und immer war. Außerdem liegt die Resonanz auf meinen Facebook-Post bisher bei null. Es ist also nicht so, dass ich eine Wahl hätte.

Am Abend vor meinem Flug nach Kapstadt nehme ich Bens Angebot an. Die zweite Runde Schmerzensgeld. Als wir chatten, wünscht er sich, dass ich ihm Fotos von meiner Reise in höherer Auflösung schicke, damit er sie ausdrucken, einrahmen und bei sich aufhängen kann. «Dann ist was von dir in meiner Wohnung.» Er schickt mir noch eine Sprachnachricht mit Gute-Nacht-Wünschen auf Spanisch hinterher.

Es klingt nach Liebe.

*K*apstadt

Farben.

«Wenn du hier liegenbleibst, steigst du aus und rennst um dein Leben.» Taxifahrer Joe fixiert meinen Blick im Rückspiegel. Er scherzt nicht. Auf dem Weg vom Cape Town International Airport in die City Bowl passieren wir mehrere Townships.

«Von deinem Auto bleibt eh nichts mehr übrig, sie nehmen alles mit – Reifen, Türen, Sitze. Aber eigentlich ist es sehr schön hier.»

Ich schlucke trocken. Willkommen in Südafrika.

Die Bretterbudenhäufchen von Guguletu, Bonteheuwel und Langa erstrecken sich in anarchischer Formation rechts und links entlang der Autobahn flach bis zum Horizont. Anders als Rios Favelas, die sichtbar an den Hängen der überall im Stadtgebiet verstreuten Granitberge prangen, breiten sich die Elendsviertel Kapstadts vor den Toren der Innenstadt aus, schön weit weg. Separation, das Wesen der Apartheid. Aber auf dem Weg zum Flughafen kann man ihnen nicht ausweichen. Ein kilometerlanges Mahnmal.

Neben den mit Müllbeuteln und Sperrholzplatten abgedichteten Wellblechhütten reihen sich kleine, bunt gestrichene Betonhäuschen auf. Joe fängt meinen verwunderten Blick auf.

«Die lässt die Regierung bauen. Aber das löst die Probleme

nicht. Alle diese Häuser haben zwei Zimmer, und die Bewohner leben mit zehn, fünfzehn Leuten darin.»

Joe liefert mir seinen persönlichen Erklärungsansatz gleich mit: «Es ist die Kultur. Die Menschen dort teilen alles und helfen jedem. Wenn zum Beispiel Besuch kommt, dann bringt einer eine Flasche Whiskey mit, der andere eine Flasche Rum und so weiter. Dann kippen sie alles zusammen, und jeder trinkt gleich viel vom Gleichen. Jeder, der dir mal geholfen hat, gehört zur Familie. Und die lässt man nicht im Stich.»

Später, beim Frühstück in der großen Hostelküche mit der gleichalten Kommunikations-Managerin Lisa aus Johannesburg höre ich, dass Township natürlich nicht gleich Township ist und sich selbst innerhalb der Viertel enorme Unterschiede auftun. Wie in Rio, ich dachte es mir schon.

«Mandela wohnt in einer Township in Joburg in einem ziemlich schicken Haus», sagt sie.

Weil der Pfirsich auf meinem Teller hart ist wie ein Apfel, das Messer stumpf und ich abgelenkt, schneide ich mir in den Zeigefinger. Aus dem kleinen Schnitt quillt Blut. «Woher kommt die Gewalt in Südafrika?», frage ich.

Lisa reicht mir ein Küchenkrepp.

«Kriminalität beginnt mit Not. Wenn du nichts zu essen hast und der gegenüber hat ein Brot, dann nimmst du es ihm weg. Weil du überleben willst. Mit Stehlen fängt es an. Und es gibt hier riesige Armut, wir haben eine Arbeitslosenquote von um 30 Prozent – Leute in ihren Dreißigern, die noch nie im Leben gearbeitet haben. Der Staat kümmert sich hier auch nicht um seine Arbeitslosen wie bei euch in Europa. Tja. Keine Arbeit, kein Essen.»

Vom Diebstahl zu Vergewaltigung und Mord sei es ja aber doch noch ein gehöriger Schritt, werfe ich ein und häufe mit der linken Hand Joghurt auf meinen Obstsalat. Lisa runzelt die Stirn.

«Ich will die Apartheid nicht für alles verantwortlich machen, aber ... Viele Menschen in diesem Land sind schwer traumatisiert. Jahrzehntelang wurde ihnen eingeimpft, sie seien nichts wert. Ihnen wurde die Menschenwürde nicht nur genommen, sie wurde vernichtet. Tag für Tag. Freunde und Familienmitglieder verschwanden und tauchten nie wieder auf. Wie mein Cousin. Er war damals im Highschool-Alter und in einer Bürgerrechtsgruppe. Die Regierung behauptete, er und seine Freunde würden eine Bombe bauen wollen. Eines Tages fuhr er mit dem Bus von Kapstadt nach Johannesburg und verschwand. Wir wissen bis heute nicht, wo er ist. Fast jeder hier hat in dieser Zeit jemanden verloren, den er liebt.» Lisa hält inne und holt tief Luft.

«Die schwarzen Südafrikaner lebten in permanenter Unsicherheit, Machtlosigkeit, Würdelosigkeit. Diese Erfahrungen kann man nicht auslöschen. Und sie haben ihre Traumata nie aufgearbeitet. Diese innere Wut und Ohnmacht, die lassen sie im Affekt am schwächsten greifbaren Glied aus – Frau und Kind.»

Daher auch die vielen Vergewaltigungen?

«Ja, im Grunde hat beides dieselbe Wurzel. Es passiert oft im Bekanntenkreis oder innerhalb der Familie, an Schwächeren, Abhängigen.»

Wie bei uns, wie überall.

Lisa schnaubt: «Die furchtbare Geschichte in Indien, die durch die internationale Presse ging, hat hier eine Welle der Empörung ausgelöst. ‹Wieso reden alle über Indien? Wir haben doch genau das gleiche Problem.› Und endlich trauen sich immer mehr Frauen, die Fälle anzuzeigen. Das Bewusstsein wächst. Vergewaltigung ist ein Gewaltverbrechen und gehört bestraft.» Und dann gibt es ja noch die Sache mit diesem unangenehmen Aids.

«Wieso ist das so ein Problem hier in Südafrika? Ich meine,

subjektiv ist es hier schlimmer als überall woanders auf der Welt», frage ich zwischen zwei Löffeln Obstsalat.

«Na ja, genau weiß ich das auch nicht. Aber die Regierung hat lange Zeit kaum Geld für den Kampf gegen Aids ausgegeben. Das hat sich in den letzten fünf Jahren langsam gebessert. Es gibt mehr Geld für Medikamente und Programme, und es gibt erste Resultate. Aber das Problem ist noch lange nicht gelöst und wird es wohl auch nie sein. Männer hierzulande betrachten es zum Beispiel als ihr Recht, neben ihrer Ehefrau diverse Freundinnen zu haben, die Gesellschaft bestärkt sie darin. Und so infizieren sie alle, natürlich auch ihre Ehefrau. Diese Konstellation war hier jahrelang Standard.»

Der untreue Gatte als Todesbringer. Und was kann man dagegen machen?

«Mütter könnten ihren Söhnen beibringen, Frauen zu respektieren. Zum Beispiel», sagt Lisa und hebt einen Mundwinkel, bevor sie wieder ernst wird.

«Aids ist in erster Linie eine Verhaltensfrage. Die gebildeten weißen Schichten glauben, sie wären sicher und Aids sei ein Problem der Townships. Das ist es nicht. Und während es bei den Armen langsam besser wird, wird sich die Krankheit in den höheren Schichten weiter ausbreiten.»

Auch wie bei uns, denke ich, wo sich der Irrglaube breitmacht, Aids sei irgendwie voll achtziger und im Grunde ja auch irgendwie behandelbar und Kondome sowieso unbequem. Mir bleibt ein Stück Pfirsich im Hals stecken.

«Aids interessiert sich nicht für Herkunft, Bildung und Hautfarbe, weißt du?», sagt Lisa in meinen Hustenanfall hinein.

Da ist der Virus den Menschen voraus. Obwohl ich mich dabei unbehaglich fühle, frage ich Lisa nach ihren persönlichen Erfahrungen mit Rassismus. Sie lacht kurz auf. «Wo soll ich denn da anfangen? Rassismus ist noch immer allgegenwärtig, besonders in Kapstadt. Wenn ich mit dir in ein Geschäft gehe, wirst du immer, immer, immer zuerst bedient werden. Ich gebe dir meine Hand drauf. Und das ist den meisten nicht mal bewusst. Aber der Unterschied ist: Wenn ich jetzt schlecht behandelt werde, darf ich mich wehren. Das war früher unmöglich.»

Mit dem Löffel schabe ich matschige Papaya-Reste aus der Schüssel. Gewalt, Armut, Aids – und was ist das Schöne an diesem Land?

Lisa überlegt nicht lange: «Die Menschen. Sie sind lebensfroh, gastfreundlich. Sie geben einfach nicht auf. Sie haben so viel durchgemacht und sind trotzdem mehrheitlich in der Lage, ein fröhliches, erfülltes Leben zu führen. Trotz des Traumas der Apartheid. Sie lieben dieses Land und arbeiten hart, um Südafrika nach vorne zu bringen. Anders als in vielen anderen Ländern Afrikas leben alle Stämme hier mehr oder minder friedlich zusammen. Das wirst du erleben, wenn du hier rumreist.» Da ist Zärtlichkeit in ihrer Stimme.

Mir fallen die Worte von Joe, dem Taxifahrer, wieder ein. Über Gemeinschaft und Zusammenhalt. Wie es kommt, fragte ich auch ihn beim Aussteigen, dass so großzügige, gastfreundliche Menschen mit einem so starken Sinn für Gemeinschaft so viel Gewalt ausüben: Vergewaltigungen, Mord, Totschlag.

«Um ehrlich zu sein: Ich weiß es nicht. Ich schätze, es ist jeder Einzelne, der in jedem Moment für sich die Entscheidung trifft, jetzt gerade gut oder schlecht zu sein.»

Es geht im Leben eben nicht um Schwarz oder Weiß. Sondern einzig um die Farben des Herzens.

Cool.

«Ja, Baby – das Kap-Wetter ist launischer als jedes Model», sagt Hostelbarkeeper Luke, als ich zum dritten Mal umgezogen an ihm vorbeigehe. Ich mache einen Catwalk bis zur Tür. Luke pfeift, und ich starte kichernd meinen Spaziergang. Vormittags hielt mich platternder Herbstregen im Zimmer gefangen, mittlerweile leuchtet die Sonne über dem Tafelberg. Trotzdem friere ich ein wenig – in Afrika. Aber eigentlich ist Kapstadt gar nicht Afrika. Dafür ist es viel zu cool. Nicht nur die Temperaturen.

An der Kreuzung, an der die Kloof Street in die Long Street übergeht, wallt von hinten ein ohrenbetäubendes Grollen auf. Als ich mich umdrehe, sehe ich schätzungsweise 30 Spätteens die Kurve hinabskaten. Karohemden, Vans, Wollmützen, Handykameras. Neben mir blickt ein sonnenblondes Mädchen im grauen Jerseykleid nur kurz unter ihrer Wollmütze auf und dann gleich wieder auf ihr iPhone5. Ein uniformierter Schwarm lauter Too-Cool-For-School-Kids, hier nichts Besonderes. Ein bisschen wie zu Hause im Schanzenviertel.

Mir fällt mein erster Spaziergang in Hamburg wieder ein, damals Ende März, nach der OP und vor der Chemo. Und auf einmal bin ich wieder auf dem Schulterblatt.

Ich will endlich keine Patientin mehr sein und mich stattdessen mal wieder halbwegs hübsch fühlen. Zur obligatorischen Jogginghose trage ich mein olivgrünes Shirt mit Ausschnitt, Jeansjacke und eine Fellweste, auf der Nase meine Ray Ban. Die Sonne scheint, und es ist beinahe warm. Als ich an der Ampel auf Grün warte, lächelt mir ein Typ aus dem Autofenster zu. Er hat keine Ahnung, was für ein Geschenk er mir damit macht. Frühling, trotz allem.

Die Sonne im Rücken flaniere ich durch die Susannenstraße, noch sehr bedächtig wegen der operierten Beine. Die festen blauen Fäden sind bis auf einige hartnäckige Rest-Enden unter der Haut schon gezogen. Ich kann gehen, wenn auch nicht weit und nicht lange. Aber ich habe meine Runde fast beendet und bin schon wieder auf dem Heimweg.

Dann spüre ich Wärme an meinem Po. Nur an meinem Po. Ist das die Sonne? Aber die scheint doch schon die ganze Zeit. Irgendwas stimmt nicht. Ich fasse an. Es ist nass. Ein Schwall Lymphflüssigkeit ist durch die noch nicht ganz verschlossene Wunde aus meinem Körper geflossen. Es sieht aus, als hätte ich in die Hosen gemacht. Beschämt wickle ich mir meine Jeansjacke um die Hüften, nehme meine Würde und gehe unverändert gemächlich nach Hause. Schneller ist nicht möglich, obwohl ich am liebsten fliegen würde. Mindestens jedoch hätte ich grad gern ein erklärendes Schild auf dem Rücken. So viel zum Thema Coolness. Wenn mich diese Krankheit eins von Anfang an gelehrt hat, dann gelegentliche Demut.

Südafrika. Ich drücke meine eisigen Daumen durch die dafür vorgesehenen Löcher an den Bündchen meiner Fleecejacke und biege am «Cats and Moose Backpackers»-Hostel in die Long Street – der fast vier Kilometer langen Hauptschlagader von Kapstadts City Bowl. Vor dem Klettertourladen Abseil Africa hat sich ein Pulk Kerle Anfang vierzig versammelt. Auf der Suche nach einem «crazy Adventure», wie das Plakat im Schaufenster anpreist. Auf der Flucht vor dem Älterwerden, wie es ihre Surffältchen und Rip-Curl-Hoodies verraten. Kapstadt, ein großer Jungsspielplatz. Und ein Mode-Metropölchen für Mädchen. In Shops wie Mememe, Strato und Sitting Pretty jobben vorrangig Ex-, tatsächliche oder Möchtegern-Models oder Fashion-Design-Aspirantinnen.

«Alle denken, in der Modebranche zu arbeiten sei so glamourös. Das ist es nicht. Es ist verdammt harte Arbeit, es frisst dein ganzes Leben auf», schnattert Nachwuchs-Designerin Rani mit gedehntem südafrikanischem Akzent, während ich stirnrunzelnd durch die Pannesamtkleider mit Goldkreuzchenmuster browse. Daneben reihen sich Bart-Simpson-Shirts, College-Jacken und Pullis mit Flausch auf den Schultern auf. Ich fühle mich merkwürdig in der Zeit zurückversetzt und schlüpfe wieder auf die Long Street. Allerdings erst, nachdem Rani auf den Summer gedrückt hat, denn fast alle Läden hier haben eine Gittertür. Zur Sicherheit, wie mir Verkäuferinnen mehrfach erklären. «Pleeeasure!», ruft mir Rani auf mein genuscheltes Danke hinterher.

In diesem Moment schlurft ein mit den Jahren in sich zusammengesunkener Schwarzer an der Tür vorbei. Zahnlos. Obdachlos. Zum Schutz gegen den Regen hat er einen Müllbeutel zur Jacke umfunktioniert. Das ist der echte Street-Style, aber den will in Kapstadt keiner sehen.

Eine Frau nimmt meinen betrübten Blick wahr: «Sei nicht traurig. Wenn man ihnen etwas gibt, dann gehen sie los und besaufen sich sofort.»

Ich senke den Kopf und gehe weiter.

Da, ein Rip-Curl-Shop. Natürlich. Die Püppi im Schaufenster trägt mintfarbene Jogginghose mit passendem Schal und abgestimmtem Hoodie. Daneben ein kopfloser Plastiktyp in Neopren und ein paar Bretter, die für viele hier die Welt bedeuten. Aber die Long Street ist nicht nur Shoppingmeile für Skater und Surfer, sondern auch Hostel-Hochburg, Fressallee mit überdurchschnittlicher Burgerbeteiligung, Café- und Barparcours gleichermaßen. Bob's Bar beispielsweise ist ziemlich groß, ramschig und erinnert mich mit schon vormittags hämmernden Charthits an die Läden auf der Bourbon Street in New Orleans. In Schuppen wie diesem können sich mehr oder weniger coole Kids aus der ganzen Welt mit Schnäpsen für umgerechnet 45 Cent gegenseitig auftauen.

Schon wieder dieses Grollen, der Skaterpulk nutzt einen autofreien Moment in dieser Einbahnstraße und donnert zum zweiten Mal an mir vorbei. Diesmal mache ich schnell ein Foto, das glaubt einem ja sonst keiner. Da ich die Kamera nun schon mal in meinen kalten Händen halte, fotografiere ich auf meinem Heimweg ein paar der bunten, viktorianischen Häuser, die sich zwischen zweckmäßige Neubauten quetschen.

Die Sonne zieht sich ein Wolkendeckchen an, fröstelnd schiebe ich mich auf dem nicht sehr breiten Bürgersteig an heimeilenden Anzugträgern vorbei. Vor dem Schaufenster des Shops African Art Collection erwäge ich den Kauf einer Straußeneilampe. Aber dann fällt mir doch niemand ein, dem ich dafür ausreichend Hass entgegenbringen würde. Außerdem habe ich kein Geld für Schnickschnack.

Es ist fast 18 Uhr, die Geschäfte schließen. Jetzt muss ich schnell nach Hause. Vor Einbruch der Dunkelheit, sonst ist es allein nicht sicher für mich, auch nicht in der Innenstadt. Ich schaffe es gerade noch, die untergehende Sonne begießt die Wattewolken um den Tafelberg mit Orangensaftlicht. Ich schmunzle. Hier hängt die klischeeklassische Model-Mahlzeit am Himmel. Dann sehe ich kurz nichts mehr, kalter Wind pustet mir die Haare ins Gesicht. Aber Samstag werden es 25 Grad, dann kann ich endlich wieder nur im Pulli raus. Und der ist garantiert nicht von Rip Curl.

Spiel.

«Typen wollen immer, was sie nicht haben können. Wir sind Spieler.» Der rotblondbärtige Mann sieht mich über seine Bierflasche hinweg schulterzuckend an und nimmt dann einen Schluck aus seinem Jack Black.

Ich zucke ebenfalls mit den Schultern: «Tja. Männer sind eben manchmal Idioten.»

Wir sitzen schon seit gefühlten Stunden hier in dieser Bar namens Rafikis irgendwo in Kapstadt und reden. Nur, weil wir uns nicht kennen und nie wiedersehen, können wir unsere Herzen komplett nach außen stülpen. Ich weiß nicht mal mehr, wer hier wen angesprochen hat und warum. Ich weiß aber: Es ist eine dieser diffus wichtigen Einmal-Begegnungen.

Er erzählt mir seine Geschichte. Von seiner Exfrau. Der einzigen Frau, die ihn je verlassen habe. Fast zwei Jahre sei es jetzt her, und obwohl er wisse, dass sie nicht kompatibel waren, hinge ein Teil von ihm an ihr.

«Es war nicht nur Gewohnheit. Es war … ich weiß nicht, was. Sie hat mich täglich genervt. Aber dann wollte ich sie unbedingt zurück», sagt er.

Ich beobachte, wie sein Finger das Etikett abnibbelt, und flüstere, einen Schatten verjagend: «Ego.»

Ich erzähle ihm meine Geschichte, einen Teil davon. Von meinem Exmann. Von Trennung im sogenannten gegenseitigen Einvernehmen. Von fast zehn Jahren gemeinsamen Erwachsenwerdens. Von Entfremdung und Einsamkeit zu zweit. Von Bruder-und-Schwester-Leben, tiefer Freundschaft und der größten Niederlage meines Lebens. Und davon, dass mein Herz ein Hundebaby ist.

«Wie jetzt – so süß oder was?» Seine braungrünen Augen sehen mit den Lachfältchen rundum aus wie kleine Sonnen. Er ist älter als ich, aber nicht viel.

«Nein. So treudoof.» Ich lächle zurück. Die Bierflaschen klirren verständnisvoll, als wir anstoßen. Die Bar ist inzwischen voll mit Surfern und Globetrottern, im Hintergrund läuft Mumford & Sons. Wir sitzen uns gegenüber und stecken die Köpfe näher zusammen.

«Wenn ich jemanden liebe, dann mit ganzem Herzen. Das

Leben ist zu kurz für Scharaden», sage ich zu seinem bemützten Ohr und rieche Hilfiger.

«Wenn ich die Wahl hätte zwischen ‹mich selbst schützen› und ‹von ganzem Herzen lieben und Schmerzen haben›, nähme ich immer b.»

Er streicht durch seinen Fünftagebart. «Mhm. Ist vielleicht echt nicht das Klügste. Aber das ist wenigstens echt.»

Ich schnaube. «Ja, echt blöd.»

Zurück zur Ehe.

«Ich glaube, es braucht eine gewisse Grundkompatibilität, damit es auf Dauer funktionieren kann.»

Er nickt. «Ich bin ein Chaot, eine Nachteule. Sie war eine Pedantin und Frühaufsteherin. Wir hatten ständig Streit. Nicht nur deswegen.»

Ich erzähle von meiner Mitbewohnerin und dass das Leben mit ihr so entspannt sei, weil wir in entscheidenden Dingen gleich getaktet seien. Wenig Reibungsfläche.

«Klar kann man das nicht mit einer Beziehung vergleichen. Aber wenn man im Zusammenleben keine Energie auf Bullshit verschwenden muss, bleibt mehr Platz für Glück und Liebe.»

Da sitzen wir – gebrandmarkte Fremde, die die Ehe scheiße finden – am Ende der Welt und philosophieren. Ob Monogamie überhaupt funktionieren könne, will er wissen. Ich schiebe eine der leeren Flaschen auf dem Holztisch herum und überlege.

«Ja. Wenn zwei Individuen sich auf Augenhöhe begegnen und sich bewusst füreinander entscheiden, ohne sich zu brauchen, kann's klappen. Respekt ist das Wichtigste, glaube ich. Und Mut. Weil, wenn man sich für jemanden entscheidet, entscheidet man sich gegen alle anderen. Und zwar jeden Tag wieder. Das ist nicht mehr trendy. Man könnte ja was verpassen, es gibt unendliche Optionen. Besonders dank Internet. Du weißt schon – Facebook und so. Wie mich das manchmal aufregt.»

Natürlich erwähne ich auch Edda aus Buenos Aires, ihre Beziehung mit den beiden Kolumbianern und wie sie mir auf der Dachterrasse erklärte: «Es ist egoistisch, der oder die Einzige sein zu wollen. Man kann nicht erwarten, dass ein Mensch alle Ansprüche und Bedürfnisse permanent erfüllt.»

Er grinst. «Klingt doch vernünftig. Sieht sie gut aus?»

Ich werfe einen Bieretikettenschnipsel nach ihm.

«Das kann nicht der Anspruch sein, dass der andere all meine Bedürfnisse erfüllt. Und natürlich kann man sich nicht permanent glücklich machen. Aber darum geht's doch auch gar nicht. Es geht um Partnerschaft, um Commitment. ‹Ich will dich, weil ich an dich und uns glaube.› Und wenn ICH liebe und erfüllt bin, kann ICH problemlos treu sein. Dann will ich das auch von meinem Partner. Bämm.»

Schweigen. Er habe sie betrogen während ihrer gemeinsamen Jahre, grummelt er und guckt an mir vorbei. Geständnisse, die man am ehesten Fremden macht. Ob sie's wusste?

«Glaub schon. Sie ist nicht dumm.»

Ich umfasse mein Jack Black mit beiden Händen.

«Also, ich würde nicht zu Hause rumliegen wollen und wissen, dass mein Mann grad Sex mit einer anderen Frau hat. Ich will die Königin sein!»

Darauf stoßen wir an, mit dem letzten Schluck.

«Einen in der Krone haben reicht für den Anfang vielleicht schon», sage ich.

Stichwort. Er steht auf und holt zwei neue. Seine Jeans sind grauverwaschen und baggy und sein Karohemd ist lang. Er könnte also einen prima Hintern haben. Oder keinen. Egal. «Für Ihre Majestät», sagt er, während er sich auf den Stuhl gleiten lässt.

«Ach, komm – was soll ich denn machen? Ich kann eben

nicht gut teilen. Ich will die erste Geige spielen. Aber das mache ich dann auch recht gut.»

Er erzählt von seinem Traum, vom Musik zu machen endlich leben können. Wie unzählige andere.

«Bock auf Berühmtsein und Groupies?»

Er rückt seine Wollmütze zurecht. «Das wäre doch ein netter Nebeneffekt.»

Ein langer Schluck für mich.

«Ich hätte ja Probleme mit einem Mann, der so sehr in der Öffentlichkeit steht. Vielleicht fehlt mir dafür das Selbstvertrauen.»

Seine Sonnenaugen mustern mich.

«Vollkommen zu Unrecht, Frau Königin.» Oh, Flirtmode: On.

Das Bier verlangt Tribut, ich entschuldige mich. Beim Händewaschen schaue ich auf und sehe eine erwachsene Frau: Nasolabialfältchen, einzelne graue Haare, Pigmentflecken (ich bevorzuge: Sommersprossencluster), Sonnenbrand auf der schiefen Nase, ein ernster Blick unter schwarzen Wimpern. Die da im Spiegel, die ist … beinahe cool. Ts. Ich lächle mich aus. Breit mit rotem Lippenstift – neben meinen Statementnarben das einzige Accessoire heute Abend.

Als ich zum Tisch zurückkomme, sieht er mich an. Und lächelt ebenso breit.

«Für eine Frau mit deinem Tiefgang siehst du ziemlich umwerfend aus.»

Ich ignoriere, dass das keinen Sinn ergibt, bleibe stehen und blicke runter auf das Loch in meinen Ballerinas.

«Was du meinst ist abgefuckt.»

Ich nestele an meinem schwarzen Kleid. Sieht man wohl die Kompressionshose?

«Nein. Es ist die Art, wie du dich bewegst, wie du strahlst, dein offener Blick. Und … äh … dein waffenscheinverdächtiger Mund.»

Er checkt mein Stirnrunzeln und lacht.

«Komplimente sind nicht so deins, was?»

Ich knalle ihm das Bier auf den Tisch.

«Das, Herr Surfgott, kommt ganz drauf an.»

Er senkt seine Stimme. «Deine Narben … Haben sie eine Geschichte?»

«Oh ja. Aber die willst du nicht hören, nicht heute Abend.»

«Das heißt, du willst sie nicht erzählen.»

Er ist nicht doof, das muss man ihm lassen.

«Könnten auch Schmucknarben sein», sagt er.

«Schmuckwas?»

«Hast du noch nie davon gehört? Bei einigen afrikanischen Stämmen, zum Beispiel in Nigeria, werden Narben zur Initiation eingesetzt, als Zeichen für wichtige Ereignisse. Sie zeigen allen, dass du den Übertritt in einen neuen Lebensabschnitt geschafft hast. Skarifikation.»

«Das ist mit Abstand die beste und schönste Erklärung, die ich je dafür gehört habe. Darf ich sie mir leihen?»

Er prostet mir zu.

Wir reden auch über Selbstvertrauen, die guten und schlechten Seiten von Egozentrik, über Seelenverwandtschaft und die perfekte Partnerschaft.

«Wie muss er denn sein, dein Traummann?», fragt er, ein Bierschaumflöckchen in seinem Bart. Wir sind auf Gläser umgestiegen.

«Ich glaube, ich brauche jemanden, der mir Raum zum Atmen und Zeit für mich gibt, aber nie meine Hand loslässt. Ein bester Freund, aber eben mit verliebt und Sex.»

«Klingt überhaupt nicht kompliziert oder schwer zu finden. Bester Freund, verliebt, Sex … Und was findest du sexy? Bärte?», fragt er zwinkernd.

Ich überlege. «Ich habe auf dieser Reise was festgestellt», sage ich dann. «Klar habe ich eine Art Beuteschema. Aber was mich echt fasziniert: Wärme in den Augen. Wenn ich sehen kann, dass jemand ehrlich interessiert und authentisch ist. Wenn ich in den Augen erkennen kann, dass jemand ein großes, weiches Herz und keine Scheu hat, es zu zeigen.» Ich mache wieder eine Pause.

«Im Grunde will ich jemanden, der auf die Frage ‹Wer bist du?› eine halbwegs überzeugende Antwort hat. Der Rest findet sich.»

Er sieht mich mit bierseligem Blick an und sagt: «Du, Frau Königin, bist echt ein Hauptgewinn.»

Ich erwidere seinen Blick.

«Mag sein, Herr Surfgott. Aber leider spiele ich nicht.»

Abgrund.

Ella ist hier! Sie hat ihr in Kuba gegebenes Versprechen gehalten und besucht mich in Kapstadt. Zwei Wochen lang wollen wir an der Küste entlang auf Südafrika-Rundreise gehen, danach fliegt sie weiter zur ihren Verwandten nach Ghana und ich zurück nach Hamburg. Zunächst aber machen wir eine kleine Reise nach nebenan, in eine Township. Und die führt uns geradewegs ans andere, ans untere Ende der Welt.

Wenn ich bei dem Wort «Smiley» von nun an für immer an verbrannte Schafsköpfe denke, ist es Chippas Schuld.

«Eine Delikatesse. Wir legen sie ins Feuer, damit das Fell abbrennt. Durch die Hitze verzieht sich die Haut zu einem Lächeln. Darum nennen wir sie Smileys», sagt unser Township-Tourguide und schiebt sich ein paar Dreadlocks aus dem Gesicht.

Schräg hinter ihm wirft eine Frau nacheinander gefrorene Schafsköpfe aus dem Fenster ihrer Baracke in den Sand und hört ob unserer verstörten Blicke nicht auf zu lachen. Ein

Mädchen hebt die Schädel auf und schleppt sie an den kalten Ohren ein paar Meter weiter zu einer schwelenden Feuerstelle. Sie lächelt nicht. Sie sieht angewidert aus. So wie ich. Noch bevor ich meine Abscheu ausdrücken kann, sagt Chippa streng: «Das ist Teil unserer Kultur.»

Schon wieder Kultur. Als sei Kultur über Kritik erhaben. Eins steht jedenfalls schon jetzt fest: Diese Township-Tour ist nichts für Sensibelchen.

Wortlos ziehen wir weiter durch die Straßen von Langa, der ältesten Township Kapstadts. Unser nächster Halt ist ein ehemaliges Männerwohnheim, gebaut in den frühen Achtzigern für Arbeiter, die ihre Familien in den Dörfern lassen mussten. Inzwischen sind die Familien der Männer nachgezogen. Hier wohnen also achtzehn Menschen in drei Betten auf acht Quadratmetern. Und ich dachte, das Zimmer im Hostel in Vidigal wäre eng gewesen. Tücher simulieren Restprivatsphäre. Ella, ich und zwei andere Touristen passen nicht alle gleichzeitig in die knallblau gestrichene Kammer. Also steht die Hälfte von uns in der Tür und glotzt auf die zwei Männer und eine Frau, die ebenfalls schweigend mit verschränkten Armen auf den Betten sitzen.

«Ihr müsst euch keine Gedanken machen, dass das eine Menschensafari sein könnte. Die Leute freuen sich, dass ihr euch für das Township-Leben interessiert», höre ich Chippas beschwichtigende Stimme zu Tour-Beginn sagen. Doch es fühlt sich in diesem Moment genau so an: wie eine Menschensafari. Wir reagieren kollektiv automatisch und zücken unsere Kameras. Weil das hier alles so unfassbar ist. Und auch zwecks Distanz.

«Die Regierung wollte die Wohnheime umbauen, aber bisher ist nicht viel passiert», erklärt Chippa von der Gemeinschaftsküche aus. «Die Lage in Langa ist schlecht. Über die Hälfte der Menschen hier ist arbeitslos.»

Die arbeitslosen Menschen hier in diesem Zimmer verstehen nicht, was er auf Englisch sagt, aber sie nicken würdevoll. Nur knapp ein Viertel der Einwohner Langas spricht Englisch – mangelnde Bildung. Staatliche Schulen kosten zwar nichts, aber Uniformen und Lernmaterial sind teuer.

«Meine Eltern können nicht mal lesen und schreiben», verrät Chippa, während wir die dunklen Räume beklommen verlassen. «Weil es nicht genug Bildung gibt, gibt es in ganz Südafrika fast keine Mittelklasse. Das ist unser größtes wirtschaftliches Problem.»

Die Frauen sind hier der Motor der Townships. Sie arbeiten – verkaufen Obst, handgemachten Schmuck, brauen Bier aus Mais oder verdingen sich in wohlhabenden Haushalten –, damit ihre Kinder essen und vielleicht sogar in die Schule gehen können.

«Die Männer sitzen in der Kneipe und trinken Bier», sagt Chippa, und in seinem Lachen schwingt ein «Es ist Teil unserer Kultur» mit.

Heute ist Sonntag, und deshalb gehen wir nicht in die Kneipe, sondern in die Kirche. Ein unscheinbares Gebäude unweit der Langa Highschool. Der Gottesdienst ist in vollem Gange und eher ein Konzert: Auf der Bühne steht eine Band mit Schlagzeuger, Keyboarder, Gitarrist, fünf Sängerinnen und dem Prediger. Flankiert von zwei Leinwänden, auf die Texte projiziert werden: Kirchenkaraoke. Zahlreiche Boxen verteilen den Sound in dem rechteckigen Raum, der die sakrale Ausstrahlung einer Schulaula hat. Aber er ist randvoll mit Gläubigen, die sich für ihr wöchentliches Date mit Jesus schick gemacht haben: Hut, Kleid, Anzug oder wenigstens Hemd. Und alle tanzen.

«Oh, Mann. Das kenne ich zur Genüge», sagt Ella, die Tochter eines ghanaischen Predigers, seufzend.

Aber der Gospel packt mich, und es dauert keine drei

Minuten bis ich – zeitlebens mehrfach vom Glauben abgefallen – auf das dreifache «HALLELUJA!» bis in die Haarspitzen enthusiasmiert «AMEN!» schreie und genauso wild tanze wie alle anderen. Musik macht glücklich, und für diesen Moment vergesse ich Not, Elend und Schafsköpfe. Und ich merke: Genau darum geht's hier. Einzig und allein darum. Amen.

Als wir nach einer halben Stunde musikalischer Seligkeit ins Auto einsteigen, erklärt Chippa uns, dass die Menschen in Langa trotz Christlichkeit an alten Riten festhalten. Wie der Initiation: Wenn Jungs achtzehn sind, werden sie beschnitten. Mit einem Speer. Und die Wunde muss von selbst heilen. «Wenn er einen Doktor braucht, ist er kein Mann. Keine Frau würde ihn wollen. Das ist Teil unserer Kultur.»

Chippa fingert an seinem Smartphone. Mir fällt ein, dass es afrikanische Familien geben soll, die Patenschaften für Europäer und Amerikaner übernehmen. Weil sie es bemitleidenswert finden, wie wenig Liebe und Familienzusammenhalt wir haben. Das ist Teil UNSERER Kultur. Das Motorengeräusch schluckt mein Bauchgrummeln.

Chippa deutet mit dem Daumen hinter sich.

«Wir sind nur über eine Straße gefahren, aber die Menschen auf dieser Seite sprechen nicht dieselbe Sprache wie die da drüben.»

Wir sind jetzt in Bonteheuwel, einer coloured Township. «Die Leute in Langa sind schwarz und sprechen Xhosa. Die Leute hier sehen aus wie Latinos und sprechen Afrikaans.» Chippa klärt uns auch über den Pencil Test auf. Je nachdem, wie leicht ein Stift sich aus den Haaren der getesteten Person entfernen ließ, wurden dunkelhäutige Südafrikaner während der Apartheid in «schwarz» und «farbig» eingeteilt. Ganze Familien wurden so auseinandergerissen und in unterschiedlichen Townships untergebracht – wie Langa und Bonteheuwel. Kriminalitäts-, Drogen- und Gangprobleme gebe es mehr in coloured Townships, meint Chippa, der selbst aus Langa kommt. Weil die Menschen dort nicht so eine starke Gemeinschaft hätten.

Die Gemeinschaft in schwarzen Townships wie Langa ist hingegen mitunter so «stark», dass sie Lynchjustiz praktiziert. «Wenn jemand ein schweres Verbrechen begeht und es nicht zur Anzeige kommt oder die Polizei den Täter nicht fassen kann oder will, dann gibt es hier so 50 bis 200 Leute, die das selber regeln. Sie legen demjenigen einen Autoreifen um den Hals und zünden ihn an. Das nennt man ‹necklacing›.»

Noch eine Parallele zu Rio, wo Drogendealer Menschen in Autoreifen stecken und verbrennen.

Momente später rollt ein Dreijähriger einen Reifen über die leere Straße. Er spielt. «Ja, mit so einem werden hier Menschen ‹necklaced›.» In diesem Moment möchte ich Chippa für seine reißerische Bemerkung schlagen. Mir ist ganzkörperflau und übel.

Ausgerechnet jetzt fahren wir zum Lunch in die Township Guguletu, zu Mzoli's. Seit Jamie Oliver hier das südafrikanische BBQ (nennt sich Braai) gefeiert hat, pilgern besonders am Wochenende einheimische Hipster und Touristen in die Township-Schlachterei und drücken sich bergeweise Wurst und Fleisch in den Hals, während DJs ihre Gehörgänge mit elektronischer Musik spülen. Die Schlange geht bis vor die Souvenirstände auf der Straße. Aber Chippa regelt das für uns, und so müssen wir nur eine halbe Stunde auf unser Essen warten. Zeit genug, meine Übelkeit zu verdrängen. Die Atmosphäre bei Mzoli's ist ausgelassen, eine Touristin stülpt sich eine Sixpackverpackung als Mütze auf den Kopf. Mein Bauch grummelt noch, aber das liegt an der fettigen Wurst. Schaf war nicht dabei. Zumindest nicht als Kopf.

Unsere letzte Station ist die Gefängnisinsel Robben Island. Chippa lässt uns an der V&A-Waterfront raus, gibt uns unsere

Tickets und verabschiedet uns mit Handschlag. Auf der Fähre schlafe ich die ganzen 45 Minuten durch, und Ella passt auf mich auf. Robben Island verschwindet an diesem südafrikanischen Herbsttag zwischen grauen Wolken und dichtem Dunst, und so geht es mir auch mit der Besichtigung. Eine hypnotisch langweilige Busrundfahrt, Nelson Mandelas winzige Zelle und eine drückende, nasskalte Atmosphäre – mehr bleibt bei mir nicht hängen. Aber das wiegt genug.

Am Abend, als ich alle Fotos noch mal anschaue, fangen meine Hände an zu zittern. Mein Herz flimmert, mein Unterleib kneift. Ich habe die Grenze des für mich emotional Erträglichen knapp überschritten. Doch als ich ins Bad gehe und mich setze, überfällt mich Grauen ganz anderen, viel persönlicheren Ausmaßes. Der altbekannte Schrecken meldet sich mit einem einzigen machtvollen Schlag zurück.

Da ist Blut in meinem Höschen.

Roundtrip

Tour.

Noch gut zwei Wochen – und ich habe weder Geld für einen
Arztbesuch noch für eine Umbuchung. Ella hält meine Hand.
Morgen gehen wir auf unsere Rundreise, momentan sitzen wir
am Pool und gucken in der Dämmerung auf den Tafelberg, den
wir neulich gemeinsam hochgeklettert sind.

«Mach dich nicht verrückt, Liebes. Die Blutung kommt bestimmt vom Stress und von der Anstrengung. Du wirst sehen –
da ist nichts.»

«Genau, entspann dich, Jess.» Yael aus Tel Aviv reicht ihren
Joint weiter. Und das erste Mal seit zwanzig Jahren sage ich
nicht nein. Keine fünfzehn Minuten später singen wir zu dritt
«Hava Nagila» und lachen, bis wir keine Luft mehr kriegen;
zwischen Rausch und Verzweiflung.

Ein würgendes Traumgefühl reißt mich vor dem Morgen-
grauen aus dem Schlaf. Die Angst ist zurück, will mich wieder
umklammern. Doch diesmal gewinnt sie nicht. Ich packe sie
beim Schopf und zische ihr ins Ohr: «Hör mir genau zu, Bitch.
Wir können jetzt gar nichts machen. Nichts. Das Einzige, was
wir tun können, ist: diese letzten Wochen irgendwie genießen,
so viel Kraft wie möglich tanken – und dann gucken, was passiert. Es kommt, wie es kommen soll. Bis wir wieder zu Hause

sind, hältst du die Klappe. Hast du mich verstanden?» Ich bebe innerlich. Und das Unglaubliche geschieht: Die Angst kriecht zurück ins Hinterzimmer. Mit einer resoluten Drehung unter der Daunendecke trete ich die Tür zu. Ein Stündchen Schlaf habe ich noch. Locker. Der gleichmäßige Puls in meinem Ohr trägt mich ins Drüben.

Am Morgen kontrolliere ich vor dem Duschen die notwendig gewordene Slipeinlage: wieder ein centkleiner Fleck. Ich atme langsam und bewusst. Keine drei Wochen mehr.

Der BazBus ist im Grunde ein großer Van mit Anhänger, der zwischen Kapstadt und Johannesburg von Hostel zu Hostel fährt. Ich habe mir die Rückbank gesichert und strecke meine Beine auf drei Sitzen aus. Es ist Nebensaison und nicht viel los, und Ella ist längst in ein Gespräch mit einem Deutschen vertieft, ein Schwabe aus Berlin. Was sonst? Ich blicke durch das offene Fenster in die Landschaft, weiß getünchte Häuschen zwischen Weinbergen und Wiesen. *50 Shades of Green.*

Unser erster Stopp ist Wilderness, ein Örtchen irgendwo an der Garden Route. «The Beach House» hat eine mehrstöckige Glasfront Richtung Ozean. Und Hostelmanagerin Annie, ein kugelrundes, irisches Großfamilienoberhaupt. Ihr bevorzugtes Revier erstreckt sich auf die Küche hinter der Theke im Eingangsbereich.

«Was gibt es hier denn so zu sehen?», frage ich, weil wir zu dritt spazieren gehen wollen. Peter, der Berliner Schwabe, hat sich uns angeschlossen. Besser gesagt: Ella, er hat sich Ella angeschlossen.

«Nichts. Nur den Irren», sagt Annie.

Wir gucken uns verständnislos an. Sie lacht und rührt ihren Reispudding.

«Keine Sorge! Da wohnt ein harmloser Verrückter in der Kaaiman's Grotto an den Gleisen, vielleicht so fünfzehn Minuten zu Fuß von hier. Keine Ahnung, was der da macht. Irgendwas mit Muscheln. Der ist total plemplem. Aber er ist unsere einzige Sehenswürdigkeit.»

Der hauseigene Tourguide bietet an, uns zu begleiten. Jack ist tiefschwarz und aufgrund seines Alters ein sehr erfahrener Führer. Aber auch ein wenig ungeduldig. Ein Labrador mit stumpfem, löchrigem Fell und klugen Augen. Jack kennt den Weg, es gibt hier ja nicht viele, und er kennt vor allem die Touristen – sie wollen immer zur Höhle. Zügig trabt er vor uns über die stillgelegten Bahnschienen, die sich wie ein Collier an die steilen Küstenhänge schmiegen. Seit dem regenbedingten Erdrutsch 2006 fährt hier auf der Outeniqua-Choo-Tjoe-Strecke keine Bahn mehr. Repariert wird nichts.

«Das hier ist Afrika», sagt Annie später. «Wir haben noch *ganz andere* Probleme.»

Wenn wir zu langsam werden, hält Jack an und wirft einen auffordernden Blick zurück. So, als wüsste er über die Zeit Bescheid.

Es ist die vollendete Idylle, ein Zwischenland. Auf der einen Seite weit unter uns das Meer und über uns der Himmel, von dem die Sonne alle Wolken gepflückt hat. Schräges Licht flirrt durch kniehohe, windwogende Gräser. Eine Szenerie wie ein detailverliebt inszeniertes Instagram-Foto. Ein Stück hinter mir die beiden Turteltauben, direkt vor mir Jack. Und nach einer Biegung ein kleiner Tunnel. Auf einmal ergreift anstelle der Angst eine merkwürdige Gewissheit Besitz von meinem Bewusstsein: Wenn ich sterbe, dann wird mein letzter Weg exakt so aussehen. Zutiefst friedvoll und freiwillig werde ich Jack folgen. Und es wird okay sein. Vielleicht sogar schön.

Gleich hinter dem Tunnel liegt die Höhle des «Irren». Er kniet am Eingang im Sand vor einem Haufen Muscheln und bastelt mit huschenden Fingern. Muscheln sind hier überall. Vor, an und in der Höhle; als Mobiles, Vorhänge, Skulpturen und Wandschmuck. Erst als Jack ihn zur Begrüßung anstupst, hört der Mann mit der Ohrenklappenmütze zu werkeln auf und lächelt; uns beachtet er nicht. Während ich mich mit großen Augen in diesem Muschelschrein umsehe, kniet Ella sich zu ihm herunter und fängt ein Gespräch an. Er antwortet mit gesenktem Kopf. Sein Name ist Clifford, seine Stimme ist leise und hell. «Wenn man ein Loch in eine Muschel machen will, ohne dass sie kaputtgeht, muss man ihre weichste Stelle finden.» Der irre Höhlenmensch ist ein Muschelkenner.

Zwischen dem Eingang, den Schienen und der Holzterrasse an der Klippe sind bodendeckerähnliche Grünpflänzchen in Beeten arrangiert, so akkurat wie in einem deutschen Schrebergarten. Hinter Clifford erstreckt sich seine große Höhle; sie wird nach hinten immer enger und endet irgendwo in Dunkelheit. Schlafkojen und Alkoven teilen ihr Inneres auf und bilden begehbare, staubige Stillleben aus Spenden, Geschenken und Dingen, die keiner mehr will. Wie die Menschen, die hier hausen. Denn neben dem Muschelmann leben zeitweise auch andere Gestrandete hier. Sogar Touristen bleiben für die eine oder andere Nacht, gegen eine kleine Spende, und erholen sich in Abwesenheit von Radio, Fernseher und Elektrizität. Fließendes Wasser und Toiletten gibt es hingegen sehr wohl, und gekocht wird auf einer Feuerstelle am Eingang.

«Der Rauch darf nicht reinziehen», sagt ein namenloser Mann in schwarzer Jacke. «Heute gibt es Fisch.» Natürlich selbst gefangen.

Unsere Runde durch die Höhle ist bald beendet, Jack wartet schwanzwedelnd an den Gleisen. Es wird dunkel, er will uns in seiner Verantwortung als Tourguide sicher zurück ins Hostel bringen. Der Muschelmann hockt noch immer im Sand. Ich darf eine Muschel mitnehmen. Als wir uns verabschieden, blickt er noch immer nicht auf.

Als ich einige Zeit später aufblicke, sehe ich ein Monster. Handtellergroß, dunkel und imponierend haarig prangt die

Spinne an der Wand über Patricks Bett. Ich springe hoch. Und ich schreie. Sekundenlang, lungentief. Ich schreie und schreie und schreie so laut, dass Annie aus der Küche gelaufen kommt und zwei ihrer großen Söhne mitbringt.

«Ach, das ist ja bloß eine Rain Spider. Ich dachte schon, es sei was Schlimmes.»

Nur mühsam kann ich meine entgleiste Stimme wieder einfangen.

«Tut mir leid, aber ich finde sie schlimm. Bei der Größe bräuchte sie ein verdammtes Halsband», sage ich mit verknoteten Armen und Beinen in der Zimmerecke. Die kubanische Snickers-Kakerlake hat mir damals nicht halb so einen Schrecken einjagen können. Ich ahne, warum. Meine Angst, das schlaue Biest, hat einen Stellvertreter-Auslöser genommen, um sich Luft zu verschaffen. Als John die Spinne in einer Pfanne weit, weit weggetragen hat, geht die Angst wieder brav zurück auf ihr Zimmer. Ich bin jetzt hier der Boss. Also, fast.

Löwenherz.

Der große Löwe geht keine zwei Meter neben mir. Ich kann ihn *riechen*. Und er mich auch. Wir rollen in einem offenen Jeep durch den privaten Scotia Nationalpark und haben einen «male lion» aufgespürt. Sein Kopf hängt tief, und seine Tatzen verlassen kaum den Boden. Der Löwe sieht sehr einsam und sehr müde aus.

«Er hat die letzten zwei Tage damit verbracht, etwa alle 45 Minuten Sex mit acht unterschiedlichen Löwinnen zu haben», sagt unser Fahrer Bill. Das erklärt einiges. Also nicht einsam, aber müde. Oh ja – *love is in the air.*

Hinter mir sitzen Ella und Peter und halten Händchen. Das Schmatzen ihrer Küsse fetzt – trotz aller Freude um ihre junge

Liebe – umso lauter in meinen Ohren, je mehr sie versuchen, es unhörbar zu tun. Wie der Versuch, eine knisternde Plastikverpackung möglichst langsam und leise zu öffnen. Das niederländische Pärchen vor mir knutscht hingegen ungeniert. Wildnis aphrodisiert. Und in der Mitte sitze ich. Das Einzige, an das ich mich schmiegen kann, ist eine kratzige Wolldecke. Meine Augen und mein Geist sind erschöpft von den Eindrücken des Tages. Zebras, Antilopen, eine kleine Giraffenfamilie, die mit schwarzen Zungen Blätter von Dornenbüschen rupft, Tierskelette auf gelbbraunem Gras. Und dann vorhin das verliebte, pubertierende Nashornpärchen.

Der Koloss raste auf unseren Jeep zu, ich krallte mich in Erwartung eines Aufpralls am Seitengestänge und Sitz fest. Das war's, gleich liege ich zertrampelt im Gras. Was für ein Ende. Doch geschätzte zehn Zentimeter vor der Motorhaube stoppte das Nashorn und senkte den Kopf. Unser Fahrer blieb die ganze Zeit cool, dann schlug er mit der flachen Hand mehrfach von außen gegen das Metall der Tür. Lautes Scheppern. Der Nashorn-Junge drehte sich um – und trabte schnaubend davon zurück zum Schlammloch, wo seine Angebetete wartete.

«Er markiert den Starken vor ihr. Ähnlich wie wir Menschen. Und er hat uns bloß getestet. Also alles gut. Wären wir allerdings vor ihm weggelaufen, dann hätte er uns erledigt.»

So, so – das nashornische Äquivalent von «Halt mich zurück, Digger!», dachte ich und schmunzelte.

Noch größer als die verliebten Nashörner waren nur die Elefanten, die auf Armeslänge am Jeep vorbeischritten. Würdevoll, gemessen, gelassen. Als wären wir gar nicht da. Hätte ich den Arm ausgestreckt, meine Fingerspitzen hätten die furchige graue Haut berührt.

«Hier sind sie sanftmütig und harmlos. Im Krüger Nationalpark aber mögen die Elefanten keine Menschen und sind aggressiv. Sie erinnern sich daran, dass sie ihnen schlimmes Leid zugefügt haben», sagte unser Fahrer.

Schlimmes Leid, das vergisst man nicht so leicht. Dazu muss man gar kein Elefant sein.

Die Sonne verabschiedet sich, indem sie flüssiges Feuer über den Himmel und die Hügel kippt. Die Silhouetten der Akazienbäume reißen schwarze Linien in die rot glühende Weite. Die Zebras reiben ihre Hälse aneinander, bevor die Nacht kommt und mit ihr die Löwen und der Tod. Keine noch so ausgefeilte menschliche Schöpfung kann so erschütternde Erhabenheit vermitteln wie die Natur. Nicht das Silvesterfeuerwerk an der Copacabana, nicht der Karneval im Sambódromo. Ich staune mit offenem Mund und Herzen. Dann lege ich meine Decke zur Seite, Dankbarkeit wärmt mich. Wenn der verdammte Krebs zurückkommt, dann kommt er zurück. Ja, ich würde leiden und schreien und weinen und mich fürchten – aber letztlich würde ich nehmen, was da kommt. Wie immer. Und bis dahin lebe ich. Umsichtig und uneingeschränkt, achtsam und exzessiv gleichermaßen. So ausbalanciert wie möglich. Leben und Tod. Die Angst traut sich noch immer nicht und nicht mehr aus ihrem Zimmer.

Ich strecke dem Löwen meine linke Wade entgegen. «Nom Nom Nom! Guck, lecker Narbenbeinchen! Kleine Stärkung gefällig?» Er schleicht unbeeindruckt weiter. Sexiness hatte er heute schon genug.

Ruhe.

Das Ende meiner Reise gehört mir allein. Darum habe ich mich in Cintsa an der Wild Coast von Ella und Peter getrennt. So können sie ihre neu gefundene Zweisamkeit bis nach Durban hoch genießen und müssen dabei nicht mehr so dezent sein. Und ich bin wieder bei mir. Nicht nach innen gekehrt wie in Buenos Aires oder auf Tinharé. Nein, diesmal will ich bewusst noch ausstehende Rest-Erfahrungen sammeln und auf meine Kette mit den Lebensmomenten fädeln – bevor es nach Hause geht.

Ich stehe morgens auf, wenn die Sonne über der kleinen Bucht aufgeht und durch den Schlitz im zu knappen Vorhang scheint. Unten am ausgedehnten und einsamen Strand mache ich Yoga mit einer Handvoll anderer Verrückter, während der Rest der mehrheitlich jugendlichen BazBus-Touristen seinen kollektiven Dauerrausch ausschläft. Es ist friedlich hier. So, wie ich es jetzt brauche. Die Blutungen haben nicht aufgehört, aber sie sind auch nicht stärker geworden. Ich versuche, sie zu akzeptieren, als das, was sie sind: dumme Scheiße, die ich grad einfach nicht ändern kann.

Das Hostel liegt abgeschieden an einem Hang, ohne Auto kommt man nirgends hin. Aber das ist auch nicht nötig. Neben Campingplatz, Pool, Meer und kleinen Häuschen mit Ausblick gibt es einen Gemeinschaftsraum, eine geräumige Küche und eine Bar mit Billardtisch und billigem Wein. Das Abendessen im Buccaneers ist stets ein liebevoll zubereitetes Drei-Gänge-Menü und das Mousse au Chocolat eine kleine Offenbarung. Das sage ich auch zu dem Drehbuchautoren aus Seattle, der sich an der langen Tafel neben mir materialisiert hat. Sean heißt er und ist gebürtiger Südafrikaner, mit 27 das erste Mal seit 13 Jahren wieder in seiner Heimat. Wir fachsimpeln über Desserts, mein Lieblingsthema, lassen Tiramisu und Mousse gegeneinander antreten, das Mousse in unseren Schälchen gewinnt. Wir reden über Reisen und Schreiben und verabreden uns für später in der Bar.

Ich ziehe ein Kleid an, und er bestellt mir Rotwein, und irgendwann stehen wir auf der Terrasse, abseits der anderen Gäste. In der Ferne schimmert das Meer unter dem Vollmond. Ein beinahe ekelhaftes Rosamunde-Pilcher-Setting. Ich erzähle von Rio und wie es mich gepackt und befreit hat. Er erzählt mir von einem Drehbuch. In der Story geht es um einen jungen Mann und eine ältere Frau und um Liebe und Sex. Ich lache.

«Das hast du dir doch ausgedacht.»

«Natürlich. Ich schreibe meine Bücher immer noch selbst.»

«Nein, ich meine jetzt gerade.»

«Wer weiß? Vielleicht ...»

Und unter dem leuchtenden Band der Milchstraße küssen wir uns. Es ist ein sanfter, spielerischer Kuss ohne Tiefe. Als ließe man einen flachen Stein über einen See springen.

«Du bist eine schöne Frau.»

«Ja, mit schönen Narben.»

«Unter anderem.»

Ich pruste. Und bevor Gefahr aufziehen könnte, entziehe ich mich seiner Umarmung.

«Oh, nein – es ist Vollmond! Ich verwandle mich gleich in ein Stück Pizza!» Ich drehe mich zur Seite und singe in den hellen Nachthimmel: «When the moon hits your eye like a big pizza pie that's amore.»

«Sag bloß, du haust mir gleich aufs Auge?»

«Ich kann für nichts garantieren. Bring dich lieber in Sicherheit.»

Ich mag heute nicht. Er versteht. Und singt mit.

Zum Abschied nehme ich ihn noch einmal in den Arm. «Danke, Sean.» Lustig, das klingt wie «Dankeschön», denke ich, als ich zu meiner Hütte tripple.

Zu meinen letzten Reisemomenten gehört selbstredend auch Musik. Das Hostel bietet unter anderem Trommelkurse an, die abgelegene Lage macht erfinderisch. Zu meinen Gunsten.

Zusammen mit dem König der Trommler, Richard, sitze ich

unten am Pool auf einer Holzbank, beide eine Trommel zwischen den Knien. Seine Hände fliegen mit libellenartiger Geschwindigkeit über das straff gespannte Fell, jeder einzelne Finger ein Drumstick. Meine Hände patschen hingegen eher hummelmäßig darauf rum. Eine Stunde lang zeigt Richard mir geduldig, wie ich meine Hände auf einer Trommel benutze, verschiedene Klänge und meinen Beat erzeuge. Es funktioniert am besten, wenn ich einfach nicht nachdenke.

«Yeah! Du hast Rhythmus, Baby!», sagt er. Ich habe ihn wohl auf dieser Reise gefunden. Und es tut gut, ihn zu hören.

Bevor ich zurück nach Kapstadt fahre, muss ich mir noch einen Traum erfüllen. Eine Surfstunde. Das wollte ich schon so lange machen – seit Freundinnen von mir vor vielen Jahren in Surfcamps gefahren sind und ich zu Hause mit meinem Mann auf der Couch sitzen blieb. Ich will wissen, warum. Warum finden das alle cool, gibt's dabei ein Natural High? Was genau macht das Wellenreiten so besonders? Und kann ich den Ozean und das Brett bezwingen, ohne mich und andere zu verletzen?

Da ich weder über ein Board noch über einen Neoprenanzug verfüge, muss ich mir beides ausleihen. Kein Problem, das Hostel hat alles da. Ich zwänge mich in den kurzärmeligen Neoprenanzug. Er stinkt nach nassen Schweißsocken. Das Surfboard ist ziemlich schwer, dreckig und klebt. Zuerst machen wir Trockenübungen im Sand, und Derrick, der fast aussieht wie der junge Patrick Swayze in *Gefährliche Brandung*, erklärt mir, was zu tun ist.

«Du hältst das Board hoch, dann legst du es aufs Wasser. Wenn eine Welle kommt, schmeißt du dich drauf und fängst an zu paddeln, so doll du kannst. Und dann abdrücken und aufstehen. Eigentlich ganz einfach.» Er guckt überaus gewinnend.

Ganz einfach. Aha. Vielleicht, wenn man kein Körper-

Klaus ist. Nach ein paar vielversprechenden Trockenübungen darf ich endlich ins Wasser.

Ehrgeiz überkommt mich, ich will zumindest einmal aufstehen. Ein einziges Mal. Bis dahin ist es jedoch ein strapaziöser Weg. Schon nach kurzer Zeit verwandeln sich meine Arme in Pudding, ich könnte nicht mal einen Chihuahua heben. Aber ich erwische zumindest jede Welle.

«Das machst du echt gut. Bist du sicher, dass es dein erstes Mal ist?» Gehört wahrscheinlich zum Programm. Ich bezahle eben auch für gute Laune.

«Witzig, die Frage habe ich schon oft gehört.» Sieh an, ich habe noch Ressourcen für Zoten.

Nur einmal verliere ich das Board, es rächt sich direkt und knallt mir von unten ans Kinn. Das wird sofort dick, blau und verkrustet, und später werde ich aussehen wie der ägyptische Pharao Ramses. Ganz ohne Verletzung geht es offenbar nie. Doch dann, trotz wabbliger Arme, gelingt mir das Unglaubliche: Ich stehe auf. Für drei Sekunden. Drei Sekunden uneingeschränkte Freiheit auf dem Meer, dessen Rauschen meinen Triumphschrei verschluckt. Bevor mein Hintern und die Schwerkraft kollaborieren und mich rücklings wieder ins Wasser reißen. Nach der echten Welle schwappt Euphorie über mich hinweg. Sie ist dezent vertraut. Kann es das sein – das Gefühl, etwas zu schaffen, Widerständen zu trotzen, sich einen Augenblick lang frei und unbesiegbar zu fühlen? Das kenne ich. Jetzt wieder.

Als ich mich und das Board zurück nach oben schleppe, bin ich so erschöpft und kraftlos wie der Löwe. Aber jede Zelle meines Körpers ist glücklich.

«Surfen in Südafrika – hattest du gar keine Angst vor Haien?», fragt mich Ben später am Telefon.

«Nein.» Und es stimmt. Ich habe keine Angst. Die sitzt in ihrem Zimmer.

Internet gibt es hier im Hostel ähnlich wie in Kuba nur halbstunden- oder stundenweise. Wir haben nicht mehr viel Zeit.

«Wie geht es dir denn, Muckelchen?» Ich benutze das erste Mal seit Ewigkeiten wieder diesen Spitznamen.

Seine Antwort klingt aufrichtig. Er befinde sich auch gerade in einer Selbstfindungsphase, habe aber «wundervolle Begleitung» dabei, «eine gute Freundin».

Irgendwas an seinem Ton gefällt mir nicht. Er ist so beiläufig.

Es ist April. Es ist Frühjahr.

Mit der Wucht eines Blitzschlags krachen sie durch meine Eingeweide, die Worte der Wahrsagerin in New Orleans. *Im Frühjahr wird es einen Knall geben ...*

Ich atme flach.

«Was soll das heißen, eine gute Freundin?»

«Eben eine gute Freundin. Mach dir keine Sorgen. Du bist und bleibst MEINE Jessi.»

Ich entscheide mich, ihm zu glauben. Was auch immer das bedeuten mag.

Helden.

Müde wirken sie, aber auch stolz – sie haben viel gesehen. Ich bin wieder zurück in Kapstadt, schwinge in einer Hängematte und betrachte meine Turnschuhe. An der rechten Spitze hat sich mein großer Zeh schon vor Monaten durch das Wildleder gegraben und lugt an die Luft. Der Linke braucht noch ein wenig Zeit; fast wie bei den Birkenstocks meines Operateurs damals. Aber Zeit haben meine Adidas Neo und ich nicht, in zwei Tagen ist unsere Weltreise zu ende.

Bei ihrem Kauf im Oktober 2012 hatten sie keine Ahnung,

worauf sie sich einlassen. Sie dufteten neu, nach Rauleder, ein bisschen auch nach Klebstoff; sie waren dunkellila, samtig und weich. Und voller Vorfreude auf ein entspanntes Sneaker-leben. Jetzt sind sie schrabbelig, löchrig, abgerockt und nur noch bleichviolett. Sie sind nicht mehr dieselben, die Reise hat sie verändert. Regen, Staub, Sonne, Schlamm, Bier und Eis aus der ganzen Welt hinterließen Spuren. Und natürlich die Märsche. Die ungezählten Kilometer.

Sie gingen auf der Suche nach Internet in New York fast eine Stunde lang vom Apartment in Nolita zu Starbucks am Union Square. Sie marschierten den ganzen Weg über die Brooklyn Bridge. Sie flohen in New Orleans vor dem «Creepy Guy» und wandelten fasziniert zwischen Voodoo-Shops und Jazz-Clubs. Sie traten in einer nicht ungefährlichen Hood Miamis in die Fahrradpedale. Sie kraxelten in Mexiko auf Ruinen von Maya-Pyramiden und entspannten sich in mei-nen Händen, als ich meine nackten Füße den Sand spüren ließ. Sie fuhren in Kuba in einem 59er Buick spazieren. Sie liefen den ganzen Malecón runter, vom Hotel Nacional zur Plaza Vieja. Sie tanzten Salsa in Trinidad, entwischten in Santiago de Cuba den hartnäckigen Jineteros und wurden mehrfach in Rum getaucht. Sie flanierten an der Promenade Ipanemas entlang und wurden von Rios Sonne liebevoll ausge-blichen; sie ekelten sich vor den Dixi-Klos beim Mega-Bloco in Santa Teresa. Sie tanzten bei Tijucas Ensaio Técnico im Sambódromo im strömenden Regen Samba. Sie stiegen in Vi-digal die Hänge der Dois Irmãos hoch und runter; sie stapften durch den stinkenden Müll Rocinhas, um Favela-Kindern eine Choreographie beizubringen. Sie absorbierten tröpfchenweise Antarctica-Bier und Mango-Caipifruta. Sie balancierten in Salvador da Bahia auf Kopfsteinpflasterhügeln des Pelourin-hos und gingen für eine Sommernacht im Gleichtakt neben einem Mann. Sie tanzten Tango in Buenos Aires an der Plaza

Glorieta und wippten im Café Le Marais ansonsten täglich unterm Tischchen, während ich mein Herz leer schrieb. Sie schritten in Kapstadt die Long Street ab und belächelten die blitzsauberen Sneakers der coolen Kids. Sie standen im Staub der Townships vor abgetrennten Schafsköpfen. Sie tanzten in einer Kirche. Sie wanderten durch den Tsitsikamma-Nationalpark und balancierten über wacklige, moosige Steine in flachen Flussbetten. Ohne einen einzigen Ausrutscher. Sie trugen einen surfmüden Körper samt Board den Hügel hoch. Sie reckten sich auf einer Safari dem Löwen entgegen. Sie kletterten auf den Tafelberg – und machten längst nicht mehr vorhandenes Profil mindestens durch Zähigkeit wett. Vielleicht sogar durch so was wie eine Seele.

Bald werden sie ein weitgereistes Herz nach Hause tragen. Ein letztes Mal stolz ihre mürben Furchen und Löcher zeigen. Die Treppen in den vierten Stock hoch. Und dann werden sie eingerahmt, mit Plakette. Denn sie sind keine Schuhe. Sie sind Helden.

«Du vergötterst deine Schuhe?» Ben lacht.

«Hey, sie haben mich getragen. Überallhin.» Fast so wie wir uns damals.

«Komm endlich nach Hause», flüstert er in den Hörer am anderen Ende der Welt, jede Silbe Sehnsucht.

«Wenn du das immer sagst, denke ich, da wartet was auf mich.»

«Ja. Ich.» Seine Stimme klingt klar, fest und sicher.

Ich mache noch einen allerletzten Ausflug nach Boulders Bay – zu den Pinguinen – und ans Kap der guten Hoffnung. Ans gefühlte Ende der Welt, wo Wolken und Ozean sich aufbauschen und der Wind sie ineinander schäumt. Pinguine sind viel kleiner, als ich dachte. In etwa so groß wie eine Thermoskanne. Und sie riechen zudem ausgesprochen schlecht. Aber sie sind auch herzerwärmend drollig, wie sie watscheln und über kleine Äste hüpfen und sich gegenseitig Klapse geben. Ich schicke Ben ein Video, weil ich weiß, dass sein Kind Pinguine mag. Später balanciere ich auf den Felsen am Kap, unter den Augen des weißen Leuchtturms, bevor der Tourbus unsere Gruppe durch die braun-grün getupfte Heidelandschaft wieder zurück ins Hostel bringt. Am Wegesrand hocken Paviane, sie sind hier allgegenwärtig. Und ganz schön frech.

«Die Baboons klauen sogar Handtaschen durch Autofenster, weil sie die Kekse darin riechen können», erzählt unser Fahrer, und ich fühle mich ihnen seltsam verbunden. Kekse wären jetzt eine gute Idee, aber ich habe nur einen schrumpeligen Apfel in meiner Tasche, mein Abendbrot. Ein paar hundert Meter weiter spazieren auch Strauße an der Straße entlang. Weit und breit kein Sand zum Kopf-Reinstecken. Sie wirken trotzdem recht zufrieden.

Von diesem Tagestrip mal abgesehen verbringe ich die letzten beiden Tage meiner Reise ebenfalls wartend. Wie Ben. Auf ihn. Und den Termin beim Arzt.

Nach Hause

Feiertag.

Es ist eine Minute nach Mitternacht, und ich feiere meinen Geburtstag ungefähr über Lake Malawi. Es war von Anfang an der Plan, dass ich genau an diesem Tag wieder zu Hause in Hamburg lande. Weil es eben nicht nur mein Geburtstag ist, sondern auch der meines Großvaters. Und wir noch niemals einen einzigen unserer Geburtstage ohneeinander verbracht haben. Ich habe Glück und einen Fensterplatz. Das Afrika unter mir lässt sich durch das Bullauge nur schemenhaft erkennen. So ähnlich sieht nach sechs Monaten Weltreise auch meine Erinnerung an zu Hause aus. Abstrakte Bilder von sauberen Bürgersteigen, Menschen und Nieselregen. Ich lehne meinen Kopf an das labbrige Schaumstoffkissen. Heute ist Freitag, gleich am Montagmorgen habe ich den Termin bei meiner Gynäkologin. Das schlechte Gewissen brennt heiß in meiner Brust, hinter meiner Stirn und auf meinen Wangen. Ich hätte keine Nachsorge-Untersuchung auslassen sollen. Ich ignorante Idiotin. Egal, ich kann es jetzt nicht ändern, und ich bin schon auf dem Heimflug. Unnötige Selbstkasteiung, Schluss damit.

Es knistert in den Lautsprechern, der Pilot macht eine Ansage, und ich höre nicht hin. Im Sitzbildschirm hat Qatar Airlines für mich ein virtuelles Törtchen eingeblendet. Man schenkt mir eine Tafel Schokolade, die gute von Godiva. «Happy Birthday», sagt der Flugbegleiter und lächelt glatt, bevor er sich umgehend wieder seinem Wagen zuwendet. Vorsichtig wickle ich die Schokolade aus. Sie schmeckt wundervoll und nicht zu süß. Ich schließe die Augen und bin mitten in der Erinnerung an meinen Geburtstag vor zwei Jahren.

Durch die Radiochemotherapie habe ich solche Bauchschmerzen, dass ich weder essen noch trinken kann. Eine Sekunde bleibt mir nach dem Aufwachen immer Zeit, bevor der Schmerz einsetzt. Es sind kneifende Krämpfe, als ob jemand meine Eingeweide zu einem pulsierenden Knäuel zusammenquetscht, kurz loslässt – um dann wieder von vorn anzufangen. Meiner Kehle entweicht ein Stöhnen, und ich erschrecke mich vor dem Geräusch. Es sind die Folgen der Bestrahlung, der Campylobacter-Infektion mit dem Fieber, der ständige Wasserdurchfall. Mein ganzer Bauch von tausend Messern aufgewühlt. Der Schmerz hat mich in der Hand, und ich habe nur zwei Möglichkeiten: Entweder dagegen an brüllen oder wimmernd kapitulieren.

Die Entscheidung fällt mir leicht. Ich pöble mich aus dem Bett. Ich ranze meine Freundin an, die hier bei mir übernachtet hat, und meine Katze. Den Türrahmen, die Zahnbürste und mich selbst. Das bin nicht ich, der Schmerz steuert mich, aber es geht nicht anders. Sonst falle ich um, und ich weiß nicht, ob ich wieder aufstehe, und das ist nun mal keine Option. Aus dem Spiegel glotzt mich ein sich krampfkrümmendes Gerippe an. Mit eingefallenen Wangen und schmerzverzerrtem Gesicht. Ich will das nicht sehen. Ich will das nicht *sein*. Ich gucke weg.

Der Besuch bei meinem Opa dauert nur fünfzehn Minuten, länger halte ich es nicht aus. Aber sein Lächeln ist es wert. Der

Schmerz wird dadurch nicht besser, aber ich weiß wenigstens in diesen Augenblicken genau, wofür ich ihn aushalte.

Zu Hause im Bett kämpfe ich mit einer Backkartoffel – neben Hühnersuppe und Kinderpingui das einzige von drei ansatzweise essbaren Lebensmitteln. Eine löffelweise Überwindung. Selbst jeder Schluck Wasser, sobald im Magen angekommen, löst einen Stich aus. Ich muss mich zwingen. Unter drei Litern geht es nicht, morgen ist wieder Chemo. Der fürchterlichste Geburtstag meines bisherigen Lebens. Ich werde ihn nie vergessen.

Jetzt, zwei Jahre später im Flugzeug, bestelle ich mir zur Feier des Tages einen Sekt, trinke in großen Schlucken und weiß noch immer nicht, ob ich mich auf zu Hause freue oder nicht.

Anruf.

Er weint am Telefon. Als er anfängt zu sprechen, verstehe ich ihn kaum. «Es ist so schön, dass du wieder da bist. Es war so schlimm, dich ein halbes Jahr nicht zu sehen.»

Mein Herz öffnet all seine Tore.

«Weine nicht, Muckelchen. Ich bin ja wieder hier. Und diesmal bleibe ich.»

Wie sehr es mir weh tut, wenn er traurig ist. Ach, wäre es doch umgekehrt genauso.

Zwei Stunden zuvor hatten mich meine engsten Freunde und meine Schwester vom Flughafen abgeholt und nach Hause begleitet.

«Wie aus du siehst!», war die erste Reaktion. Ich musste lachen. Ich war ein Reise-Klischee: Sandalen, Pluderhose, Makramee-Kette mit Aquamarin um den Hals. Wann ist diese Metamorphose passiert? Irgendwo in Afrika, vermute ich.

Meine Wohnung hat sich nicht verändert. Alle Bücher an ihrem Platz, auch die nie benutzte Gitarre. Alles heil. Mein Kater erkannte mich sofort. Zumindest lief er nicht vor mir weg. Und er war noch genauso übergewichtig wie vor meiner Abreise.

«Oh, Fetti! Du hast mir so gefehlt», nuschelte ich in seinen Ganzkörperflausch und setzte ihn vorsichtig wieder ab, bevor ich womöglich einen Bandscheibenvorfall bekommen würde. Mein Rucksack war schon schwer genug. Den stellte ich, ohne ihn auszupacken, in mein Zimmer, machte mich frisch und dann durch den Hamburger Regen auf den Weg zu meinen Großeltern. Seltsam. Sonst schien an meinem Geburtstag bisher immer die Sonne.

Oma hatte an der Tür Ballons aufgehängt und eine «Happy Birthday»-Girlande. Ich umarmte ihre knochigen Schultern lange und schweigend. Sie ist so klein, ihr Kopf liegt immer genau auf meinem Herzen. Früher war es umgekehrt. Auch Opa freute sich, mich zu sehen. Das Leuchten in seinen Augen – mein schönstes Geschenk.

«Alles Gute, Opilein.»

«Ja, für dich auch, Kleines. Für dich auch.» Man versteht ihn schlecht, das ist das Parkinson.

«Danke, dass du dein Versprechen gehalten hast und noch immer hier bist.»

«Du hast deins ja auch gehalten.» Er schmunzelte mit einem Mundwinkel.

«So mache ich das mit meinen Versprechen. So gehört es sich.»

Ich bin so froh, dass es Oma und Opa gutgeht. Und dankbar, dass sie mir diesen Freiraum für die Reise gewährten. Die Größe zu haben, jemanden ziehen zu lassen, den man liebt, braucht und um den man sich sorgt – das kann nicht jeder.

Nun stehe ich in meinem alten Kinderzimmer und höre mit geschlossenen Augen, wie Ben mir ein Lied vorsingt. Er will sich gleich morgen früh mit mir treffen.
«Ich muss vorher aber zwingend noch zum Friseur.»
«Okay. Dann um drei.»
Mein Herz klopft. Endlich wird alles gut.

Gin.

Es ist vier Uhr nachmittags, und ich bin sturzbetrunken. Auf dem Tisch zwischen der Mitbewohnerin und mir steht eine fast leere Flasche Gin, vielleicht auch zwei. Oder ich sehe doppelt. Keine drei Stunden vorher saß ich beim Friseur, als mein Telefon klingelte.
«Ich kann unsere Verabredung nicht einhalten. Ich bin so aufgewühlt.» Bens Stimme bebte. Meine Hände griffen das Vibrato auf.
«Was ist denn los?»
Er versteckte sich in Andeutungen. Von seiner Ex und der «guten Freundin» und Dingen, die sie ihm heute «um die Ohren gehauen» hätte. «Es ist kompliziert.»
Facebook-Sprech? Beißende Übelkeit niederringend fragte ich: «Warum machst du nicht einmal eine klare Ansage? Was ist wirklich los?»
«Was willst du denn wissen – ob ich eine Beziehung habe?» Er lachte zu laut.
«Ja.» Ich senkte die Stimme. «Oder vielleicht so was Ähnliches.»
Schweigen. «Ich glaube, es ist vielleicht so was Ähnliches.»

Eis. Ich gefror zu Eis. Die Zeit stoppte. New Orleans.

«Das hat sich in den letzten Wochen so ergeben. Ich bin da irgendwie reingerutscht und ...»

Ich wollte es nicht mehr hören. Nur noch kotzen und heulen. Genau das tue ich wenig später. Gin sei Dank.

Zwei Tage brauche ich, bis ich wieder sprechen kann. In den Nächten wache ich knurrend und mit geballten Fäusten auf. Zwei Dinge weiß ich mit Sicherheit: Ich muss diese Wut adressieren, sonst werde ich wieder krank. Und ich will zumindest versuchen zu verstehen, sonst werde ich verrückt.

Der Weg zur Gynäkologin ist mit Angst gepflastert. Ich robotere durch meine Morgen-Routine. Sie ist uralt und zugleich brandneu, jetzt nach der langen Reise. Ich tusche meine Wimpern und ziehe mir eine Hose an, finde Halt an Alltäglichkeiten. Die Angst ist aus ihrem Zimmer gekommen und hat die Wut umgeboxt. Aber jetzt lasse ich sie, es war ja nur ein Wegsperren auf Zeit. Ich schalte das Radio ein und wieder aus. Im Auge der Panik ist es ganz ruhig. Dort gibt es keine Musik, keine Töne, keinen Atem. Nur die Stille brüllt und drückt alles zusammen, zerquetscht. Mein Herz rast so, es wird ein einziger Flatterschlag. Auf der Straße gibt es zwischen allen Gestalten keine anderen Menschen. Ich bin allein. Mit der Vorahnung hypnotisch im Gleichschritt. Mein Körper bewegt sich ohne mein Zutun, meine Augen schließen sich. Meine Zunge schwillt an im Mund, von hinten nach vorn. Das Herz reißt sich die Flügel aus, es will kotzen, bis es leer ist, und kann nicht, und es wütet in meinem Brustkorb wie in einer Gummizelle, springt gegen die Rippen und tobt, donnert an die Knochen und ist blind und hört nicht auf. Im meinem Kopf gibt es nur noch Hauptsätze und dann nur noch Worte. Da ist ein Vogel. Ein Baum. Wolke. Ampel. Außen verschwimmt alles, mein Fokus schrumpft auf Ich-Größe. Tiefenschärfe. Jeder meiner tauben Schritte ist wichtig, alles zählt, jedes Detail. Was habe ich zuletzt gesehen? Was habe ich zuletzt gedacht? Denn vielleicht bricht gleich wieder meine Welt zusammen. Ich betrete die Praxis.

Meine Beine sind gespreizt und zittern wie Bens Stimme am Telefon. Ich liege auf dem gynäkologischen Untersuchungsstuhl, starre auf das bunte Pappmaché-Mobile über mir. Sollen das Fische sein? In meinem leeren Kopf hallt die Stimme des Arztes wider: «Der Krebs ist nicht groß. Aber wir müssen sehen, wie viel wir von Blase und Rektum entfernen müssen.»

Ich spüre das bekannt kühle Spekulum und die metallene Angst. Dann holen mich die Worte meiner Frauenärztin aus dem Flashback von der damaligen Untersuchung im Krankenhaus wieder in die Gegenwart zurück: «Sieht auf den ersten Blick alles okay aus.»

Meine Fäuste lassen die seitlichen Griffe los. Ja, ich glaube, es sind Fische. Die Blutungen seien offenbar eine Spätfolge der Bestrahlung, sagt sie. Die genauen Ergebnisse des Abstriches bekomme ich in zwei Wochen. Das bedeutet Warten, einen Rest Ungewissheit. Warum zur Hölle geht das nicht schneller?, denke ich, als ich mich wieder anziehe. Wir fliegen zum Mond, wir produzieren kluge Telefone und bekommen einen Abstrich nicht in unter zwei Wochen hin. Scheißwelt.

Angst.

Bens Augen schimmern tränenfeucht, meine sind schocktrocken. Wir sitzen in seiner Küche, der grelle Schein seiner Hängelampe wirft harte Schatten in unsere Gesichter. Ich wollte diese Aussprache, und hier sitzen wir nun.

«Du brauchtest diese Reise für dich. Aber ich brauchte diese Reise auch – um zu spüren, wie tief ich für dich empfinde.»

Tief? Für mich? Was ist hier eigentlich los?

Er fährt fort mit seinem Monolog: «Nur weil ich keine Beziehung mit dir will, heißt das nicht, dass ich dich nicht liebe, Jessi.»

«Hast du grad gesagt, dass du mich liebst?»

«Ja.»

Ich verstehe ihn nicht. Ich verstehe nichts mehr. Meine Worte verirren sich zwischen Herz, Kopf und Kehle, verknoten sich, bleiben stecken. Darum ist er es, der weiterspricht. «Aber du bist so … so alles oder nichts. Und wir sind uns viel zu ähnlich. Das würde niemals gutgehen.»

Woher will er das denn wissen? Nachdem unser Schutzraum implodiert ist, haben wir es niemals versucht. Erst war ich mit Überleben beschäftigt, dann er, dann ich mit Reisen. Und jetzt? Ganz am Ende ist doch das gesamte Leben – nach Abzug aller durchaus vorhandenen Graustufen – immer alles oder nichts. Wer ist dieser Mann, der sich da so vor mir windet? Ich habe keine Ahnung. Weiß er es? Sieht nicht so aus. Und was ist mit «Es war so schlimm, dich ein halbes Jahr nicht zu sehen»? Ich behalte all meine Fragen, sie würden nichts ändern. Ach, Edda. Ich habe einem Mann getraut, der den kleinen Prinzen zitiert. Seine Stimme schiebt sich wieder in mein Bewusstsein. «Ich brauche es gerade unkomplizierter.»

Ich sage nichts. Das ist also sein Weg, die Entscheidung ist gefallen. Der Knall im Frühjahr ist nicht so laut wie gedacht. Seine Worte kratzen, aber sie schneiden mich nicht. Meine neue Schale hält. Das restliche Gespräch zieht an mir vorbei wie die *Tagesthemen*.

Bis es mir plötzlich einfällt. Ich *kenne* diese Art der Autosuggestion. Diese Form der Flucht. Viel zu gut. In einem letzten Versuch durchbreche ich den Wortstrom.

«Du hast Angst. Das ist alles. Nur Angst.»

Das Wort steht so klar im Raum, es überstrahlt sogar die Küchenlampe und wirft harte Schatten auf unsere Herzen.

«Ja, kann sein.»

«Aber wovor denn, um Himmels willen?»

Er überlegt. Und wischt sich mit dem Daumen einen Flusen aus dem Augenwinkel.

«Du hast in deinem Blog geschrieben, du wärest eine Königin. Aber ich kann momentan keine Königin ertragen. Die letzte hätte mich fast vernichtet.»

Ich zahle also für die Verwundung, die ihm jemand anders zugefügt hat. Das ist nicht fair. Ich hoffe, dass ich das niemals so machen werde. Ganz sicher bin ich mir nicht. Bei einem anderen Aspekt hingegen bin ich mir ganz sicher: Er zahlt auch, er weiß es nur noch nicht. Unter anderem mit Lebenszeit. Und das macht mich trauriger als alles andere.

Aber jeder geht mit seiner Angst anders um. Ich muss jetzt die Größe haben, jemanden ziehen zu lassen, den ich liebe und um den ich mich sorge. Es ist nicht leicht. Eine weitere Sache, die ich nicht ändern kann. Die Wut ist der Enttäuschung gewichen, und die ätzt unter meinem Rippenbogen entlang – Enttäuschung von ihm und von mir selbst. Hätte er mich doch einfach in Ruhe gelassen. Hätte ich ihn doch einfach zu Hause gelassen. Konzentriert scanne ich die feinen Linien der Holzmaserung auf seinem Küchentisch. Auf meiner Haut und in meinen Knochen spüre ich seine Begrüßung noch, diese innige, passgenaue Umarmung, bei der es jedes Mal leise «Klick» macht. Die erste seit über sechs Monaten. Die letzte für sehr lange Zeit. Es gibt so viel und doch nichts mehr zu sagen. Langsam stehe ich auf. Nur eins noch. «Wer Angst vor der Liebe hat, der hat auch Angst vor dem Leben. Und das ist viel schlimmer als Angst vor dem Tod.»

Seine Antwort spült ungehört durch mich hindurch. Hinter mir fällt die Tür ins Schloss. Auch sie macht leise «Klick».

Lernen

Gepäck.

Nach zwei Wochen kommt das endgültige Untersuchungsergebnis per Telefon: Der Abstrich war unauffällig. Ich bin gesund. Vorerst. Die Anspannung fällt von mir ab wie eine mit Regen vollgesogene Wolljacke. Ich atme. Und lache. Und weine ein bisschen. Und lache wieder. Leben. Alles andere ist nicht so wichtig. Erst jetzt komme ich auf die Idee, dass ich ja mal meinen Rucksack auspacken könnte. Er stand zwei Wochen lang in der Mitte meines Miniaturzimmers wie dieser berühmte Elefant. Und ich habe ihn nicht mal mehr gesehen.

Das Auspacken geht überraschend schnell. In sechs Monaten habe ich meinen Rucksack rund 40 Mal vollgestopft, ein- und umgepackt. Nur ganz leer war er nie. Und nun weide ich mein Reiseuniversum komplett aus, um es auf dem Dachboden seinem Schicksal zu überlassen. In Hamburg angekommen bin ich auch nach zwei Wochen noch nicht. Der Himmel ist schmutzig weiß und sprüht kriechkalten Niesel ans Fenster. Frühling hier ist wie Herbst in Kapstadt, denke ich – und versuche, das in meinen Seelentakt eingegroovte Aufbruchgefühl abzuschütteln. So richtig «hier bleiben», das kenne ich nicht mehr.

Lediglich die Kapähnlichkeit des Wetters und dieselbe

Zeitzone glätten den Übergang ein wenig. Alles andere fühlt sich zu eng, zu kalt, zu grau an. Wie diese Frau auf dem letzten Flug von München nach Hamburg, die sich neben mich setzte und auf mein «Hallo!» mit «Stimmt was nicht?» antwortete. Willkommen zu Hause.

Ist es noch zu Hause?

Vieles ist gleich. Vieles ist anders. Ich finde den Weg zum Hafen nicht sofort, in der Buslinie 3 gibt es WLAN, mein Lieblingskaffee ist teurer geworden, und Briefmarken kosten jetzt 58 statt 55 Cent. Was soll ich hier? Auspacken fühlt sich unrichtig an. Ich ziehe den roten Plastikbeutel mit der Aufschrift «Tools» aus der Rucksackmitte zwischen den Socken hervor. Mit einem Poltern fällt mein Schweizer Taschenmesser runter und erinnert mich an seine Erstbenutzung: In meiner Cabaña am Strand im mexikanischen Tulum, als ich damit verletzungsfrei die erste Weinflasche entkorkte und mich ein bisschen wie MacGyver fühlte.

Ungewohnt schlaff sieht mein Rucksack aus, wie er dann vor mir liegt – eingefallen, schrumpelig und nutzlos. So kenne ich ihn gar nicht. Vor meinem zusammengesunkenen Rucksack hockend, den Regensound im Rücken, lasse ich alles Revue passieren, was ich auf meiner Weltreise gelernt und was ich zum ersten Mal getan habe. Ich habe puren Rum getrunken, unter anderem mit Lady Salsa im «Museo del Ron». Außerdem Cachaça, in Salvador mit meinem Kolumbianer. Die Erinnerung wischt wohlig über mein frierendes Ich. In Las Terazas habe ich mit Fröschen in einer Holzhütte geschlafen – ohne sie zu küssen, denn wer glaubt an Prinzen – und zum einzigen Mal mein Moskitonetz aufgespannt. Ich habe gelernt, Spinnen in meinem Schlafzimmer zu tolerieren, mit Ausnahme des gigantischen Viehs in Wilderness. Ich habe meine Furcht vor Wellen verloren, bin sie in Mexiko unter den Augen der Kormorane runtergerutscht, in Rio cool wie die Cariocas durch sie hindurchgeglitten und schließlich in Cintsa mit einem Surfboard auf ihnen geritten. Ich habe diverse Hochbetten von der Leiter aus bezogen und eine Expertise darin entwickelt, sie nahezu geräusch- und gefahrlos rauf- und runterzuklettern. Im Dunkeln, im Halbschlaf und bis obenhin voll mit Schnaps. Mit und ohne Leiter. Ich habe gelernt, bei Licht, Lärm und Gestank zu schlafen. Auch auf Küchenfußböden. Ich kann jetzt Reiseschecks einlösen, mir per Western Union Geld schicken lassen und online Strafanzeige erstatten. Ich habe gelernt, mir selbst den Rücken einzucremen und mir einen Dutt ohne Haargummi zu machen. Ich kann Schlösser durchfeilen, Handwäsche maximal auswringen und mit Hilfe einer Pinzette kleine Schrauben festziehen. Ich kann feilschen und verhandeln. In mehreren Sprachen. Und in allen auch ein bisschen leichter «Nein» sagen als früher. Ich habe ansatzweise zu Samba und Favela-Funk tanzen gelernt, und wie ich Konversationen und Verkaufsgespräche auf Portugiesisch vortäusche. Ich kann in fremden Megastädten wie New York erfolgreich, fehlerfrei und zielführend Metro fahren. Warum es in Berlin nie klappt, sei mal dahingestellt. Ich kann auf Spanisch Zahnarzttermine vereinbaren und Pfefferkörner ohne Mühle mahlen – mit Holzbrett und Keramikbecher. Ich weiß, dass Snickers in den USA und in Südafrika anders schmeckt als hier und und dass Giraffen schwarze Zungen haben, damit sie dort beim Fressen keinen Sonnenbrand bekommen. Und ich habe keine Angst mehr, allein zu sein.

Die Klappe meines fast leeren Rucksacks klafft beinahe vorwurfsvoll. Meine Finger gleiten in Dankbarkeit über die glatten Reißverschlusszähne. Er ist jedes Mal wieder zu mir zurückgekommen. Auch nach den über 22 Stunden der letzten Reise. Vielleicht deshalb, weil ich ihn immer zum Abschied geküsst habe. So wie jetzt.

Zeit, Müll von Erinnerungen zu trennen. Der Stadtplan von

Buenos Aires mit meinen Kugelschreiberkreuzchen, die Eintrittskarte fürs Sambódromo, die kaputte Uralt-Kamera, die Kühlschrankpins für nie besuchte Couchsurfer, die als Souvenir gedachten Enredo-Texte von Mangueira und Salgueiro – ich brauche sie nicht mehr. Hinten links finde ich noch eine Muschel aus Südafrika. Während ich sie zwischen meinen Fingern drehe, denke ich: Auch an meiner weichsten Stelle bin ich nicht kaputtgegangen.

Dann ist mein Rucksack leer. Nach all der Zeit. Ich wische mit einer Hand routinemäßig durch die hinteren Ecken. Und finde noch einen geweckten Eindruck, eine Hoffnung, eine Sehnsucht und eine Erwartung. Die Heimreise hat ihnen nicht gutgetan: Welk, zerquetscht und zerbrochen wirken sie im trüben Licht Hamburgs. Ich betrachte sie zum letzten Mal. Ich habe sie viel zu lange mit mir rumgeschleppt. Sie fühlen sich klamm an, aber das ist bestimmt nur von der hohen Luftfeuchtigkeit. Ich lasse sie auf den Haufen mit den zerknüllten Liedtexten fallen und schließe den Rucksack mit einer konsequenten Bewegung. Mein Herz hat gelernt auf dieser Reise.

Tanzen – Epilog

Das ist jetzt ein halbes Jahr her, es ist immer noch oder schon wieder Herbst. Ich bin in meinem Hafen. Der Wind wischte mir genau dort vorhin den Pony ins Gesicht, mit dem übrig gebliebenen Auge sah ich einem Schiff nach und zog meinen Schal fester. «Hamburg Süd» stand auf einem der Metallcontainer. Die hatte ich zuletzt in Buenos Aires wahrgenommen, aber da heißt der Fluss ja nicht Elbe, sondern Rio de la Plata. Als im März mein Herz beim Anblick der Hamburg-Container dort für einen Wimpernschlag ausgesetzt hatte, hatte sich der bis dahin klemmende Zuhause-Schalter in meinem Herzen gelöst.

Der Mensch, der ich bin, hat genau diesen Trip und nicht sechs Wochen Kurklinik St. Peter Ording umringt von kranken 70-Jährigen gebraucht. Denn der Krebs hatte mir nicht nur Körperliches genommen; er hatte mir auch das Vertrauen geraubt – darin, dass sich Dinge irgendwie finden. Dass ich einen gewissen Einfluss auf mein Leben habe. Dass alles gut werden kann. Dass ich noch Zeit habe. Ich *war* Angst.

Und dann hat mich diese Reise ungerührt und unaufhörlich mit zu bewältigenden Situationen konfrontiert, wie nachts um vier allein aus der Favela Cidade de Deus nach Hause zu gelangen. Zum Beispiel. Das alles hat Mut und Zuversicht in mir wachsen lassen. Ich hab's immer geschafft. Irgendwie. Und so das Gefühl zurückgewonnen, dass ich zumindest partiell auf mein Leben einwirken kann. Dass ich doch auch ganz schön oft Glück habe. Dass wirklich alles gut wird – wenn auch nur momentweise und oft anders, als man denkt. Und dass das vollkommen reicht. Reisen kann Seelen heilen.

Aber die Rückkehr hatte geziept wie ein Pflaster, das man zu langsam abreißt. Ich war plan- und orientierungslos gewesen – der kleine Nachteil von «alles auf null». Und der erfüllte Lebenstraum hatte eine Lücke hinterlassen: *What the fuck is next?* Ich war mit mir selbst in Klausur gegangen. Hatte gegrübelt und verworfen, gebrainstormt und mich durch die ganze winzige Wohnung gemindmapt und eine neue Lebensrichtung skizziert.

Das Schiff glitt weiter zur Elbmündung. Mein Fernweh war inzwischen ganz klein; ich bin gelandet, hier in der Stadt an den Landungsbrücken. Ein vorbeiwankender Mann brummte mir durch seinen gelbgrauen Vollbart ein «Moin, Moin, Mäuschen» zu. Am späten Nachmittag. Heimat, das sind immer auch Menschen. Aber Menschen können dich verarschen, verraten, verlassen. Dein Hafen jedoch, hast du ihn einmal gefunden, verlässt dich nie. Und von hier aus kann ich jederzeit überallhin.

Eine Möwe kackte im Flug auf eine der Skulpturen. Ich kicherte in meinen Schal. Die Palmen hier sind zwar nur aus Metall. Aber es sind die schönsten, die ich kenne. Mit Ausnahme von denen in Rio. Aber das ist eine andere Geschichte.

Ich richte mich wieder auf. Genug Stiche gezählt. Im Spiegel eine Frau mit vernarbten Beinen in einem weißen Kleid aus Rio und Paillettenpumps, die Wangen noch immer gerötet vom Hafenspaziergang. Ich bin kein Skelett mehr. Auch keine Angst. Ich lebe. Wenn die Leute mich anstarren, dann wegen der roten Schuhe. Und ich habe allen Grund zu feiern. Meine Pläne B bis Z sind aufgegangen, die skizzierte Richtung war die richtige. Ich habe die Jobs bekommen, die ich mir ausgesucht hatte; ich schreibe und studiere. Ich kümmere mich wieder um meine Großeltern. Ich fliege auch bald zurück nach Brasilien. Ich habe einen Buchvertrag. Ich bin glücklich. Jetzt. Ich will mit niemandem tauschen, und ich bin dankbar dafür, dass alles so gekommen ist. Sogar fast ein bisschen für den Krebs, so absurd das klingen mag. Aber auch nur fast. Es war ein langer Weg. Von und nach Hamburg. Von und zu mir.

An der Wand sehe ich das gerahmte Foto von Onkel Sigi. Er hatte keine Frau und keine Kinder, hat sein ganzes Leben als Angestellter auf einem Bauernhof verbracht. Früher sagte man «Knecht» dazu. Aber er war zufrieden mit allem, erfüllt. Er liebte, was er tat. Selbst schwer krank und mit Katheterbeutel schleppte er sich aufs Feld, um die Kartoffeln zu bestellen – er klemmte ihn sich kurzerhand an den Gürtel. Als er ins Hospiz musste, hatte er nur noch einen Wunsch: eine elektrische Eisenbahn. Er bekam sie. Eines Nachmittags sagte er der Schwester, er würde jetzt ein Nickerchen machen und möchte bitte nicht gestört werden. Er schlief ein und wachte nicht mehr auf. Lächelnd. Denn am Ende eines Lebens blickt der Mensch allein zurück. Nicht seine Eltern, Kinder, Freunde, Kollegen, Nachbarn oder so was Abstraktes wie die Gesellschaft. Nur man selbst urteilt über die Summe der Entscheidungen, verpassten Gelegenheiten, Fehler und Freuden. Die Frage lautet daher: Wen oder was willst du sehen im Augenblick des Abschieds, wenn der Tod den letzten Zug von seiner Selbstgedrehten genommen hat, die Asche zerkrümelt und ihr beide wisst, dass er jetzt doch deinetwegen da ist? Es ist die schwerste und die wichtigste Frage der Welt.

Mit Wehmut und Dankbarkeit denke ich an Onkel Sigis letzte Worte. «Du hast doch dein ganzes Leben noch vor dir. Mach was draus.»

Und dann gehe ich tanzen.

Durch die deutsche Wildnis

Zu Fuß von Wilhelmshaven bis zur 2962 Meter hohen Zugspitze mit diesem Ziel schlägt sich Joey Kelly durch die «Wildnis» Deutschlands: Er übernachtet draußen unter einer Plane, trinkt und isst nur, was die Natur ihm bietet, und marschiert pro Tag im Schnitt mehr als einen Marathon. Wetter und Einsamkeit sind seine stetigen Begleiter. Hunger und Durst treiben ihn an den Rand der Verzweiflung. Doch am Ende besiegt Joey Kelly die Hysterie seines Körpers und steht nach knapp drei Wochen und 900 Kilometern auf der Zugspitze. Der Lauf seines Lebens – ein faszinierender Survival-Trip.

Sb 066/1 · Rowohlt online: www.rowohlt.de · www.facebook.com/rowohlt

rororo 62810

Wenn der Körper die Notbremse zieht

Eine erfolgreiche Frau klappt zusammen. Nichts geht mehr. Die Diagnose: Burnout. In einer Klinik im Allgäu beginnt sie, einen «Brief an mein Leben» zu schreiben. Präzise analysiert sie ihre Gefühle, stößt auf alte Wunden und macht deutlich, was geschieht, wenn wir ständig unterwegs sind und permanent kommunizieren, aber nicht mehr sagen können, was uns glücklich macht. Miriam Meckel spricht offen über ihren Burnout – und darüber, wie man mit ihm umgehen, ihn überwinden kann.

Sb 050/1 · Rowohlt online: www.rowohlt.de · www.facebook.com/rowohlt

Auch als E-Book

rororo 62701

Das für dieses Buch verwendete FSC®-zertifizierte Papier
Lux Cream liefert Stora Enso, Finnland.